ullstein

MARIA EHRICH

LEAVING THE FRAME

EINE WELTREISE OHNE DREHBUCH

Ullstein

Besuchen Sie uns im Internet:
www.ullstein-buchverlage.de

S. 16: das Zitat stammt von Motivationstrainer Jack Canfield.
Gefunden auf:
https://www.goodreads.com/author/quotes/35476.Jack_Canfield
S. 121: aus dem Song »Beautiful Boy (Darling Boy)« auf dem Album
Double Fantasy von John Lennon und Yoko Ono. Geffen Records 1980
S. 228: Zitat von Friedrich Nietzsche. Gefunden auf
https://inmpulse.wordpress.com/2016/07/16/ziele-nach-dem-mond/

MIX
Papier
FSC FSC® C083411

Originalausgabe im Ullstein Taschenbuch
1. Auflage September 2019

Umschlaggestaltung: zero-media.net, München
Titelabbildung: © Manuel Vering
Illustrationen im Innenteil: © Christian Vering
Satz: LVD GmbH, Berlin
Gesetzt aus Albertina und Zealand
Druck und Bindearbeiten: CPI books GmbH, Leck
ISBN 978-3-548-06050-7

VORWORT

Dies ist die Geschichte einer Verwandlung.

Nämlich die eines neurotischen Angsthasen in eine furchtlose Abenteurerin. Na gut, vielleicht eher in einen furchtlosen Angsthasen.

Ich hatte sie alle – merkwürdige, zum Teil abstruse und vor allem nervige Alltagsängste.

Da war meine Angst, Züge zu verpassen. Oder noch schlimmer: zum Gleis rennen zu müssen, dabei zu stolpern und mich vor aller Augen hinzupacken.

Angst davor, angestarrt zu werden – ich weiß, ziemlich merkwürdig für eine Schauspielerin.

Angst davor, in der U-Bahn neben einem Stinker zu sitzen.

Angst davor, mich in einer Diskussion zu blamieren. In der Folge die Klappe zu halten, obwohl ich eigentlich eine starke Meinung habe.

Angst, im Schwimmbad die Rotze eines anderen Menschen ins Gesicht geschwemmt zu bekommen.

Angst davor, meine Verabredung im Restaurant nicht zu entdecken, obwohl ich sie vorher extra gegoogelt habe.

Angst vor dem nächsten Gegenstand, den mir die Erdanziehungskraft an den Kopf knallen könnte – Silvester-Raketen, bunte Taubenkacke, Koffer in der Bahn – alles schon passiert.

Angst davor, Trinkgeld zu geben. Bin ich geizig? Bin ich verschwenderisch? Nein, ich kann einfach nicht rechnen.

Angst davor, was wohl die Leute von mir denken.

Angst vor Disharmonien – sowohl klanglich als auch zwischenmenschlich.

Angst davor, alleingelassen zu werden.

Angst davor, Menschen zu verlieren, die ich liebe.

Irgendwer hat mir dann einmal erzählt, dass jede Form von Angst, die wir spüren, auf das Wesentlichste reduziert, Todesangst sei. Ich bin keine Psychologin, und mein Wissen darüber, ob man wirklich jede Form von Angst der Todesangst zuschreiben kann, hält sich in Grenzen. Aber eins steht fest: Ob nun Rotze im Schwimmbad oder die Angst, jemanden zu verlieren – wenn es so weit war, fühlte es sich jedes Mal extrem dramatisch an. All dieses »besorgt und ängstlich sein« hat mich im Alltag ziemlich eingeschränkt.

Mittlerweile sehe ich das alles entspannter. Aber für diese Veränderung musste ich erst einmal in einen echten Abgrund schauen. Erst als ich meinen Frieden damit gemacht hatte, dass ich im nächsten Moment höchstwahrscheinlich den Löffel abgeben würde, entdeckte ich diese Coolness in mir.

Es war beinahe windstill und unheimlich leise, als Simon, Manuel und ich mitten in der Nacht im kenianischen Busch neben einer mit rohem Fleisch behangenen Glocke saßen. Sie sollte zwei mordlustige Leoparden anlocken. Jeder von uns war für den Notfall mit einem lächerlich kleinen Stein bewaffnet. Jedes noch so kleine Geräusch der afrikanischen Savanne dröhnte in diesem Moment so laut in meinen Ohren wie der Bass in einem Berliner Technoclub.

In der bis dahin wohl gefährlichsten Situation meines Lebens hatte ich definitiv Angst davor, zu sterben. Doch je länger wir dort saßen und warteten, desto mehr veränderte sich etwas in mir: Da war keine Panik mehr, keine Hysterie, keine Furcht. Stattdessen schlug mein Herz in diesem Moment in seinem ruhigsten Trommel-Takt und verschmolz mit der Melodie der Nacht. Ruhe machte sich in mir breit und verwandelte meine Angst mit jedem Atemzug immer mehr in Abenteuerlust, wie ich sie nie zuvor erlebt hatte. Meine Augen hatten sich längst an die Dunkelheit gewöhnt, und die Neugier und das Adrenalin, das durch meinen Körper schoss, schärften die Umrisse, die nur der Mond anstrahlte. Ich sah ganz klar. Und dann dachte ich mir: Ich bin die längste Zeit meines Lebens ein ängstlicher Mensch gewesen.

BERLIN

Ich hoffe, du hast es dir bequem gemacht und bist bereit für einen ziemlich wilden Ritt, und das ganz ohne moderne Klimaanlage.

Unsere Reise führte über drei Kontinente, durch sechs Länder und 20 000 Kilometer weit durch Nordamerika auf den Sitzen eines alten VW Käfers. Die staubige Hitze in Kenia hat meine Haut verbrannt, und die kalten Winde, die über Neufundland fegten, ließen mich zu einem bewegungsunfähigen Eisblock gefrieren. Wir fanden uns in den wahnwitzigsten Situationen wieder, haben unsere eigenen Grenzen regelrecht gesprengt und dabei unsere gesamten Ersparnisse ausgegeben.

Hätte mir das jemand vor Antritt unserer Reise erzählt – ich weiß nicht, ob ich gefahren wäre.

Aber da ich von alldem zum Glück noch keine Ahnung hatte, saß ich im grauen Berliner Dezember an meinem Schreibtisch in Schöneberg und blätterte gedankenversunken durch vier dicke Reiseplaner. Kenia, Hawaii, Mexiko und Norwegen. An diese grundverschiedenen Orte sollte uns unsere Route führen – so weit der Plan. Ich weiß … ziemlich irrsinnige Auswahl an Reisezielen. Mein Freund Manuel und ich fühlten uns bei der Entscheidung, wo es hingehen sollte, wie zwei unbeaufsichtigte Neunjährige, die mit 100 Euro in der klebrigen kleinen Hand ein Süßigkeitengeschäft stürmen dürfen. Denn jeder dieser Flecken Erde hatte eine besondere Bedeutung für uns, und wir hatten vier Monate Zeit, um sie zu erkunden. Once in a lifetime also.

Den Entschluss zu fassen, einfach mal für ein paar Monate den Alltag auf Eis zu legen, war keine leichte gewesen. Warum wollten wir überhaupt so lange von zu Hause weg? Denn objektiv betrachtet war ja alles super.

Um eins vorwegzunehmen: In Deutschland wird man mit dem Schauspielern nicht reich. Schon gar nicht als Frau. Die deutsche Filmindustrie ist nicht mit der amerikanischen zu vergleichen. So oft werde ich gefragt, wie reich ich denn nun eigentlich mit meinen Filmen geworden bin. Die Bilanz entlockt mir meistens nur ein müdes Lächeln. Aber ich hatte es trotzdem zu einer recht bekannten, gut verdienenden und ambitionierten 24 Jahre jungen Schauspielerin geschafft, die schon 15 Jahre Arbeitserfahrung auf dem Buckel hatte. Ich hatte mein Abitur in der Tasche, eine schöne Mietwohnung und einen tollen Partner an meiner Seite. So weit, so gut. Warum sollte ich auf die Idee kommen, einfach Reißaus zu nehmen und damit vielleicht sogar meine Karriere zu gefährden? Das Filmgeschäft vergisst schließlich schnell.

Aber da war dieses Ziehen in mir. Ein Ticken und Tacken. Das irgendwann zu einem Dröhnen wurde und immer mehr Raum einnahm: Ich war unzufrieden. Trotz all des Glücks, das sich schon in meinem Leben befand, machten sich plötzlich Eifersucht und Missgunst in mir breit. Gefühle, die ich bis dahin nicht an mir gekannt hatte, die ich nicht in meinem Leben haben wollte. Es gab keinen Grund, sie zu haben, und doch – waren sie da.

Ich versuchte wirklich alles, um wieder einen klaren Kopf zu bekommen. Ich meditierte mich auf den Mond, trieb Sport, ging zum Psychologen, las spirituelle Bücher, versuchte es mit Yoga, malte Mandalas aus, ließ Mandalaausmalen wieder sein, klebte in der ganzen Wohnung Affirmationen auf, ging meinem Freund damit ziemlich auf die Nerven und schickte Gebete Richtung Himmel. Aber nichts schien richtig zu helfen. Vorerst.

Denn wenn du das Universum so hartnäckig rufst, dann kommt es. Nur meistens haut es dir beim Landeanflug erst mal ordentlich eins gegen die Melone. Und so wurden meine Rollenangebote immer weniger und nichtssagender. Während alle um mich herum ihre größten Coups zu landen schienen, kassierte ich Absage über Absage und wurde zu den tollsten Castings erst gar nicht mehr eingeladen. Ungläubig beobachtete ich, was mein Leben da gerade mit mir trieb, und ich verstand es nicht. Nada. So hatte ich mir das alles wirklich nicht vorgestellt.

Auf einer Berlinale-Veranstaltung, bei der das komplette *Who is Who* des deutschen Films anwesend war, unterhielt ich mich mit einem Kollegen, der auf einmal seine perlweißen Zähne bleckte und sagte: »Du drehst ja auch enorm viel, Maria! Richtig Karriere – echt geil!« Ich sah ihn fassungslos an und ließ mein Gehirn nach der richtigen Antwort suchen. Wäre uns die Musik nicht so unglaublich laut um die Ohren geschallt, hätte man es in meinem Kopf wahrscheinlich rattern hören können. So nahm man mich also wahr? Eine Rolle nach der anderen? Ich wusste nicht, ob mich das nun aufmuntern oder noch mehr frustrieren sollte.

Statt einer Antwort schnappte ich mir ein Glas Champagner, das gerade auf einem Tablett an uns vorbeigetragen wurde, und trank es auf ex. Bedröppelt schaute ich zu Boden.

Plötzlich begriff ich, warum manche Schauspieler irgendwann den Beruf aufgeben. Warum das, was als Leidenschaft begann, keinen Bestand mehr hatte. Warum es sich wie ein Gift in jeder Faser des Körpers ausbreiten konnte und am Ende nur noch ein unerfüllter Traum blieb, an den du dich bald schon gar nicht mehr richtig erinnern konntest.

Aber war das nun wirklich auch meine Realität? Mich hatte die Schauspielerei doch eigentlich gerettet, damals, als das Schlimmste passierte. Als ich meinen geliebten Cousin bei einem schrecklichen Unfall verlor. Als danach diese Angst kam und sich in mir einnistete, öffnete sich mir durch die Schauspielerei wie durch Magie die Tür in eine andere Welt. Dort war ich nicht mehr hilflos. Ich wusste plötzlich, wer ich war und wo mein Weg hinführte. Und es ging ganz leicht, wie von selbst. Schritt für Schritt, Rolle für Rolle schwebte ich auf dieser Wolke, die mich immer höher trug, und ich verschwendete nicht einen ernsthaften Gedanken daran, wie es sich unten vielleicht anfühlen könnte.

Aber von diesem Gefühl war ich zu diesem Zeitpunkt meilenweit entfernt. Ich stand nun da – unten – und blickte sehnsüchtig hoch. Es musste sich schleunigst etwas ändern, so viel stand fest. Nur hatte ich absolut keine Ahnung, was.

Doch nicht nur ich hatte das Gefühl, auf der Stelle zu treten und hin und her geschubst zu werden. Auch mein Freund Manu wollte wieder selbstbestimmt leben und arbeiten. Unabhängig sein und Projekte voranbringen, die ihm unter den Fingernägeln brannten. Als Quereinsteiger im Journalismus hatte er sich in einer Sportredaktion einen Namen gemacht und ganz gutes

Geld verdient. Dort entdeckte er, dass seine Leidenschaft für Fotografie eng mit dem Film verwandt war, und reiste als Videojournalist um die Welt. Aber immer nur Fußball? Für manche Menschen mag das ja der absolute Traumjob sein, aber Manu wollte mehr als das.

Eines Tages saßen wir gemeinsam am Frühstückstisch und schwiegen uns an. Während ich meinen Haferbrei in mich hineinschaufelte und er lustlos an seinem Brötchen knabberte, starrten wir auf die uns gegenüberliegende Wand. Dort hing eine von Manus wunderschönen, auf Leinwand gedruckten Fotografien aus seiner Zeit in Brasilien. Er hatte mehrere Jahre in Latein- und Südamerika verbracht, bevor wir uns kennenlernten, und sprach auch später immer noch häufig von der sogenannten »Saudade«, der Sehnsucht nach Brasilien, die in ihm steckte. Auf dem Bild sieht man einen kleinen Jungen mit seiner jüngeren Schwester auf dem Arm eine etwas ansteigende Straße herauflaufen. Direkt auf Manu zu, der mit seiner Kamera den Moment festhält. Der Junge trägt Flipflops, die ihm etwas zu groß sind, sein Blick ist direkt auf die Linse gerichtet. Hinter ihm erstreckt sich, so weit das Auge reicht, eine von Rios Favelas. Es ist ein unglaublich eindringliches Bild. Während wir dort so saßen und es betrachteten, formte sich auf einmal ein Gedanke, der zuerst leise im Raum schwebte und dann plötzlich mit einer Deutlichkeit auf dem Tisch landete, die uns beide überraschte. Wir sahen uns an, und Manu sprach es als Erster aus: »Ich würde so gerne mal wieder richtig reisen. Nicht nur für zwei Wochen oder so, sondern richtig lange. Vielleicht für drei Monate oder sogar länger!«

»Ich auch!«, stotterte ich. Ich sagte das, bevor ich überhaupt an die Konsequenzen gedacht hatte. Denn ich war eigentlich viel zu heimatverbunden und ängstlich, um für längere Zeit von zu Hause wegzugehen. Meine Drehs hatten mich zwar schon häufig für ein paar Wochen ins Ausland geführt, aber während dieser Zeit war ich immer beschützt worden und musste mich nie selbst zurechtfinden. Vom Flieger über die Hotelbuchung bis hin zu meinen Freizeitaktivitäten war alles durchgeplant und wurde für mich organisiert. Ich musste mich um rein gar nichts kümmern – und nahm es auch dankend an. Ich ahnte natürlich schon da, dass die Wirklichkeit in diesen Ländern ein wenig anders aussah – wie sehr, das sollte ich noch erfahren.

Während wir unserer Fantasie freien Lauf ließen und darüber nachdachten, wo wir überall hinreisen könnten, packte mich aber doch plötzlich wieder die Angst. Was, wenn ich für drei Monate weggehe und mir in dieser Zeit meine absolute Traumrolle durch die Lappen geht? Was, wenn ich Heimweh bekomme? Was, wenn unsere Beziehung eine so lange gemeinsame Reise nicht aushält? Was, wenn das alles viel zu viel kostet?

Was wenn, was wenn, was wenn. Auf einmal ging ich mir mit meinen ewigen Fragen und den ständigen Zweifeln selber auf die Nerven, und ich war sauer. Wieso konnte ich nicht einmal mutig sein und etwas zulassen, das sich nicht innerhalb meines Dinge-die-ich-schon-hundert-Mal-getan-habe-Kreises befand? »Everything you want is on the other side of fear«, heißt es bei Motivationstrainer Jack Canfield. Stimmt. Niemals ist irgendjemand irgendwann ein Risiko eingegangen, ohne vorher Bedenken, Zweifel oder Furcht gehabt zu haben. Und niemals ist irgendjemand irgendwann, ohne ein Risiko einzugehen, als Gewinner aus einer Sache hervorgegangen. »Wir müssen das machen, Manu!« Mit großen Augen sah ich ihn an und freute mich über das breite, zustimmende Lächeln, das er mir schenkte.

In den nächsten Stunden, als wir uns in die erste Planung stürzten, wurde uns schnell klar, dass wir auf dieser Reise auch eine Aufgabe brauchen würden. Faul am Strand zu liegen, sei jedem vergönnt (und das würden wir sicher auch machen), aber all die Fragen über das Leben, die sich im Laufe der Jahre in unseren Köpfen angesammelt hatten, verlangten nach Antworten. Wie konnten wir also unsere beiden Talente miteinander verbinden und gleichzeitig Antworten auf diese Fragen bekommen?

Ich sah wieder auf zum Bild an der Wand gegenüber und dem Jungen direkt in die Augen. Er blickte skeptisch, stolz und ein wenig unsicher zurück, unablässig auf sein Ziel zuschreitend. Wohin er wohl unterwegs war? Warum er wohl auf dieses kleine Mädchen aufpassen sollte? Ich sinnierte vor mich hin, und da war sie plötzlich, die Lösung: Geschichten erzählen! Wir beide brannten dafür, ich vor und Manu hinter der Kamera. Wir beide dachten uns in fremde Situationen und andere Menschen hinein, wir kitzelten Emotionen aus einem Publikum heraus und brauchten Zuschauer, um uns ausdrücken zu können!

Wir wollten auf unserer Reise Menschen finden, die ein völlig anderes Leben führen als wir. Menschen, die sich für etwas einsetzen, etwas tun, etwas zurückgeben, wovon die meisten Leute auf dieser Welt gar keine Ahnung haben. Menschen, die groß denken und die Welt auf ihre Art ein bisschen besser machen, und – wir wollten einen Film darüber drehen.

Im Film wird ein einzelnes Bildsegment »Frame« genannt. 24 Bilder pro Sekunde ermöglichen es dem menschlichen Auge, eine Szene flüssig wahrzunehmen. Genügend Bilder pro Sekunde machen also einen Moment, einen Dialog, eine Person im Film lebendig. Und obwohl Manu und ich einen Großteil unserer

Leben damit verbracht hatten, über nichts anderes nachzudenken als über das, was sich innerhalb dieser 24 Frames abspielte, konnten wir es jetzt gar nicht abwarten, auszubrechen und unser eigenes Ding zu machen. Für mich war es wahnsinnig aufregend, mir vorzustellen, dass ich schon bald nicht wie gewohnt als Schauspielerin vor der Kamera stehen sollte, sondern als Reporterin.

In den folgenden Monaten legten wir also nicht nur fest, in welche Länder wir unbedingt reisen wollten, sondern recherchierten auch unablässig nach möglichen Reportagethemen und -protagonisten. Wir kontaktierten Freunde, die in den jeweiligen Ländern lebten oder Zeit verbracht hatten, suchten nach bezahlbaren Flügen, klamüserten aus, welche Plattformen für unsere Videos am besten geeignet waren, und erzählten unseren Freunden, Familien und Arbeitgebern, was wir vorhatten.

Neben unzähligen guten Wünschen und Schulterklopfern ernteten wir aber auch die ersten kritischen Reaktionen. »Seid ihr euch da wirklich sicher?« »Aha … und was soll der rote Faden eurer Geschichte sein?« »Und ihr denkt, dass ihr das dann irgendwie verkauft kriegt, oder wie?« »Ach so! Und bei den Themen, die ihr auswählt, macht ihr dann schon so auf Clickbaiting und auf die Tränendrüse drücken, stimmt's? Elefantenbabys ziehen ja immer.« Wow.

Aber wir sind beide große Träumer und ein gutes Team. Von ein bisschen Gegenwind hatten wir uns noch nie von unserem Weg abbringen lassen und ignorierten die aufgesetzt besorgten Gesichter und marschierten immer weiter Richtung Ziel, wo auch immer das genau sein sollte. Ich spürte einfach, dass ich mich, wenn ich jetzt nicht ging, um mich ein wenig in der Welt zu verlieren, vielleicht nicht mehr in meiner eigenen wiederfinden würde.

Am Abend vor Antritt unserer Reise, vor unserem Flug nach Nairobi, flogen aber erst einmal die Fetzen.

Während ich fieberhaft versuchte, meine Checkliste wieder und wieder durchzugehen und sicherzustellen, dass ich nichts vergessen hatte, hantierte Manu im Wohnzimmer mit seiner Kamera herum, die er am Abzugsrohr unseres Ofens befestigte.

»Was machst du denn da?«, fragte ich, schon leicht entnervt, weil er mal wieder die Ruhe weghatte.

»Ich will 'ne Timelapse vom Kofferpacken machen. Kannst du deinen bitte mal herholen?«

»Meinen Koffer?«

»Ja.«

»Den habe ich aber im Arbeitszimmer schon fast fertig gepackt. Kannst du nicht die Kamera da drüben aufbauen?«

»Hier ist es aber viel schöner! Jetzt hol doch den Koffer.« Ein eindringlicher Blick von ihm, dann: »Bitte.«

Ich stapfte mit einem Stöhnen nach nebenan, schnappte meinen 23 Kilogramm schweren Koffer und hievte ihn ins Wohnzimmer.

»Nein, warte mal! Ich wollte, dass wir noch zusammen reinkommen und die Taschen dann hier abstellen«, rief mir Manu entgegen, kaum dass ich den Koffer über die Türschwelle gebracht hatte. Einer der Griffe rutschte mir aus der Hand und ließ die Rollen des Koffers wie zur Untermalung laut auf den Boden aufschlagen. Er zuckte mit den Schultern und warf mir einen Jetzt-stell-dich-nicht-so-an-Blick zu. Ich antwortete mit meinen allerbesten Du-willst-mich-doch-verarschen-Augen.

Im Flur stellten wir uns nebeneinander, zählten bis drei und gingen dann – inklusive unserer Taschen – wieder ins Wohnzimmer, wo wir sie abstellten, als:

»Mann, Maria! Ich wollte doch, dass wir die Taschen hier vor der Kamera einräumen! Deine ist schon voll, merkste was?«

Manu bezeichnet mich, wenn er über diesen Abend spricht, immer noch gerne als »The Old Faithful«, den größten Geysir im Yellowstone-Nationalpark, der täglich mehrmals unter lautem Getöse minutenlang sein kochend heißes Wasser in die Höhe schießen lässt, während riesige Bisons die Flucht ergreifen und kleine Vögel vor Schreck aus den Bäumen aufflattern. Keine Ahnung, was er damit meint …

Jedenfalls bin ich doch froh, dass wir diesen »Ausbruch« aus Versehen digital festgehalten haben, denn das nennt sich »Muffensausen« und ist ein unabdingbares, nicht gern gesehenes, aber extrem wichtiges Gefühl, das sich vor jedem großen Abenteuer breitmacht.

KENIA

Wenn ich an Kenia zurückdenke, breiten sich ein warmes Gefühl und gleichzeitig tiefe Melancholie in meiner Brust aus. Es ist ein Land so voller Gegensätze, extrem komplex und für Außenstehende deshalb nur schwer zu verstehen.

Selbst für uns, die wir einen Monat Zeit hatten, um in dieses Land einzutauchen, war es ein ständiges Lernen, ein immerwährendes Neuorientieren.

Unsere anfängliche Naivität gegenüber diesem Mordsprojekt, das wir gerade erst aus dem Boden gestampft hatten, brachte zwei Vorteile: Zum einen wuchsen aus ihr Kreativität und Tatendrang – wie wir wissen, gehört die Welt den Mutigen. Zum anderen sorgte sie auch dafür, dass wir erst einmal ordentlich auf der Nase landeten. Zwar fand ich diese Momente im Augenblick des Geschehens alles andere als lehrreich, sondern völlig unnötig, aber die Chaostheorie besagt ja, dass der Flügelschlag eines kleinen Schmetterlings am anderen Ende der Welt einen Tsunami auslösen kann. Alles ist miteinander verbunden. Und wenn ich so über den Lauf der Dinge auf unserer Reise nachdenke, dann bin ich mir tausendprozentig sicher, dass jede Niederlage für unseren Weg mindestens genauso wichtig war wie unsere Erfolge.

JAMBO, M'ZUNGU!

Wir kamen in der Nacht des 10. Januar am Flughafen in Nairobi an. Der Flug hatte gefühlt eine Ewigkeit gedauert, und wir schälten uns mühsam aus Reihe 36. Neben den schmerzenden Knien durchs sardinenartige enge Sitzen machte mir auch noch der Verlust meiner Kontaktlinsen zu schaffen. Als ich sie endlich wieder nach vorne befördert hatte und wieder sehen konnte, brach ich in Gelächter aus. Manus Locken standen zu allen Seiten ab, und eine riesige Schlaffalte zog sich mitten über sein Gesicht. Kenia, wir kommen!

Unter ständigem Gähnen zogen wir unsere Koffer vom Gepäckband und stapelten sie auf einen Wagen. Augenreibend schlenderten wir Richtung Ausgang. Nachdem wir unschuldig dreinblickend an der Security vorbeigeschlichen waren (Manu hatte einen riesigen Rucksack mit zwei Kameras, vier Objektiven, einem Arsenal an Akkus, zig externen Festplatten und einer Drohne dabei), öffneten sich die Schiebetüren und gaben den Blick auf die kenianische Nacht frei.

Als ich mit 17 Jahren gemeinsam mit meinem Onkel und meiner Tante eine Rundreise durch Kenia gemacht hatte, hatte ich das große Glück, eines Nachts den wohl erstaunlichsten Sternenhimmel meines Lebens betrachten zu können. Einfach nichts schlägt die Magie der ersten Male, so viel steht fest.

Aber alles, was ich jetzt sah, waren grelles gelbes Laternenlicht und die angestrahlten Dächer von umstehenden Häusern.

Trotzdem musste ich lächeln. Vor Vorfreude. Wir würden sie schon noch sehen, die Sterne.

Wir traten durch die elektrische Tür hinaus in die Nacht und manövrierten unseren Wagen eine mit Löchern gespickte Rampe hinunter. Das heißt, ich manövrierte, und Manu filmte alles fleißig mit und hielt die Kamera auf die Männer und Frauen, die mit Schildern unten vor der Rampe auf ihre Passagiere und Familien warteten. Von allen Seiten her schrie man uns entgegen: »Taxi! Brauchst du ein Taxi, Schwester? Ich helfe dir mit deinen Taschen!« Unter bestimmtem »Danke, aber nein, danke!« und trotzdem um ein Lächeln bemüht, griff ich nach allen Seiten, um unsere flüchtigen Taschen wieder auf den Wagen zu bugsieren. »Wir haben aber schon einen Fahrer, tut mir leid«, versuchte ich den ganz besonders Beharrlichen zu erklären, die mir anscheinend kein Wort glaubten und immer wieder nach unseren Taschen griffen.

Endlich erblickte ich ein Schild mit unseren Namen! »Many & Maria«, na ja, fast. Unser Fahrer Sammy lächelte uns breit an und machte uns während der Fahrt zu unserer Unterkunft im Schnelldurchlauf mit Nairobi und Kenia bekannt. Er erzählte uns von der politischen Situation im Land, brachte uns unsere ersten Wörter und Sätze auf Swahili bei und zeigte zwischendurch immer wieder auf Gebäude und Straßen, um uns etwas über sie zu erzählen. Wir fühlten uns sofort willkommen und lachten viel.

»Also. Wisst ihr, was ›M'zungu‹ bedeutet?« Natürlich nicht.

»Ein M'zungu ist ein Weißer.«

Sammy erklärte uns, dass wir dieses Wort hier sicher oft hören würden. Irgendjemand würde uns ganz bestimmt auf unsere Hautfarbe ansprechen. Er lachte schallend, wir lachten verhalten mit. Ich verstand anfangs nicht recht, warum er sich da so sicher war. Was er meinte, erfuhren wir erst einige Wochen später.

Unser Wagen bog um eine kleine Kurve am Fuße eines Hügels. Vor uns bildete ein großes, weißes Tor eine Mauer zwischen uns und allem, was sich dahinter verbarg. Nacheinander traten drei Wachmänner mit Gewehren aus der Dunkelheit und blickten uns misstrauisch entgegen. Manu und ich verhielten uns mucksmäuschenstill. So eine Situation erlebt man tatsächlich nicht alle Tage. Sammy ließ sein Fenster herunter und wechselte ein paar Worte mit den Securitys in dieser Sprache, die uns noch völlig fremd war. Eine Sekunde später wurde das Tor geöffnet, und wir durften passieren.

Und – Holla, die Waldfee – es war wie der Übergang in eine andere Welt. Während draußen alle Straßen so staubig und voller Abgase waren, dass die Augen tränten und die Menschen sich in abgehalfterten Bussen drängten, war es hier das Gegenteil: Die Straße, auf der wir nun fuhren, war sauber und ohne ein einziges Schlagloch. Links und rechts erhoben sich wunderschöne Prachtbauten aus dem Boden, und davor sah man jede Menge schicke Autos und gepflegte Pflanzen und Blumenbeete. Unsere allererste Unterkunft im Haus unserer Bekannten Vera und Tahir befand sich ganz offensichtlich in einer der wohlhabenderen Gegenden dieser Stadt. Manu und ich sahen uns mit großen Augen an.

Manu kannte Vera noch aus der Schule. Die beiden waren jahrelang befreundet, aber wie bei den meisten Freundschaften aus Schulzeiten der Fall, wird man bald nur noch über Facebook daran erinnert, dass der andere gerade Geburtstag hat. Vera ging während ihres Studiums nach Nairobi, wo sie eigentlich nur ein paar Monate bleiben wollte, dort aber ihre große Liebe Tahir kennenlernte und schließlich blieb. Tahirs Familie kam aus Indien und war schon vor vielen Jahren nach Kenia ausgewandert, hatte dort ein großes Reiseunternehmen-Imperium aufgebaut und lebte ein Leben zwischen harter Arbeit, Safaritouren, den schönsten Stränden der kenianischen Küste und dem wilden Leben in Nairobi.

Als wir die Reise vorbereitet hatten, nahmen wir Kontakt zu Vera auf. Und neben vielen Tipps hatten die beiden uns kurzerhand zu sich eingeladen. Wir waren sehr froh darüber, denn so konnten wir in entspannter Umgebung Nairobi kennenlernen und im Vorfeld unsere Trips mit dem Reiseunternehmen von Tahirs Eltern buchen.

Immer wieder auf unserer Reise trafen wir auf genau die Menschen, die wir gerade gesucht hatten. Zufall? Schicksal? Ich weiß es nicht, aber auf Reisen kommt man ja sowieso nicht umhin, an Magie zu glauben.

GLAMOUR UND CHAOS IN NAIROBI

Nairobi war laut. Nairobi war dreckig und voller Menschen. Doch es war ein faszinierendes Chaos. Beeindruckende Gesichter und Gewänder in allen Farben, so weit das Auge reicht. Manu klebte mit seiner Kamera förmlich an der Scheibe unseres Uber, mit dem wir eine erste Fahrt in die Stadt unternahmen, und versuchte alle ersten Eindrücke einzufangen. Das war nicht leicht, denn abwechselnd wurden wir entweder hochgeschleudert oder kamen krachend auf unseren Hintern auf. Mir kam es so vor, als würden die Autofahrer Kenias mit Vergnügen vor einem *Street Bump* noch mal Anlauf nehmen und mit einem Affenzahn darüber hinwegheizen. Ich hielt mich fest und kämpfte gegen die Übelkeit. Im Laufe der Reise würde mir diese Empfindsamkeit noch abtrainiert werden – doch das wusste ich zu diesem Zeitpunkt nicht.

Wir beließen es für den ersten Tag bei diesem kurzen Ausflug per Auto – man hatte uns nahegelegt, nicht zu Fuß durch die Straßen zu laufen. Doch schon am Tag darauf warfen wir alle Vorsicht über Bord und marschierten, mit Lichtschutzfaktor 100 auf den Wangen und unseren Sonnenbrillen auf der Nase, auf das große weiße Tor zu, das die Grenze zur anderen Welt markierte. Die Guards am Tor blickten uns misstrauisch entgegen, ihnen schien unser Plan gar nicht zu gefallen. Dank meinem breiten Lächeln und Manus Smalltalkkünsten öffneten sie uns aber doch die Tür. Ab da wurden wir immer sehr herzlich empfangen, wenn wir mal wieder eine unserer kleinen rebellischen Runden zu Fuß starteten oder beendeten. Ich glaube, dass ihnen das irgendwie gefallen hat.

Unser erstes Ziel war einer der Märkte, den wir im Vorbeifahren gesehen hatten. Wir aßen zuckersüße Mangos, staunten über riesige Avocados und versuchten, nicht von den vielen Menschen zerquetscht oder von einem Auto überfahren zu werden. Es kribbelte ständig in der Nase, und wir hatten regelrechte Niesanfälle. Der Smog dieser Stadt war wirklich der schlimmste, den ich je erlebt habe – und das will was heißen, denn schließlich war ich davor schon mal in Indien gewesen! Doch das faszinierende Gewusel in den Straßen und die vielen Dinge, die es zu bestaunen gab, ließen uns immer wieder losziehen.

Die Tage in Nairobi verbrachten wir auch damit, Tahirs komplette Verwandt- und Bekanntschaft kennenzulernen, die uns aufs Allerherzlichste aufnahm und uns direkt zum 90. Geburtstag seines Opas einlud. Ein Freund der beiden bot uns an, ihn für ein paar Tage in seiner riesigen Villa zu besuchen. Doch wir wollten gerne endlich in das Afrika eintauchen, was wir uns erträumt hatten. Wir wollten raus aus der Stadt und rein in die Savanne. Wollten Tiere sehen und uns von der Natur bezaubern lassen und natürlich auch endlich unsere ersten Protagonisten finden und filmen. Also bedankten wir uns herzlich bei ihm, Vera und Tahir und machten uns auf den Weg in die Wildnis.

ZWEI TOURIS AUF SAFARI

Gesagt, getan. Das Abenteuer ging los! Der Safari-Bus holte uns in aller Herrgottsfrühe am Haus von Tahir und Vera ab. Die Sonne ging gerade auf, Nebelschwaden hingen in der Luft, und es roch nach den kleinen Feuern, die überall in Kenia über Nacht am Straßenrand in den Regenrinnen angezündet wurden. Ich weiß bis heute nicht, wieso.

Wir luden unsere Taschen in den kleinen Kofferraum und kuschelten uns auf die Rückbank. Die Temperaturen hier erinnerten mich an das, was ich über die Wüste gehört hatte. Tagsüber herrscht sengende Hitze, und nachts wird es eisig kalt. Zum Glück hatten wir uns vorher über das kenianische Januarwetter informiert und sind nicht ohne unsere dicken Strickpullover losgefahren.

Sechs Stunden lang rasten wir mit unserem Fahrer James über Speed Bumps und Schlaglöcher, wurden von einer Seite auf die andere geschleudert, versuchten, uns an kaputten Türgriffen etwas mehr Halt zu verschaffen und gleichzeitig noch ein paar

Minuten Schlaf abzubekommen. Doch das war unmöglich. Ich gab schneller auf als Manu, der sich seine Mütze über die Augen zog und den Kopf auf meinen Schoß legte. Seine Arme klemmte er unter meine Beine und bewahrte sich so vorm Runterfallen. Lachend steckte ich mir meine Kopfhörer in die Ohren. Ich sah aus dem Fenster und staunte mit jedem Kilometer, den wir uns weiter von der Stadt entfernten, mehr.

Die Landschaft, die an meinem Fenster vorbeiflog, war wunderschön und wechselte von trocken und staubig hin zu grün, tropisch und fruchtbar innerhalb von wenigen Stunden. Als wir den Äquator überquerten und am Mount Kenia vorbeifuhren, hätten wir auch in der Schweiz sein können. Riesige Bäume wuchsen in den Himmel, das Gebirge erhob sich prächtig aus dem Boden, die Luft war klar, und jedes Blatt sprühte vor Leben. Selbst die Häuser, die am Fuße des Berges standen, sahen ganz anders aus als die kleinen Hütten und Verschläge, an denen wir nur wenige Kilometer zuvor vorbeigefahren waren. Und dann veränderte sich die Landschaft auf einmal wieder, nachdem wir den Äquator hinter uns gelassen hatten. Es war einfach faszinierend.

Während der Fahrt mussten wir immer wieder kleinen Kindern am Straßenrand zuwinken, die erwartungsvoll neben unserem Bus herrannten und uns »Mzungu! Caramello, please!« hinterherriefen. Aha, da war es also, dieses Wort. Sie dachten, wir seien Italiener und hätten Süßigkeiten dabei. Keins von beidem entsprach der Wahrheit, wir hätten selber gerne ein paar Schweinereien zum Knabbern gehabt. Also zuckten wir nur entschuldigend mit den Schultern und fuhren weiter. Das nächste Mal, wenn ich einen Italiener treffen würde, würde ich ihn garantiert auch nach etwas Süßem fragen. Irgendwas musste ja dran sein …

Die Straße wand sich weiter über Hügel und durch Täler, ächzte durch die Steppe, mäanderte um Serpentinen und endete schließlich, nach quälenden, letzten Kilometern, am Eingang des Namunyak Nationalparks, an dessen Tor natürlich wieder einmal ein bewaffneter Soldat postiert war. Er bedeutete uns, weiterzufahren und unseren Weg zum Camp, dem *Elephant Bedroom*, fortzusetzen.

Als Kind hätte ich aus tiefster Überzeugung behauptet, alle Tore in Kenia seien verzaubert. Egal durch welches man fuhr oder ging, man kam immer in einer anderen Welt wieder heraus. Voller Vorfreude summte ich »The Circle of Life« aus *Der König der Löwen,* und Manu und ich rutschten an den letzten Zentimeter unserer Sitzbank und blickten aus dem Fenster. Es war magisch. Links von uns bildeten ein paar Zebras einen expressionistischen Haufen aus Schwarz und Weiß. Ich hatte vorher schon mal Zebras in freier Wildbahn gesehen und wusste, wie schön und majestätisch diese Tiere aussahen. Doch diese Erinnerung bewahrte mich absolut nicht davor, mich erneut in diese tiefschwarzen Augen zu verlieben. Sie sahen uns durch die Scheibe direkt an. Ich sah zu Manu und freute mich über seinen begeisterten Gesichtsausdruck, bevor er dann die Kamera nahm und die allerersten Safaribilder für unser Projekt schoss.

Das Elephant Bedroom Camp liegt genau am Ewaso Ngiro River. Ein idyllischer Ort, der aber ein großes Problem hat: die sogenannten *Flash-Floods,* bei denen regelmäßig zerstörerische Wassermassen durch das Flussbett jagen und alles mitreißen, was in ihre Bahn gelangt. Warum das passierte, würden wir aber erst später erfahren.

Als wir an unserem Heim für die nächste Woche angelangten, war da allerdings überhaupt kein Wasser. Nicht ein Tropfen, nicht eine kleine Pfütze hatte sich auf die trockene Erde verirrt. Während James unseren Wagen parkte und wir uns noch über diese extreme Trockenheit wunderten, raschelte es plötzlich leise hinter dem Gebüsch. Wir rechneten damit, einen kleinen, exotischen Vogel zu sehen, als sich zu unserer Überraschung plötzlich ein riesiger Elefantenbulle dahinter hervorschob. Seine großen Ohren wackelten unablässig hin und her, und seine mächtigen Hauer bewegten sich sanft, während er seinen Rüssel an den Ästen eines Baumes nach Nahrung tasten ließ. Über den Kopf des Dickhäuters segelten immer wieder bunte Vögel, die trotz ihrer Winzigkeit zehn Mal mehr Krach machten als eine ganze Elefantenherde zusammen. Er stand genau neben dem Eingangsschild unserer Lodge. Wie passend! Manu scherzte, ob *Elephant Bedroom Camp* vielleicht wörtlich zu nehmen war. Dann würde es eng werden!

Schöner hätte der Empfang an unserem ersten Safaritag, was eigentlich *Game Drive* heißt, wirklich nicht sein können. Als sich unser großer Freund dazu entschloss, wieder weiterzuziehen, wurde uns erlaubt, auszusteigen und unser Zimmer zu begutachten. Das Zimmer war in Wahrheit ein Zelt. Ein Zelt auf Stelzen, auf dessen Dach Affen herumtollten und ihre kleinen Händchen auf den Stoff patschen ließen. Innendrin sah es aus wie ein ganz normales schönes Hotelzimmer. Wir sollten nur immer unsere Türnetze abschließen, damit die frechen Primaten, die längst gelernt hatten, wie man Reißverschlüsse öffnet, nicht in unser Zelt wanderten und so ziemlich alles klauen würden, was wir mitgebracht hatten. Als ich an einem der nächsten Tage nur mal eben schnell auf die Toilette gehen wollte und die Tür nicht abgeschlossen hatte, fand ich bei meiner Rückkehr einen kleinen Baobabaffen mitten in unserem Zelt vor, der mich frech ansah. Ich baute mich vor ihm auf, stemmte die Hände in die Seiten und sagte mit tiefer Stimme: »Raus!« Erschrocken sprang er auf, flitzte zum Ausgang und blieb dort vor dem Keksteller stehen, den wir jeden Morgen von unseren Guides als kleinen Appetithappen mit etwas Tee serviert bekamen. Ein Blick zu mir, dann einer zum Teller und einer zum Ausgang, und mir war klar, was er vorhatte. Ich stürzte in seine Richtung, aber er war schneller. Mit seiner winzigen Hand eroberte er einen Keks, sprang dann mit einem spitzen Schrei in die Freiheit und war fort. Dieser kleine Dieb – ich war völlig verblüfft über dieses durchtriebene kleine Wesen, das mich sofort durchschaut hatte.

An unserem ersten Tag machten wir gleich eine Tour im Game-Drive-Bus. Manu und ich drückten uns die Nasen am Fenster platt und warteten ungeduldig darauf, endlich noch mehr große Tiere erspähen zu können. Es war Abend, die Sonne stand schon tief, und wir hatten überhaupt keine Ahnung, was uns gleich erwartete. Neben unzähligen schillernden Vögeln und zahlreichen Gazellen, Zebras und Wapitis lief uns außerdem eine Hyäne über den Weg. Manu kam mit dem Filmen überhaupt nicht hinterher. Links, rechts, oben, unten – überall gab es etwas zu sehen, und wir waren völlig verzaubert von all der Vielfalt. Auch mein Kameraauslöser klickte ununterbrochen. James bog um eine Böschung, die sich am Ende eines staubigen Weges befand, der von großen, flachen Affenbrotbäumen gesäumt war. Dahinter tauchten drei große wunderschöne Giraffen auf, gerade mal zwanzig Meter von uns entfernt, knabberten sie an den Büschen. Direkt neben ihren Lippen, die eifrig tasteten und zupften, und ihren langen Zungen, die ein Eigenleben zu haben schienen, saßen mehrere winzige, türkisfarbene Kingfisher-Vögel auf den

Ästen. Sie machten trotz der riesigen Kauleisten der Giraffen direkt vor ihnen keine Anstalten, ihren Sitzplatz aufzugeben, und gaben sich gleichmütig der wippenden Bewegung hin, die der Ast wegen der Langhälse machte. Die Giraffen kauten ganz genüsslich und unbeeindruckt weiter an ihren Blättern und schlossen dabei immer wieder langsam die Augen. Ihre endlos langen Wimpern gaben ihren Augen einen wunderbar sanften Ausdruck, und auch sonst war alles an ihnen, jede Bewegung, jeder Atemzug, so friedlich.

Im Auto breitete sich bei diesem Anblick eine meditative Stille aus, eine Ruhe, wie man sie im Alltag selten spürt. In diesem Moment kamen wir an. In der Mitte Kenias, neben diesen wunderschönen Tieren, die uns nicht als Bedrohung ansahen. Wir durften einfach dort sein, neben ihnen, mit ihnen. Gemeinsam.

Der Bus setzte sich wieder in Bewegung, und wir sprachen darüber, wie man es fertigbringen konnte, diese schönen Tiere als Jagdziel zu missbrauchen. Die Grazie, mit der sie sich trotz ihrer Größe bewegten, und das Vertrauen uns Menschen gegenüber ließen sie zu einer leichten Beute werden. Die Zahl der Giraffen war in den letzten 30 Jahren um 40 Prozent gesunken, und die Tiere gelten damit als gefährdet. Ich konnte einfach nicht verstehen, wie man mutwillig diese Magie, an der wir gerade teilhaben durften, zerstören konnte, um danach auch noch mit dem leblosen Körper seiner »Beute« und einem fetten Grinsen im Gesicht vor der Kamera zu posieren. Grausam. Mir schwirrten Worte wie Feigheit, Egoismus und Kaltblütigkeit durch den Kopf.

Die Reifen wirbelten den Staub des Weges so sehr auf, dass wir ständig niesen mussten, weil der ganze Dreck durch das offene Verdeck zu uns hereingeschleudert wurde, und meine Haare bildeten im Wind Dreadlocks. Immer wieder knisterte James' Walkie-Talkie neben seinem Sitz und vermeldete irgendwo bei anderen Safaritouren Vögel und Gazellen, Zebras und Affen. Allerdings hatte keiner von ihnen bisher eins der Mitglieder der sogenannten *Big Five* gesehen. Das heißt, keinen Elefanten, keinen Büffel, keinen Löwen, keinen Leoparden und kein Nashorn. James machte uns Mut: »Morgen werden wir die großen Tiere sehen – ganz sicher!« Die Sonne sank immer tiefer, wie ein riesiger Feuerball wanderte sie unwirklich schön auf den Horizont zu und tauchte die Savanne in rot-goldenes Licht.

Ohne Vorwarnung gab James plötzlich Gas und ließ Manu und mich damit beinahe über unsere Sitzreihen purzeln. Zuerst wussten wir nicht recht, was gerade geschehen war, und James verlor kein Wort darüber. Immer weiter ruckelte der alte Bus über Stock und Stein, und irgendwann sahen auch wir, was James' geschulter Blick schon kilometerweit entfernt anhand von Spuren wahrgenommen hatte: zwei Löwen! Ein junges Männchen und ein Weibchen lagen versteckt zwischen Gräsern und leckten sich die blutigen Pfoten und Gesichter. Offensichtlich waren sie gerade auf der Jagd gewesen und ruhten sich nun im warmen Abendlicht auf ihrem Erfolg aus. Langsam, ganz vorsichtig, rollten wir näher an sie heran. Sie bedachten uns nur mit einem kurzen gelangweilten Blick, dann widmeten sie sich wieder ihrer Fellpflege. Dann stand das Männchen plötzlich auf und schritt elegant an unserem Wagen vorbei. Er kam uns so nah, dass wir die Luft anhielten. Sogar James, der diese Art von Begegnung wohl schon zigmal erlebt haben musste, zückte sein Handy und knipste begeistert Fotos. Manu wandte sich ab, um das Objektiv zu wechseln, und erstarrte in seiner Bewegung.

»Maria …«, flüsterte er und fasste mich am Arm.

Ich drehte mich um und musste mir auf die Zunge beißen, um nicht vor Überraschung aufzuschreien. Hinter uns hatte sich unbemerkt, während wir mit den Löwen beschäftigt waren, eine kleine Elefantenherde versammelt. Fünfzehn Elefanten, die nun immer näher in unsere Richtung wanderten und sich dann inmitten eines bunten Blumenfeldes niederließen. Sie wurden vom immer rötlicher werdenden Sonnenlicht angestrahlt, und als ob das alles nicht schon unwirklich genug gewesen wäre, blitzten zwischen ihren großen Füßen plötzlich lauter kleine graue Füßchen auf. Elefantenkinder kamen zum Vorschein, kleine Rüssel bahnten sich ihren Weg nach draußen, tasteten nach Muttermilch oder griffen nach den Schwänzen ihrer Altersgenossen. Es war einfach zauberhaft. Keinen Ton gaben sie von sich, aber die großen Riesen tanzten nach einer stillen Melodie, und alles, was nach außen drang, war Glück und Liebe. Anders kann ich es nicht beschreiben.

Da fuhren wir also den ganzen Nachmittag in der Gegend herum, um wenigstens einen der *Big Five* zu sehen, und kurz vorm Aufgeben standen wir auf einmal mitten in einem Feld voller bunter Blumen, die Sonne stand glühend am Horizont, und wir waren umgeben von zwei Löwen und einer Elefantenherde. Wie irre war das denn?

Die verbleibenden Tage im Camp verliefen allesamt recht ähnlich und nach Plan. Wir wachten jeden Morgen um 5 Uhr auf, hüpften in unsere Klamotten, bekamen Tee und Kekse serviert und schwangen uns dann in unseren Safari-Bus, um Tiere im Sonnenaufgang zu beobachten. Nach zwei Stunden Fahrt kehrten wir mit leuchtenden Augen zurück, und es gab Frühstück,

Entspannung, kleine Kämpfe mit Affen um auf der Terrasse vergessene Bananen, dann Mittagessen, die zweite Safarirunde kurz vor Sonnenuntergang und danach Abendessen und erschöpft, aber überglücklich ins Bett fallen.

Am dritten Abend allerdings lagen wir zwischen unseren Laken und konnten trotz Müdigkeit nicht einschlafen. Wir waren aufgeregt, denn am nächsten Morgen stand die erste kleine Reportage für *Leaving the Frame* auf dem Plan. Und die sollte ganz anders verlaufen, als wir uns das vorgestellt hatten.

MONEY, MONEY, MONEY IN UNITY

Während unserer Recherche in Berlin waren wir auf das kleine Dorf »Unity« mitten in der Pampa Samburus gestoßen. Dort wohnen Frauen in Lehm- und Strohhütten, die sie selbst erbaut hatten. Diese Frauen haben eines gemeinsam: Ihnen ist durch ihre Ehemänner oder andere Männer Gewalt zugefügt worden, weswegen sie sich zusammengeschlossen und entschieden haben, ihnen mit vereinten Kräften die Stirn zu bieten. Allen Konventionen zum Trotz, denn was Emanzipation und Gleichberechtigung angeht, sind die eingeborenen Stämme Kenias definitiv noch nicht so weit wie wir in der westlichen Welt ... Die Frauen gründeten ihr eigenes Dorf. Sie bauten alles, Spott und Hohn der umliegenden Dörfer zum Trotz, eigenhändig auf und lassen keinen Mann herein. Sie unterstützen sich gegenseitig, bewahren sich ihren Stolz und vertreiben gemeinsam wütende Ehemänner, die ihre Frauen zurück nach Hause holen wollen – wenn es sein muss, auch mit Gewalt. Starke Frauen mit einer emotionalen Geschichte, aus der große Kraft entwuchs und sie miteinander verband. Uns schien das die perfekte Geschichte. Genau so etwas wollten wir erzählen! Und vielleicht war da auch noch mehr aus ihnen herauszukitzeln.

Wir organisierten alles für unseren Trip nach *Unity*. Ein Mitarbeiter aus dem Camp, der auch James hieß, erzählte uns, dass eine seiner Tanten in diesem Dorf wohnte, und fragte sie, ob wir bei ihnen drehen dürften. Nachdem sie Ja gesagt hatte, packten Manu und ich alles für unser erstes Interview. Ich dachte sogar noch an eine große Packung Süßigkeiten für die Kinder. Nach einer halben Stunde Autofahrt und Staubaufwirbeln kamen wir an einem vergilbten Holzschild an, auf dem in großen Lettern »UNITY« stand. Daneben zeigte ein dicker Pfeil den Weg an, und an dessen Ende konnte man bereits die Hütten und ein kleines Feuer erkennen. Die Nervosität wurde immer größer, und die Freude über unsere erste Möglichkeit, richtig in unser Projekt zu starten, stieg ins Unermessliche.

Zwei Stunden später stiegen wir völlig erschöpft und verstört wieder in unseren Bus. Stille und Aufatmen. Ich hatte Mühe, meine Tränen zurückzuhalten. Nicht etwa, weil es so unglaublich traurig oder berührend gewesen war, was uns unsere Protagonistinnen erzählt hatten – nein, ganz im Gegenteil. Sie hatten uns stattdessen nämlich rein GAR NICHTS erzählen wollen. Unser naiver Plan, wir könnten dort einfach einlaufen und bekämen Geschichten zu hören, war mit Vollgas nach hinten losgegangen. Gerade für jemanden wie mich, der mit Disharmonien und Ablehnung so überhaupt gar nicht umgehen kann, war dieses Erlebnis schlimmer gewesen als eine Wurzelbehandlung beim Zahnarzt ohne Betäubung.

Denn anstatt freundlich empfangen zu werden, als wir in das

Dorf kamen, standen wir wohl mehr als fünfzehn ernst und abweisend dreinblickenden Frauen gegenüber. Nicht eine hatte ein Lächeln für uns übrig, geschweige denn ein freundliches Wort. Skepsis stand in ihren Augen geschrieben. James hatte uns im Vorfeld schon erklärt, dass wir beide zusammen ungefähr zwanzig Dollar »Eintritt« bezahlen müssten, das sei in jedem der umliegenden Dörfer so. Allerdings hatten die Ladys, die in diesem Moment vor uns standen, eine völlig andere Summe im Kopf und forderten auf einmal ganze hundert Dollar von uns. Perplex starrten wir sie an und hofften uns verhört zu haben. Ich griff reflexartig nach meinem Portemonnaie, um nachzusehen, wie viel Geld wir dabeihatten. Es war uns wirklich unangenehm. Offenbar hatten sie mit einem großen Filmteam gerechnet und nun standen nur wir beide da. Wir hatten nicht genug dabei. Ich beugte mich zu James und gab ihm zu verstehen, dass wir gerade mal etwas über fünfzig Dollar für uns beide geben konnten. Er versuchte, die schlechte Nachricht so gefühlvoll und charmant wie möglich zu überbringen. Eine Sekunde Stille von ihrer Seite, dann brachen sie in lautes Gemecker aus. Arme flogen in die Luft, Hände wedelten in unsere Richtung, Köpfe wurden so heftig geschüttelt, dass man Angst haben musste, ihnen würden die Ohren abfallen. »Sie wollen euch nicht einfach so hereinlassen«, sagte James. Ein Dolmetscher war angesichts dieser aufgebrachten Reaktion aber gar nicht nötig …

Weitere quälende Minuten der Feilscherei gingen ins Land, und die Gesten in unsere Richtung wurden immer unfreundlicher. Ich war kurz davor, abzubrechen, als sie uns aus heiterem Himmel doch hereinließen. Völlig perplex beobachteten wir, während wir hinter ihnen herliefen, wie sich die gerade noch so wüsten Gesten und das laute Geschrei urplötzlich in Lachen und

Gesänge verwandelten. Ich benutze den Ausdruck »sich im falschen Film fühlen« wirklich nie, aber hier passte er. Die Frauen waren wie ausgewechselt, wie sie uns unter Klatschen, Lachen und Singen in die Mitte ihres kleinen Dörfchens führten. Manu filmte schon alles eifrig mit, während ich noch verblüfft in die auf einmal strahlenden Gesichter starrte. Jetzt erst fielen mir auch ihre prächtigen Kleider und der filigrane Schmuck auf. Lauter bunte Perlen zierten ihre Hälse, Ohren, Gelenke und Nasen. Ihr Haar war kurz geschoren und ihre Gesichter stolz. Wunderschön.

Während ich noch darüber nachdachte, wie sie es nur in dieser Hitze ohne Schatten in ihren Gewändern aushielten, griff mich plötzlich eine Hand von hinten am Arm und zog mich Richtung Gesang und Tanz. Oh Gott, nein, bitte nicht, bloß das nicht! Ich, der größte Körperklaus der Welt. Doch Widerrede war zwecklos. Nach jedem Lied atmete ich erleichtert auf und wollte mich schnell aus der Mitte der Tanzwütigen entfernen, wurde aber sofort wieder zurückgezogen und versuchte krampfhaft, irgendwie die Bewegungen der Frauen nachzumachen. Ich warf meinen Kopf Hilfe suchend in Manus Richtung, musste aber feststellen, dass er feixend die Kamera auf mich gerichtet hatte und gar nicht daran dachte, mich aus der Situation zu befreien. Verräter!

Irgendwann kamen ihre flinken Füße zum Stillstand. Ich gab ihnen den Schmuck zurück, mit dem sie mich während der Tänze behangen hatten, und ging wieder zu Manu, dem ich einen grimmigen Blick zuwarf. Er lachte nur.

Nach der Tanzeinlage wollten wir gerne mit den Interviews anfangen und baten James, für uns zu übersetzen. Wir erfuhren, dass wir nur mit einer einzigen Frau sprechen durften, außer wir besorgten noch mehr Geld. Eine Frau, deren Alter ich bis heute nicht schätzen kann. Obwohl sie augenscheinlich nicht die Dorfälteste sein konnte, hatte sie wohl die Aufgabe des Oberhauptes übernommen. Ihre Stirn war hoch, die Augen klein, mandelförmig und zu Schlitzen verengt, ihre Lippen kräuselten sich vor Misstrauen. Sie fixierte mich und sprach trotzdem unablässig mit James auf Maa, die Sprache der Samburu, als wir im Schatten eines kleinen Verschlages Platz nahmen. Einige wenige der Dorfbewohnerinnen sahen uns zu, der Rest hatte sich wieder den täglichen Arbeiten zugewandt.

Ich musste sie nicht verstehen, um zu merken, dass sie sich über mich lustig machte. Immer wieder animierte sie die anderen zum Lachen und schaute mich danach verächtlich an. Ich schluckte meinen Ärger hinunter, lächelte trotzdem und versuchte, Verständnis für sie aufzubringen. Doch das machte alles nur noch schlimmer. Sie riss demonstrativ die Süßigkeitentüte auf, die wir eigentlich für die Kinder mitgebracht hatten, und steckte sich genüsslich ein Bonbon nach dem anderen in den Mund, ohne mich dabei aus den Augen zu lassen. Mit vollem Mund redete sie weiter. Ich verstand nur das Wort »Money!«. Von da an ging es nur noch ums Geld, und es war nicht möglich, ein Interview mit ihr zu führen. Die übrigen Frauen, die noch um uns herum saßen, schienen mittlerweile selbst peinlich berührt zu sein und sahen betreten zu Boden. Eine von ihnen blickte mich immer wieder freundlich an und schenkte mir sogar ein kleines Lächeln. Doch meine Gesprächspartnerin ließ nicht zu, dass wir das Interview mit einer anderen Frau führten. Die ganze Situation wurde mir immer unangenehmer, und ich wollte die Sache nur noch möglichst schnell hinter mich bringen.

Die nächsten zehn Minuten zogen sich wie alter Kaugummi, und ich kam mir vor wie Bill Murray in »Täglich grüßt das Murmeltier«. Jede Richtung, die ich versuchte, mit meinen Fragen einzuschlagen, nahm folgenden Verlauf: Frage – Protagonistin antwortet lange nichts – dann kurzes Gemurmel – darauf eine endlos lange Antwort von James, die überhaupt nicht zur Fragestellung passte – wildes Gestikulieren und Gezeter in meine Richtung – ich verstehe einzig und allein die Worte »Dollar«, »Money«, »M'zungu« und »1000«. Irgendwann war ich mit meinen Nerven am Ende, und sie ging auf keine meiner Fragen mehr ein – ganz egal, wie feinfühlig oder unterwürfig ich sie auch stellte. Es ging so weit, dass ich nur noch herumstotterte, das Interview wurde immer schlechter.

»Manu, ich will hier abbrechen. Das bringt überhaupt nichts, ich habe keine Ahnung, wie ich mit dieser Frau umgehen soll.«

Auch mein Gegenüber hatte die Nase voll von uns und wollte keine Antwort mehr geben. »Finish!«, rief sie uns entgegen.

Wenigstens in diesem einen Punkt waren wir uns einig. Wir mochten einander nicht besonders, und wir wollten keine einzige Sekunde mehr mit der anderen reden müssen. Mit wackeligen Beinen stemmte ich mich aus dem Staub und spürte, wie der Ärger in mir hochkochte. Ich wollte nur noch weg. Trotzdem beschlossen Manu und ich, noch einige Fotos von den Frauen und ihrem Leben in Unity zu machen, bevor wir uns wieder auf unseren Weg zurück ins Camp begaben. Und das war der einzig schöne Moment bei diesem Ausflug: Ganz in Ruhe schossen wir unsere Bilder, scherzten nach und nach mit immer mehr Dorfbewohnerinnen herum und ernteten ein Lächeln nach dem anderen. Unsere Kameras wurden genau unter die Lupe genommen, und obwohl meine Interviewpartnerin gelegentlich immer noch nervige Bemerkungen wegen des Geldes machte, fühlte ich mich jetzt weniger in die Enge getrieben und schaffte es sogar, ihr mit einem ungelenken Satz auf Swahili ein Lächeln in den Mundwinkel zu zaubern – welches natürlich sofort mit der Money-Geste zunichtegemacht wurde –, aber immerhin.

Unsere Verabschiedung von den Frauen sah, von außen betrachtet, genauso aus wie unsere Ankunft. Alle Dorfbewohnerinnen standen versammelt vor ihrem Tor und gestikulierten und riefen laut durcheinander. Diesmal allerdings war auch einiges an Gelächter zu vernehmen. Wir verabschiedeten uns von allen mit Handschlag, und Manu parierte fortwährendes Geplapper über Tausende von Dollars, die wir nachsenden sollten, mit Nicken und Lächeln. Ich stieg als Erste wieder in unseren Bus ein und ließ mich auf die hinterste Sitzbank plumpsen. Mein Kopf brummte. Als Manu neben mir Platz nahm und sich der Bus endlich in Bewegung setzte, begann ich aus dem Nichts hemmungslos loszuheulen. »Wow!«, stieß ich hervor, denn ich war selbst völlig überrascht von meinem Ausbruch. Offensichtlich hatte mir die ganze Nummer doch mehr zugesetzt, als ich anfangs annahm. Manu legte seinen Arm um mich. Hinter der Kamera hatte er nicht die volle Breitseite der Frauen von Unity abbekommen.

Die restliche Rückfahrt lang lehnte ich mich an seine Schulter und dachte nach. Warum waren die Frauen uns gegenüber so unglaublich negativ eingestellt gewesen? Wir wollten mit dieser kleinen Reportage auf sie und ihr Wirken aufmerksam machen, im besten Fall Spenden sammeln und ihnen dadurch etwas zurückgeben. Waren wir wirklich so heuchlerisch, wie sie dachten? Sie hatten aus ihrer Abneigung keinen Hehl gemacht. Jede von ihnen kämpfte ums Überleben. Denn wenn sie nicht in diesem Dorf bleiben konnten, wusste keine, was mit ihnen geschah. Sie waren Davongelaufene, Aussätzige in einem Land, das seine Frauen keineswegs als gleichberechtigt ansah. Ohne den Schutz des Dorfes waren sie hilflos. Mir tat es leid, nicht mehr für sie tun zu können. Aber wir hatten gerade eine wichtige Lektion gelernt: Nur weil manche Menschen eine unfassbare Geschichte haben, die uns als privilegierte Westler fasziniert und in die wir gerne für einen Moment tiefer eintauchen wollten, so hieß das nicht, dass sie auch unbedingt bereit waren, sie zu erzählen. Und das war auch ihr gutes Recht.

Uns war bewusst geworden, dass wir uns auf unsere Protagonisten noch besser einstellen mussten. Kein schnelles hin und weg mehr, versprachen wir uns. Wir wollten schließlich von den Menschen lernen, die wir trafen, und das funktionierte nicht mit einer Hauruck-Aktion.

R. E. S. C. U. E. RETETI ELEPHANT SANCTUARY COMMUNITY UNITED FOR ELEPHANTS

An unserem letzten Abend im Safari-Camp, einen Tag nach dem Unity-Debakel, saßen wir immer noch etwas bedröppelt und gleichzeitig voller Eindrücke am Dinner-Tisch. Als wir gerade fertig gegessen hatten, gesellte sich James zu uns. Er schnappte sich einen Stuhl vom Nachbartisch und schwang sein feuerrotes Gewand elegant über den Sitz, bevor er sich niederließ.

»Mein Bruder, meine Schwester. Müsst ihr wirklich schon morgen wieder gehen?«, fragte er lächelnd und zwinkerte verschwörerisch.

Verwundert blickten Manu und ich uns an, und ich brachte ein vorsichtiges »Ja …« heraus. Der Bus und unsere Rückfahrt waren nur bis zum nächsten Tag bezahlt, und schon diese wenigen Tage waren alles andere als günstig gewesen. Trotzdem war unsere Neugier geweckt: »Warum? Das klingt beinahe so, als hättest du etwas Interessantes für uns.« James rückte auf seiner Stuhlkante näher an uns heran und zog aus den zig Stofflagen, die ihn umgaben, ein Smartphone hervor. Seine Augen funkelten, als er uns das Video von einer Elefantenrettung zeigte, an der auch er beteiligt gewesen war. Er erzählte uns, dass schon so viele Tiere von den gefährlichen *flash floods*, die das Flussbett des Ewaso River immer wieder abwechselnd überfluteten und wieder trockenlegten, überrascht und weggespült worden wären. Der kleine Elefant im Wasser, der im Video verzweifelt nach seiner Herde trötete und schrie, war nicht schnell genug aus dem Flussbett herausgeklettert und von den Wassermassen mitgerissen worden. Wir erkannten, dass es sich bei dem Ort im Video um denselben Platz handelte, auf den wir gerade blicken konnten – ein staubiger, trockener Wall, der vor genau zwei Wochen aber noch völlig überflutet gewesen war.

James steckte sein Handy zurück in die Untiefen seines Gewands und sah uns an. »Wollt ihr mit mir dort hinkommen?«
»Was meinst du?«, fragte ich verwirrt. Wir waren doch schon genau hier.

»Sie haben den kleinen Elefanten zu einer Sanctuary Farm etwas weiter nördlich von hier gebracht. Es heißt Reteti. Ein Freund von mir arbeitet dort. Ich habe ihn gefragt, und er hat gesagt, es sei kein Problem, wenn ihr mit den Elefanten drehen wollt, und –« Weiter kam er nicht.

»NATÜRLICH fahren wir dorthin! Wir alle zusammen!«, platzte es aus mir heraus. Babyelefanten. Oh. Mein. Gott. Wir hatten im Vorfeld tatsächlich versucht, einen Dreh mit dem wohl berühmtesten Elefanten-Sanctuary der Welt zu organisieren, dem *David Sheldrick Wildlife Trust*. Doch die Kosten, die für einen Dreh dort angefallen wären, hätten unser Budget mehr als gesprengt. Also hatten wir schweren Herzens abgesagt. Umso aufgekratzter war ich deshalb, als James uns von Reteti erzählte. Dort verlangten sie keine Drehgebühr, sie würden sich nur über eine kleine Spende für die Elefanten freuen.

Am nächsten Tag führte uns unser Weg also nicht zurück Richtung Süden, nach Nairobi, sondern noch weiter nördlich. Mit unseren beiden James' auf den vorderen Sitzen tuckerten wir zwei Stunden lang über Speed Bumps und Schlaglöcher und beobachteten, wie die Landschaft immer wieder von grün zu karg wechselte. Gelegentlich säumten Dromedare den Straßenrand, und Fahrer James hielt jedes Mal an, um die Hirten mit Handschlag zu begrüßen und ihnen eine Flasche kaltes Wasser in die Hand zu drücken. Kein Wort wurde dabei gewechselt, es war nicht nötig. Man verstand sich auch so.

Während der Fahrt hatte ich genug Zeit, immer und immer wieder meine Notizen durchzugehen und mich zwar auch auf ein erwachsenes und gut geführtes Interview vorzubereiten, aber vor allem versuchte ich, beim Gedanken an die kleinen Rüssel vor lauter Freude nicht durchzudrehen. Manu beobachtete meine kindliche Aufregung lächelnd und nutzte die Fahrt, um Drohnenaufnahmen von unserem Auto und der Landschaft zu machen. Je weiter wir fuhren, desto verlassener wurde die Straße, auf der wir unterwegs waren. Nach einiger Zeit, als ich mich schon fragte, ob wir uns vielleicht verfahren hatten, nahm James den wahrscheinlich absurdesten Pfad auf Erden. Wir fuhren über umgefallene Baumstämme und steckten mehrmals in kleinen, ausgetrockneten Flussbetten fest. Manu und ich hielten uns an den Händen, wurden aber trotzdem ordentlich durchgerüttelt. Die beiden James' hingegen saßen seelenruhig auf den Vordersitzen und unterhielten sich, als wären sie bei Oma zum Kaffeeklatsch …

Zwei Mal fuhren wir an winzigen Bauernhöfen vorbei, in deren Mitte jeweils eine kleine Strohhütte stand und zwischen deren provisorisch angebrachten Holzzäunen Ziegen und Hühner ein und aus gingen. Wie kam man nur auf die Idee, sich so weit ab vom Schuss sein Leben aufbauen zu wollen, fragte ich mich. So ganz ohne jegliche Hilfe von außen, sollte mal etwas sein. Am Tor des zweiten Bauernhofes blickten uns zwei Menschen neugierig an. Ihre schlanken Gestalten ragten wie stolze Bäume aus der Erde, ihre von der Sonne gegerbten Gesichter trugen zu diesem Bild noch bei. Freundlich kam einer der beiden, ein alter Mann, auf uns zu. Sein Stock war, wie auch seine Kleidung, wunderschön verziert. Auf seinem Kopf trug er einen Turban, der ihn fast arabisch aussehen ließ. Ich hatte in meinen bis dato 24 Jahren auf der Welt immer wieder mit schönen Menschen zu tun gehabt und war eigentlich völlig immun gegen äußere Vorzüge. Sie langweilten mich meistens. Dieser Mann und seine Frau hingegen hatten mit Abstand die ausdrucksvollsten Gesichter, die ich je gesehen hatte. Es war, als wäre da gar keine Hülle, keine Haut, keine Muskeln, die ihre Seelen vor der Welt abschirmten. Mir kam es vor, als könnte man durch ihre Augen direkt in ihr Herz schauen. Strahlend winkten sie uns zu, als wir an ihnen vorbeifuhren.

Hinter einer Baumgruppe und dornigen Büschen tat sich endlich ein Gebäude auf, das aussah, als würden sich junge Dickhäuter hinter den schweren, kühlen Steinmauern und den luftig leichten Strohdächern wohlfühlen können. Wir parkten unser Auto im Schatten eines mickrigen Busches und stiegen erwartungsvoll aus. Sofort kam ein hochgewachsener Mann in grüner Uniform auf uns zu und streckte uns zur Begrüßung freundlich seine Hand entgegen. Er führte uns sofort in die »heiligen Hallen« und begann, uns genau zu erklären, was es mit R. E. S. C. U. E. auf sich hatte: Dieses Elefanten-Waisenhaus war das einzige, das der umliegenden Gemeinde gehörte und daran angeschlossen war. Alle Mitarbeiter kamen aus der nahen Umgebung und konnten hier Geld verdienen. Das war auch deshalb unheimlich schlau, weil dadurch eine Bindung zwischen den Elefanten und den Menschen in ihrer Nachbarschaft entstand. Es gab hier kaum noch Wilderei. Regelmäßig machte sich ein Trupp Pfleger auf den Weg in die nahen Höfe und Dörfer und leistete Aufklärungsarbeit in allen Belangen, die die Elefanten betrafen.

R. E. S. C. U. E. war ein Ort wie aus dem Märchen. Eingebettet zwischen karg bewachsenen Hügeln und Bergen, wirkte es wie eine kleine Oase. Moderne freundlich aussehende Gebäude, ein gepflasterter schöner Hof, um den herum mehrere Gehege aufgebaut waren. Es gab eine kleine Küche für die Zubereitung spezieller Elefantennahrung, und an den Wänden hingen streng geheime Rezepturen, die wir nicht filmen durften. Das Herzstück des Anwesens befand sich hinter zwei großen Mauern: das Auslaufgehege der kleinen Dickhäuter. Über provisorisch angelegte Treppenstufen konnte man über die Mauer sehen und bei der Fütterung und den Spielen der Pfleger mit den Elefanten zuschauen.

Die Luft roch erdig, nach Heu, und sie glühte vor Hitze. Als wir herumgeführt wurden, fiel uns auf, dass wir die einzigen Touristen hier waren. Das freute uns im ersten Moment sehr, denn wir hatten von anderen Elefantenwaisenhäusern gehört, in denen die Besuchermassen herumgeschoben wurden und die Führung eng durchgetaktet war. Hier durften wir bleiben, so lange wir wollten, und uns gleich mehrere Fütterungen anschauen. Die Elefantenkinder wurden nämlich jeden Tag alle drei Stunden gefüttert. Natürlich sagten wir sofort zu.

Bevor wir jedoch die Elefanten zu Gesicht bekamen, wurde uns Loijipu vorgestellt. Er war ein kleines Rhinozeros, das von Rangern aufgegriffen und nach Reteti gebracht worden war. Seine Mutter hatte man nirgends finden können, und das kleine Tier, erst zwei Tage alt und gerade einmal so groß wie ein Teller, war ganz allein und verlassen gewesen. Inzwischen war er schon zu einem kniehohen Mini-Rhino herangewachsen. An ihm war alles dran, was auch ein ausgewachsenes Nashorn brauchte. Inklusive winzigem Hörnchen. Er war unglaublich neugierig und verspielt. Er schritt auf uns zu und lehnte sich gegen den Zaun, durch den wir ihn anschauen durften, um gestreichelt zu werden. Das musste man mir nicht zweimal sagen. Seine Haut war fest und rau, aber unter ihr spürte man noch Babyspeck. Mit seinen kleinen, schwarzen Knopfaugen ließ er mich nicht aus dem Blick.

Danach hieß es endlich: Elefantenfütterung. Wir durften zusehen, wie in der kleinen Küche Mixturen hergestellt und dann in Zweiliterflaschen gefüllt wurden. Jeder Elefant hatte seinen eigenen Pfleger, seine Bezugsperson. Zum Teil schliefen die Pfleger sogar bei ihren Elefantenkindern, um eine Herde zu simulieren und ihnen Schutz und Geborgenheit zu geben. Was auf den ersten Blick aussah wie der Traumberuf schlechthin, konnte zuweilen aber auch sehr anstrengend sein, denn die Pfleger gaben für die Zeit, in der sie mit den Elefanten lebten, ihr Privatleben beinahe komplett auf. Wenn die Elefantenwaisenkinder nämlich ausgewachsen waren, wurden sie in eine andere Region gebracht und dort nach und nach wieder an die Wildnis gewöhnt. Dies geschah meist im *Sera Wildlife Conservancy*, noch weiter im Norden Kenias. Und die Pfleger mussten erst einmal mit. Es war also eine echte Lebensaufgabe, und wir bewunderten die Arbeiter dafür umso mehr.

Die Flaschen wurden geschultert, und die Pfleger machten sich auf den Weg Richtung Auslaufgehege. Wir liefen mit unseren Kameras hinterher. Es war ein tolles Bild, wie sie mit ihren grünen Uniformen und Hüten, den robusten schwarzen Stiefeln und ihren Zweiliterflaschen auf den Armen in Reih und Glied auf das Gatter zuschritten, hinter dem gleich die Elefanten stehen würden. Als alle Pfleger sich in dem umzäunten Hof eingefunden hatten, stieg die Spannung. Wir warteten mehrere quälende Minuten, aber nichts geschah. Keiner erklärte uns, warum die Elefanten nicht jetzt schon essen durften, und wir traten ungeduldig von einem Fuß auf den anderen.

Doch dann stolperten ungefähr zwanzig Minielefanten auf einmal aus dem linken, hinteren Teil des Geheges und nahmen immer mehr an Geschwindigkeit zu, je mehr Platz sie hatten. Die kleinen Füßchen stapften irre schnell über den trockenen Boden und wirbelten eine ganze Menge Staub auf. Ich konnte mich nicht zurückhalten. Mir rutschte ein sehr langes, sehr hohes »Ohhhhhhhh!!!« heraus, und hätten wir einen Reise-Comic gezeichnet, hätte man mir anstelle von Augen pulsierende Herzchen unter meine Augenbrauen gesetzt.

Jedes der Elefantenwaisenkinder raste auf seinen Pfleger zu und konnte es offensichtlich gar nicht erwarten, endlich essen zu können. Ihre kleinen Rüssel hatten noch nicht ihre volle Kraft und Beweglichkeit erlangt, deswegen hingen sie nicht in einem elegant geformten S herab, sondern eher wie kleine Wasserschläuche vor ihren Füßen. Ich hatte bei dem ein oder anderen Sorge, es würde darüber stolpern, so ungestüm flitzten die Kleinen auf ihre »Familienmitglieder« zu. Während sie tranken, tasteten ihre Rüssel die komplette Gestalt ihrer Pfleger ab. Sie wurden von oben bis unten betastet, die Rüssel verirrten sich in Taschen und unter Hüte, um eventuell noch mehr Futter ausfindig zu machen, obwohl sie ja eigentlich gerade noch mit dem Futtern beschäftigt waren. Es war so niedlich! Innerhalb weniger Minuten waren alle Fläschchen geleert, und die Elefanten waren sichtlich besänftigt. Liebevoll drückten sie sich an ihre Pfleger und versuchten sie zum Spielen aufzufordern. Ich sah zu Manu, sein rechtes Auge war hinter der Kamera verschwunden, aber das andere lachte vor Freude. Es ging also nicht nur mir so. Einer der Pfleger, die mit uns draußen standen und über die Mauer schauten, drückte jedem von uns eine Tüte voll mit kleinen, braunen Stückchen in die Hände. Er grinste uns an: »Jetzt seid ihr dran. Füttert sie, die freuen sich. Ihr werdet sehen!« Als die Elefanten sahen, welche Kostbarkeit wir da in unseren Händen hielten, kamen sie auf uns zugestürmt wie eben noch auf ihre Pfleger. Ich konnte mein Glück kaum fassen. Die älteren, schon etwas größeren Elefanten hatten keine Probleme, mit ihren Rüsseln an den Rand der Mauer und darüber hinweg zu gelangen, aber die jüngeren reckten und streckten sich vergeblich. Ihre kleinen Rüssel tasteten nach unseren Händen. Die Haut war, ähnlich wie die des Nashorns, rau und fest und übersät mit borstenartigen Haaren.

Aus den Rüsseln kam immer wieder heiße Luft, als sie ausatmeten, und dann griffen sie wieder und wieder fest zu. Es fühlte sich an wie ein sanfter, aber bestimmter Händedruck.

»Filmst du das?«, fragte ich Manu aufgeregt und konnte mich nicht dazu durchringen, meinen Blick von den Elefanten zu heben.

»Wie könnte ich das nicht filmen?«, rief er lachend zurück und musste im nächsten Moment einen waschechten kleinen Rüpel davon abbringen, ihm die Kamera mit seinem Rüssel zu entwenden. Es war zum Niederknien. Mit unseren kleinen Snacks machten wir sie vollends glücklich. Ihre Gesichter sahen aus, als würden sie uns anstrahlen.

An diesem Tag sind einige der besten Fotos meiner Amateurkarriere als Tierfotografin entstanden. Das R. E. S. C. U. E.-Team benutzt sie sogar auf ihrer Website und für Werbezwecke. Das macht mich tatsächlich ein bisschen stolz, aber um ehrlich zu sein, musste man den Auslöser auch einfach nur gedrückt halten, und die Sache war geritzt.

Während wir nun also mit gebeugten Rücken über der Mauer hingen, Rüssel befühlten und uns im siebten Himmel befanden, hielt plötzlich noch ein Auto auf dem Hof, und heraus stieg eine blonde sehr elegante Frau. Sie hieß Katie. Katie Rowe. Uns fielen fast die Augen aus dem Kopf. Diese junge, weiße Frau gehörte zur Community Retetis und hatte das alles hier im tiefsten Busch aufgebaut? Natürlich wussten wir, dass es nach der Kolonialisierung Kenias hier noch viele alteingesessene, weiße Familien gab, aber irgendwie hatten wir damit nicht gerechnet. Was für ein Glück, dass sie genau an diesem Tag vorbeikam! Jetzt bot sich uns auch noch die Möglichkeit, ein, zwei kleine Statements von einer der Gründerinnen zu ergattern!

Manu ließ sich das nicht zweimal sagen. Mit seinen langen Beinen machte er drei große Sätze und stand vor ihr. Ich stolperte ihm hinterher. Zaghaft wie immer, fragte ich mich, ob man sie nicht doch lieber in Ruhe lassen, ihr bloß nicht auf die Nerven gehen sollte. Aber zu spät. Manu hatte schon seine Hand ausgestreckt und stellte uns vor. Mit wenigen Worten erklärte er ihr, wer wir waren und was wir taten, und bat sie, uns zehn Minuten ihrer Zeit zu schenken. Sie war sehr freundlich und willigte sofort ein. Manu strahlte mich an, aber mir gefror mehr und mehr das Blut in den Adern. Auf ein Gespräch mit ihr hatte ich mich überhaupt nicht vorbereitet. Ich war sofort vollkommen konzentriert. Ich zückte Papier und Stift, um mir noch schnell ein paar Fragen zu überlegen. Ich wollte es gut machen. Ich hatte Angst davor, vor lauter Aufregung wieder meine Fragen zu vergessen wie in Unity.

Doch ich wurde gleich wieder abgelenkt. James atmete neben mir plötzlich scharf ein und riss mich aus meinen Gedanken. Ich folgte seinem Blick. Ein sehr zart aussehendes Elefantenbaby wurde allein auf den Hof geführt. Sein Pfleger ging eng an seiner Seite. Der kleine Rüssel schlurfte über den Boden, die Augen schauten schüchtern. »Das ist Ewaso!«, erklärte James. Das war der kleine Elefant, den er aus der *Flash Flood* vor dem Elephant Bedroom gerettet hatte und den wir auf dem Video gesehen hatten. Mitleidig blickten wir auf den kleinen grauen Körper mit den hervorstehenden Knochen. Sie sah sehr schwach aus. Das konnten selbst wir mit unseren ungeschulten Blicken erkennen. Sie drückte ihr Gesichtchen immer wieder gegen das Bein ihres Pflegers, suchte Schutz. James kniff die Augen zusammen, er sah sehr ernst aus. Er deutete auf etwas an Ewasos Bauch, das aussah wie eine Beule, und fragte den Pfleger, was es damit auf sich hätte. Danach nickte er einmal kurz, und sein Gesicht verfinsterte sich noch mehr. Ich fragte ihn, ob er sich darüber freuen würde, die Kleine zu sehen, und er lächelte mich schwach an, nickte und antwortete: »Wenigstens ist sie noch am Leben.«

Während die älteren, kräftigeren Elefanten in ein Wasserloch hüpften, sich gegenseitig nass spritzten, übereinander fielen und mit Bällen schossen, blieb Ewaso immer verängstigt bei ihrem Pfleger zurück. Wenn er sich zu weit von ihr entfernte, tat sie winzige Schritte, um ihm zu folgen, und bewegte ihren Rüssel unter größter Anstrengung in seine Richtung, versuchte ihn zu greifen, bevor ihr die Kraft ausging und sie ihn wieder fallen ließ.

Ein paar Minuten später stand Katie wieder neben uns. Besorgt blickte auch sie auf Ewaso und schüttelte den Kopf. Sie erklärte uns und James, dass es natürlich löblich von ihm und den anderen Rettern gewesen sei, unter einem solchen Risiko das Leben des Elefanten gerettet zu haben, doch sei die Art und Weise leider falsch gewesen. Sie hatten in der Not einfach nach jedem Körperteil gegriffen, den sie erwischen konnten, auch dem Rüssel und der kleinen empfindlichen Rute. Nach der Rettung war Ewaso von mindestens zehn gerührten Touristen umringt gewesen. Sie hatte bei der Rettung so viel Stress erlitten, dass ihr Bauchnabel sich nach außen drückte. Eine Hernie. Dies war operabel, aber sehr gefährlich. Ewasos schwarze Augen richteten sich in diesem Moment auf uns und versetzten meinem Herzen einen Stich.

Sie würde es nicht überleben. Einige Wochen nach unserem Besuch in R. E. S. C. U. E. erhielten wir die traurige Nachricht, dass Ewaso nicht aus der Narkose aufgewacht war.

Unser Interview mit Katie verlief wie erwartet sehr gut. Sie beantwortete alle unsere Fragen mit großer Geduld. Sie erklärte uns auch, wie die *Flash Floods* eigentlich entstanden und warum sie in den letzten Jahren so zugenommen hatten: durch Abholzung. Die Bäume im Inneren des Landes wurden mehr und mehr für größere Agrarflächen und Möbel abgeholzt. Wenn es nun regnete, waren keine Bäume mehr da, um die Wassermassen abzuhalten. Außerdem verhärtete der Boden ohne die schattenspendenden Bäume so sehr, dass das Wasser nicht mehr versickern konnte. Ungebremst und mit voller Wucht schoss es dann in die Flussbetten und hinterließen Dutzende solcher Schicksale wie das der kleinen Ewaso.

Auf der Rückfahrt nach Nairobi war keinem von uns danach zu reden. Eine tiefe Stille breitete sich aus. Ich stopfte mir meine Kopfhörer in die Ohren und schaute aus dem Fenster. Die Landschaft verwandelte sich vor meinen Augen wie auch schon auf der Hinfahrt. Wie wunderschön und kostbar unsere Erde doch war. Ich glaube nicht an Gott, vorgegeben von irgendeiner Kirche oder Religion. Aber in diesem Moment war ich mir sicherer als jemals zuvor, dass da oben irgendetwas sein musste. Ich sah in jedem knorrigen Baum, an dem wir vorbeifuhren, in jedem von der Sonne und der Kälte gebrochenen Stein, in jedem Hügel etwas Kraftvolles. Ich war beseelt von diesen kleinen Elefanten, die scheinbar alle intuitiv viel mehr wussten als wir Menschen. Und doch waren sie uns ähnlich. Sie scherzten, sie lachten, sie hatten Angst, sie schämten sich. Wer waren wir, dass wir meinten, uns über sie erheben zu können? Wieder hatte uns ein Erlebnis auf unserer Reise die Welt ganz neu gezeigt.

Nachdem wir den einen James am *Elephant Bedroom* abgesetzt und uns bei ihm verabschiedet hatten, tuckerte unser Bus wieder Richtung Großstadt. Wir teilten dem Fahrer James mit, dass wir uns für diese eine Nacht eine ganz einfache, schlichte Unterkunft wünschten. Kein Schnickschnack, kein riesiges Frühstück am Morgen, keine Zeremonien. Einfach nur ein Bett und eine Dusche. Er war alles andere als begeistert darüber, denn sein Job war es ja, dafür zu sorgen, dass wir so komfortabel wie möglich reisten. Wir baten ihn, uns einfach mit dorthin zu nehmen, wo er übernachtete. Konsterniert sah er uns an und erklärte knapp, dass wir das nicht tun könnten. Bevor wir ihn weiter überreden konnten, enthüllte er, dass er in keinem Hotel unterkommen würde, sondern in einer Art Hostel. Dort gäbe es keine richtigen Betten, keine Einzelzimmer, keine Einzelbäder und – mit einem Blick auf mich – ganz sicher keine weißen Frauen.

»Oh«, nickte ich beklommen. Wir fragten nicht weiter nach und kamen uns schrecklich vor, dass wir so naiv gewesen waren. Natürlich schlief er in der günstigsten Unterkunft, das hier war für ihn ja ein Job und nicht der wohlverdiente Urlaub. Schnell zückte ich mein Handy und versuchte via Google Maps eine passendere Unterkunft für uns zu finden. Einige Kilometer entfernt fand ich eine. Die Bilder zeigten ein großes Gelände mit vielen kleinen Bungalows. Schlicht, aber nicht schäbig, und der Preis stimmte. Wir versuchten, James zu überreden, sich diese eine Nacht von uns einladen zu lassen. Als kleines Dankschön für unsere fantastische Zeit mit ihm. Aber er lehnte lächelnd ab.

Am nächsten Morgen, als sich unser Bus in Bewegung setzte, noch bevor die Sonne uns hätte braten können, machten wir uns weiter auf den Weg zurück nach Nairobi.

SISTER MARY JANE

Dort verbrachten wir noch einige Tage mit Vera und Tahir. Zwischen Fotos bearbeiten und Videos editieren hatten wir immer neue Ideen für unsere verbleibende Zeit in Kenia. Wir wollten unbedingt noch einige spannende Themen mitnehmen, bevor wir wieder in den Flieger stiegen. Das führte allerdings auch dazu, dass wir beinahe jede freie Minute am Küchentisch saßen und über unsere Laptops gebeugt an unseren Augenringen arbeiteten. Es ging sogar so weit, dass wir an Tahirs dreißigstem Geburtstag quasi die Party Pooper auf der Aftershowparty wurden, weil wir mitten in der Nacht noch Videos schnitten, während alle um uns herum auf den Tischen tanzten. Wir versuchten verbissen, noch zwei Themen zu realisieren, die wir schon im Vorfeld recherchiert hatten. Leider scheiterten beide. Das eine am gesundheitlichen Zustand des Protagonisten, das andere schlicht daran, dass unsere E-Mails nicht beantwortet wurden. Es war zum Mäusemelken. Immerhin, so dachten wir, hatten wir schon zwei Themen gedreht und noch ein anderes für das Ende unseres Monats in Kenia in der Pipeline. Also ließen wir es gut sein und versuchten, uns zu entspannen. Und auch diesmal lenkte das Universum uns just in diesem Moment in genau die richtige Richtung.

Tahir erzählte uns nämlich von einer Nonne namens Sister Mary Jane, die im Umkreis von Nairobi wohnte. Sie hatte in ihren Zwanzigern beschlossen, dass sie anderen Menschen helfen wollte, und daraufhin ein Waisenheim aufgebaut. In den letzten vier Jahrzehnten hatte sie mit sehr begrenzten finanziellen Mitteln beinahe 300 Kinder allein großgezogen. Ihr Anspruch war es, alle von ihnen in die Schule zu schicken und ihnen Mutterersatz zu sein. Ganz allein? Wir mussten diese Frau unbedingt kennenlernen! In Windeseile ließen wir Tahir bei ihr anrufen, und zum Glück willigte sie in ein Treffen mit uns ein.

Der Tag, an dem wir zu viert Sister Mary Jane besuchten, war besonders heiß und stickig, und wir waren eigentlich sowieso schon viel zu spät dran, wollten aber trotzdem noch etwas für die Kinder einkaufen. Wir fuhren in eine riesige Mall und schmissen alles in unseren Einkaufswagen, was ein Kinderherz begehrte. Süßigkeiten und Spielzeug en masse. Aber auch Reis, Mehl, Öl, Zucker, Nudeln, Milch und Waschmittel in riesigen Mengen. Wir übernahmen die Kosten und fühlten uns nur so lange gut, bis wir den Preis in Euro umrechneten. Es war fast nichts. Umgerechnet knapp siebzig Euro würden einen Haushalt von 20 Kindern tagelang satt machen. Wir packten unsere Tüten wieder in Tahirs Auto und ließen die Mall hinter uns zurück.

Als wir wenig später in die Straße zum Waisenhaus einbogen, wurde ein großes Tor aufgerissen, und eine Frau mit wehenden Gewändern sprang winkend auf unser Auto zu. Ich hatte in meinem Leben noch nie ein so freundliches Gesicht gesehen. Waren Nonnen nicht eher gediegen und gemächlich unterwegs? Sister Mary Jane war jedenfalls das komplette Gegenteil davon. Ihr Lächeln unterbrach sie während unseres Besuchs nicht für eine einzige Sekunde. Sie steckte ihren Kopf durch die geöffnete Seitenscheibe und begrüßte uns alle mit Handschlag und ihrem ansteckenden glucksenden Lachen, das ihr Gesicht so sehr ins Wackeln geraten ließ, dass ihr beinahe die Brille von der Nase fiel. Vera und Tahir wurden herzlich und fest auf beide Wangen geküsst, noch bevor wir überhaupt den Wagen verlassen hatten.

Wir parkten das Auto auf dem einzigen Parkplatz hinter dem

großen braunen Tor und sahen sogleich, wie ungefähr zwanzig Kinder aus der offenen Haustür geströmt kamen. Einige lachten, andere schauten etwas schüchtern, aber alle hatten offenbar davon erfahren, dass wir einen großen Einkauf für sie getätigt hatten, und das wollten sie sich auf keinen Fall entgehen lassen. Während wir gemeinsam alle Einkäufe aus dem Kofferraum des Wagens luden, halfen die Kinder auffallend gewissenhaft mit und schnappten sich jede Tüte, die sie erwischen konnten. Ihre kleinen, dünnen Ärmchen hievten die Berge von Essen ins Haus. Mir blieb nur noch eine kleine Tüte, und als ich damit ins Haus lief, spürte ich plötzlich etwas am Arm. Eine kleine, zarte Kinderhand schmiegte sich in meine, und als ich hinuntersah, blickten mich zwei tiefschwarze Augen vertrauensvoll von unten an. Der kleine Peter war erst fünf Jahre alt und grinste zu mir hoch. Dann riss er sich los und flitzte in Windeseile zu seinen Kumpels und zu dem Essen im Nebenraum. Etwas verdattert blickte ich auf meine Hand und freute mich plötzlich. Was für eine schöne Art, ohne Worte Danke zu sagen.

Nachdem wir uns endlich alle im Wohnzimmer eingefunden hatten und der Geräuschpegel und die Begeisterung über die Süßigkeiten sich ein wenig legten, begann Sister Mary Jane zu erzählen. Sie stellte uns jeden ihrer Schützlinge mit Namen vor, und wir gaben uns Mühe, sie alle zu behalten. Sie erklärte uns, wie sie es geschafft hatte, ohne großes Geld so vielen verlassenen Seelen dabei zu helfen, doch noch einen guten Start ins Leben zu haben. Neben einigen Gönnern, die hin und wieder etwas spendeten, war sie davon überzeugt, dass Jesus das Waisenhaus immer wieder gerettet hätte. Oft konnte sie den Kindern nicht mal mehr eine richtige Mahlzeit am Tag zubereiten und war darüber manchmal so traurig, dass sie in ihrem Zimmer weinte.

Dann betete sie, sagte sie, so inbrünstig und ehrlich, wie sie nur konnte, und bat um Hilfe von oben. Und sehr oft sei ihr noch in derselben Stunde oder aber am nächsten Tag Hilfe entgegengebracht worden. So stand zum Beispiel eines Tages ein koreanisches Paar vor ihrer Tür und hatte bergeweise selbst gekochtes Essen für sie und die Kinder dabei. An einem anderen Tag kam plötzlich das hiesige Militär vorbei und holte eine großzügige Spende für Sister Mary Jane aus der Tasche. Die Moschee, die nur ein paar Kilometer stadteinwärts stand, ließ sie ebenfalls nie im Stich. Sie käme schon durch, sagte sie uns. Es sei nicht immer leicht – im Gegenteil –, aber ihr Glaube an das Gute, an Gott und an ihre Kinder ließen sie Berge versetzen.

Selbst wenn man nicht an einen Gott glaubte, musste man sich eingestehen, dass diese Zufälle sehr beeindruckend waren. Und am Ende zählte es ja auch nicht, ob es nun Zufall, Gott oder das Universum war, was Hilfe sandte. Die Hauptsache war, dass es passierte und Sister Mary Jane weitermachen konnte.

Als Nächstes führte sie uns durch ihren kleinen Garten. Die Kinder als riesige Traube immer im Schlepptau. Sie zeigten uns, was sie alles selbst angebaut hatten. Da waren Melonen, Salat, Gurken, Tomaten, Kürbisse und anderes Gemüse. Manu filmte eifrig mit und zog dadurch natürlich die neugierigen Blicke der Kinder auf sich. Eines der Mädchen, das schon etwas älter war, schien besonders interessiert zu sein und blickte mit leicht offenem Mund auf das Hightech-Gerät vor ihm. Als sie bemerkte, dass ich sie ansah, versteckte sie sich sofort hinter einem anderen Kind und drehte ihr Gesicht zur Seite. Mein Lächeln sank wieder herab. Nanu, was war das denn? Wir schauten uns die Schlafplätze der Kinder an: Doppelstockbetten, alte Decken, die notdürftig zusammengeflickt waren, und kaum Licht. Stolz zeigte uns Peter, wie er ganz allein in sein oberes Bett klettern konnte, und flirtete von dort oben mit der Kamera. Sister Mary Jane erzählte uns, dass die Kinder jeden Morgen um vier Uhr aufstehen mussten, denn diejenigen, die schon zur Schule gingen, hatten einen Schulweg von geschlagenen zwei Stunden, den sie zu Fuß zurücklegen mussten. Jeden Tag. Hin und wieder zurück. Uns klappten die Kinnladen herunter. Ich hatte mich zu meiner Schulzeit schon darüber beschwert, dass ich am anderen Ende des Dorfes wohnte und mein Schulweg aus fünfzehn Minuten Hetzen bestand, weil ich meistens zu spät dran war. Und diese Kinder hier mussten zwei Stunden laufen! Natürlich waren sie alle unglaublich müde, wenn sie nach Hause kamen, nickte Sister Mary Jane, aber es ging eben nicht anders. Denn sie sollten auf jeden Fall alle zur Schule gehen, um sich später ein besseres Leben aufbauen zu können.

In diesem Moment entstand unsere Idee, den Kindern gebrauchte Fahrräder zu besorgen und sie in einem Container nach Kenia zu schicken. Erst als wir wieder zurück in Deutschland waren, wurden wir eines Besseren belehrt. Was eigentlich eine gut gemeinte Idee war, würde in der Praxis nicht so einfach funktionieren. Deutsche Fahrräder sind für den Stadtverkehr und nicht für Kenias staubige, unebene Straßen hergestellt worden, und sollten sie dann einmal kaputtgehen, hätten die Kenianer kaum eine Möglichkeit, an passende Ersatzteile zu kommen. Es würde also nur wieder mehr Schrott nach Afrika transportiert werden, was auch keine Lösung war. Vor Kurzem erfuhren wir aber von einer kenianischen Organisation, die Fahrräder aus Bambus herstellt, die besonders leicht, robust und einfach zu reparieren sind. Außerdem auch noch günstig in der Anschaffung. Wir versuchten nach unserer Rückkehr, Sister Mary Jane und ihre Kinder mit diesen Fahrrädern zu versorgen, aber für den Moment dort verwarfen wir den Gedanken daran wieder und konzentrierten uns auf unser anstehendes Interview.

Dazu setzten wir uns in den Garten, auf eine Wiese vor dem Haus. Sister Mary Jane saß in der Mitte, alle Kinder um sie herum blickten uns erwartungsvoll an. Sie hatte offensichtlich kein Problem damit, das Ansteckmikrofon an ihrer Kleidung zu befestigen, und lachte immer wieder über die ganzen technischen Geräte, die Manu nacheinander aus seinem Rucksack beförderte.

»Jesus, come down!«, gluckste sie und klatschte sich dabei in die Hände, als hätten wir einen unserer besten Witze ausgepackt. Verblüfft sah ich sie an. Wie konnte jemand, der so wenig Geld und so viele Sorgen hatte, eine solche Lebensfreude in sich tragen? Ich dachte an meine eigene schwarze Wolke und wie sie sich in Berlin immer weiter über mir ausgebreitet hatte, immer schwärzer wurde, obwohl ich doch all das hatte, was Sister Mary Jane fehlte. Oder? Grübelnd blickte ich auf meine Notizen. Als ich wieder hochsah, schaute ich genau in die Augen des Mädchens, das sich vorhin vor mir versteckt hatte. Jetzt sah ich auch, warum sie ihr Gesicht nicht zeigen wollte. Eines ihrer Augen sah nicht nach vorne, sondern flüchtete immer wieder nach außen oder innen. Sie schielte. Ich lächelte sie an und ließ ihren Blick diesmal nicht mehr los. Sister Mary Jane bemerkte unseren kleinen Austausch und stellte mir das Mädchen vor. Ihr Name war Tabitha. Sie schielte schon ihr ganzes Leben, aber in den letzten Jahren hatte sich ihr gesundheitlicher Zustand so sehr verschlechtert, dass sie nicht mehr zur Schule gehen konnte. Tabitha betrachtete die ganze Zeit den Boden vor sich, während Sister Mary Jane über sie sprach. Hin und wieder ein schüchterner Seitenblick. Tabitha brauchte dringend eine Operation, um ihre Sehkraft wiederherzustellen und zur Schule gehen zu können. Allerdings war kein Geld für so eine große OP da. Ich fragte Tabitha, was sie werden wollte, wenn sie erwachsen war. Sie antwortete zaghaft und sehr leise, aber ich verstand es doch: Ingenieurin. Ein Beruf also, bei dem sie definitiv ein Studium benötigen würde. Sie hatte einen Traum, und sie träumte groß. Das imponierte mir sehr. Sie war dreizehn Jahre alt und wollte Ingenieurin werden. Ihr schüchterner Blick und ihre leisen Worte hingen uns noch lange im Gedächtnis. Irgendetwas musste man doch tun können!

Unter den Kindern waren außerdem noch ein zukünftiger Pilot, zwei Profifußballer, viele kleine Nonnen, ein Polizist, eine Tänzerin, und der kleine Peter wollte tatsächlich Pastor werden. Das Interview machte uns großen Spaß, und obwohl Sister Mary Jane uns vieles erzählte, was uns das Herz schwer werden ließ, waren wir unfassbar dankbar, sie und die Kinder kennengelernt zu haben. Zum Abschluss fragten wir jedes Kind, was es sich für die Zukunft am allermeisten wünschen würde. Tabithas Antwort war schlicht: »Eyes.« Und sie richtete ihre Augen wieder auf einen Punkt vor sich und trat etwas zurück.

Manu und ich sahen uns an. Sein Blick spiegelte meinen. Und auch Vera und Tahir wurden ganz still. Es war bald Zeit zu gehen, aber das hier würde uns noch länger begleiten. Das hier würden wir hinkriegen.

Als das Interview vorbei war, hatten die Kinder so viel Vertrauen zu uns gefasst, dass sie auf uns zustürmten und all unsere Kameras und Handys in Beschlag nahmen. Sie wollten uns nicht gehen lassen. Ich habe heute noch wahnsinnig viele Fotos von kleinen Stupsnasen und braunen Augen auf meinem Telefon, die ich ganz sicher niemals löschen werde. Sie fotografierten sich gegenseitig und alberten mit uns herum. Hin und wieder kam einer der Jungs zu mir und Manuel und wollte wissen, was er tun könnte, damit seine Fotos so gut aussähen wie unsere. Wir halfen ihm und gaben ihm Tipps rund um Licht und Ausschnitt. Als ich ihm die Kamera schweren Herzens wieder abnehmen musste, weil es für uns zurückging, flüsterte er mir zu, dass sich sein Berufswunsch geändert hätte. Er wollte nun Fotograf werden.

Auf der Rückfahrt nach Nairobi dachten wir noch lange an die strahlenden kleinen Gesichter, Sister Mary Janes glockenklares Lachen und an Tabithas Augen. Wir alle waren der Meinung, dass wir ihr helfen mussten. Manu schlug vor, aus dem Material, was wir eben gedreht hatten, ein Video für einen Spendenaufruf zu schneiden, den wir sowohl auf Englisch als auch auf Deutsch ins Netz stellen konnten. Es war beschlossene Sache. Wir hatten ja keine Ahnung, was für eine Lawine wir damit lostreten würden. Doch dazu später mehr.

THE BIRDMAN

Simon war ein Visionär. Ein Abenteurer, ein Kindgebliebener, ein Knallkopf, eine Koryphäe, ein Rebell, ein Kerl mit harter Schale und weichem Kern. In Kenia wurde er nur »The Birdman« genannt und lebte, so hieß es, allein mit seinen Vögeln irgendwo im Busch, zwei Stunden von Naivasha entfernt. Bevor wir Simon kennenlernen konnten, mussten wir halb Naivasha nach Hinweisen auf seinen Aufenthaltsort absuchen.

Er betrieb eine Auffangstation für verletzte Raubvögel wie

Adler, Eulen, Falken und Geier. Vor allem Letztere hatten aus offensichtlichen Gründen ein ziemliches PR-Problem, aber auch für die anderen Kandidaten kamen nur sehr geringe Spenden bei Simon an. Frag dich mal selbst: Wenn du bereit wärst, Geld an eine Tierschutzorganisation zu spenden, würdest du dann eher einen kleinen, verwaisten Babyelefanten unterstützen wollen oder einen Aasgeier, der in jedem Trickfilm ein absoluter Fiesling ist? Mit dem man Tod assoziiert? Eben. Simon hatte sich genau dieser unpopulären Tiere angenommen, päppelte sie auf und verhalf ihnen wieder in die Freiheit. So viel erfuhren wir von ihm, und das machte uns neugierig – was brachte einen Mann dazu, sich dieser Tiere anzunehmen und dafür im eigenen Leben bereitwillig zurückzustecken?

Ob dieser Simon mit uns reden würde, stand aber noch in den Sternen, als wir beschlossen, uns auf die Suche nach ihm zu machen. Denn die einsamen Jahre im kenianischen Busch hätten ihn recht eigenbrötlerisch gemacht, erzählte uns Tahir, der einige Zeit zuvor Simon gemeinsam mit Vera besucht hatte. Allerdings wollten wir es nicht unversucht lassen. Also packten wir unsere Taschen und machten uns auf den Weg nach Naivasha.

Diesmal schossen wir alle Warnungen in den Wind und mieteten uns ein Auto, denn wir wollten wortwörtlich das Lenkrad wieder selbst in der Hand haben und uns nicht mehr nur herumkutschieren lassen. Wieder einmal sah ich aus dem Fenster, sah die mittlerweile vertraute, staubige Erde, die zwei, drei vertrocknet aussehenden Pflanzen und jede Menge Müll am Straßenrand. In der sengenden Hitze fuhren wir an ewig langen Lkw-Schlangen vorbei. Viele Fahrer beugten sich besorgt, genervt oder einfach nur resigniert über kaputte Räder, schoben sich weit unter ihre Karosserien und probierten verzweifelt, ihre tonnenschweren Fahrzeuge wieder auf die Straße zu bringen. Immer wieder brachen riesige, schwarze Rauchwolken aus den Auspuffen vor uns, und mir reichte schon ihr Anblick, um genau zu wissen, welcher Gestank wenige Sekunden später in meine Nase kriechen würde.

Über bergige Landschaft und Serpentinen, vorbei an Souvenir-Ständen mit skurrilem Verkaufsangebot (Wer kauft eine russische Fellmütze und Handschuhe bei vierzig Grad im Schatten?) und ohne Ende Coca-Cola-Werbung auf vergilbten Blechschildern und Plakaten, kamen wir unserem Ziel immer näher. Irgendwann innerhalb der nächsten zwei Stunden erhoben sich wieder kleine Wohnhütten aus dem Boden. Um sie herum sprangen Kinder, die mit Reifen spielten (Ich weiß, das ist DAS Klischeebild schlechthin, aber es war wirklich genau so!), und Hühner, die gackernd auf dem Boden nach etwas Essbarem pickten. Hin und wieder sahen wir auch sehr abgemagerte Kühe, die im Straßengraben, der einzigen mäßig grünen Fläche, an einem Holzpflock angebunden waren und versuchten, ihre Augen mithilfe ihres Schweifes von Fliegen zu befreien, während sie sich kauend langweilten.

Unser Navigationssystem zeigte uns unseren Übernachtungsplatz auf einer riesigen Fläche irgendwo im Nirgendwo an. Der bewaffnete Mann am Eingang ließ uns passieren, und wir fuhren langsam über den unbefestigten Boden. Irgendetwas blitzte in meinem Augenwinkel, und ich sah auf. Ich rieb mir die Augen und sah noch einmal genauer hin.

»Manu …«, brachte ich langsam hervor, und als auch er in die Richtung schaute, vergaß er vor lauter Staunen, aufs Gaspedal zu treten, und wir hielten abrupt an. Mit großen Augen betrachteten wir das riesige Areal, das sich vor uns erstreckte: Auf jedem Quadratmeter standen Affenbrotbäume, in deren Kronen mehrere Affen um die Wette kletterten. Unter ihnen segelten bunte Vögel wie Papierflieger durch die Lüfte und jagten einander unter Gezwitscher und Geschrei bis in ihre Nester. Giraffen streckten ihre Hälse in den Himmel, während neben ihnen Zebras grasten und Gazellen und Gnus gemächlich vor uns die Straße überquerten. Frei laufende Tiere, so weit das Auge reichte. In diesem Moment fiel es mir wieder ein: Ich hatte bei der Buchung gelesen, dass unser Airbnb für die nächsten zwei Nächte mitten auf einer Sanctuary Farm liegen würde. Ich hatte aber nicht mit so einem Paradies gerechnet. Verzückt fuhren wir vorsichtig weiter die Straße entlang und freuten uns riesig. Auf einer kleineren freien Fläche, etwas erhöht, fanden wir schließlich unsere Unterkunft: ein wunderschönes pinkfarbenes Haus, das auch gut und gerne die Villa Kunterbunt hätte sein können. Aus dem Inneren des Hauses drang Klaviermusik, und auf der Veranda standen in malerischem Durcheinander Gartengeräte, kaputte Blumentöpfe und allerlei anderes vergessenes Zeug. Das musste es sein. Wir stiegen aus und schlugen die Autotüren zu. Noch im selben Moment hörten wir schweres Fußgestampfe und starkes Hecheln. Drei große, dicke Labrador-Hunde rannten vom Grundstück her auf uns zu, und je näher sie kamen, desto klarer wurde uns: Die bremsen nicht für Touris.

Klatsch – der erste der drei hatte es auf mich abgesehen, sprang an mir hoch und schleckte mir einmal quer über das Kinn. Die teure Sonnencreme! Die anderen beiden kreisten Manu ein und buhlten um seine Aufmerksamkeit. Und unter den großen, schweren Fellhaufen flitzte ein kleiner Dackel, der unablässig kläffte. Wir lachten uns kaputt über die Show, die dieses ungleiche Quartett für uns abzog, und kraulten die Hunde ausgiebig. Auch die Hunde konnten in diesem geschützten Gebiet völlig frei herumlaufen und folgten uns ab diesem Zeitpunkt überallhin. Sie gehörten zu unserem Rudel. Oder wir zu ihrem?

Unser Airbnb-Gastgeber Guy war ein liebenswerter Endsechziger mit weißen Haaren und nettem Gesicht und grinste uns und den vier Hunden schon entgegen. Es wurden zwei wundervolle Tage. Wir verbrachten sie damit, mit unserem Hunderudel über die Farm zu stromern, Giraffen aus der Nähe zu beobachten und über unsere Suche nach Simon nachzudenken.

Vor dem Schlafengehen warnte man uns vor den Nilpferden, die zum Grasen den benachbarten See verließen. So knubbelig und niedlich diese Tiere aus der Entfernung auch sein mochten, zu nah sollte man ihnen wirklich nicht kommen. Ihre Aggressivität gilt als völlig irrational, und weglaufen ist in einer Angriffssituation auch keine Option, denn die Viecher sind auch noch blitzschnell! Das Problem: Es gab nur eine Außentoilette, und um diese zu erreichen, musste man mitten durch das Weidegebiet der Hippos. Uns schlug das Herz bis zum Hals, und wir hofften inständig, mit unserer Taschenlampe keine roten Augen im Lichtkegel erkennen zu können.

Dann bekamen wir endlich die ersehnte Nachricht: Ein Kollege des »Birdman« meldete sich bei uns und erklärte sich bereit, uns zu treffen und uns zu verraten, wie wir Simon finden würden. Auf drei linierten Blättern malte er uns mit Kugelschreiber eine Karte auf, mit der es »Total easy!« sei, zu ihm zu gelangen.

Von wegen. Ich würde sagen, es grenzt an ein Wunder, dass wir nicht noch immer Kreise durch die Steppe ziehen und dabei von Zebras ausgelacht werden. Auf unserer Fahrt versuchte Manu neben mir auf dem Beifahrersitz, die Karte ruhig zu halten und zu entziffern, welcher der Hügel vor uns wohl mit einer der gekritzelten Linien übereinstimmen könnte. Zwecklos. Es war unmöglich für uns, die Welt vor uns mit der auf dem Stück Papier zu vergleichen. Zebras und Gazellen schauten uns interessiert an, als wir immer wieder in unserem Jeep vorbeiholperten, und kauten weiter genüsslich an ihren Grasbüscheln.

Nach einer geschlagenen Stunde Im-Kreis-Fahren gaben wir auf und ließen den Wagen mitten auf dem Weg ausrollen. Stumm blickten wir vor uns. Wir beide hätten in der Steinzeit niemals überlebt. »Ich schieß jetzt die Drohne hoch«, sagte Manu bockig und stieg im selben Augenblick aus. Die heiße Luft von draußen schlug mir wie ein Föhn entgegen, und bevor ich irgendetwas sagen konnte, war die Tür auch schon wieder zu.

Mir brach aber nicht wegen der Hitze der Schweiß aus. In der Nähe zu sein, wenn Manu die Drohne in die Luft jagte, war mir unangenehm. Es war nämlich immer und überall verboten, in Kenia mit der Drohne zu fliegen, und wenn man erwischt wurde, drohten drakonische Strafen. Aber in diesem Augenblick war die Drohne tatsächlich unsere letzte Chance, Simon doch noch zu finden. Von oben nämlich.

Mehrere Minuten lang spielten wir »Wo ist Simon?« mit unserer Drohne, aber fanden nur einen ausrangierten Kuhstall, der als Schattenspender für eine Schar von verschreckten Vögeln diente. Es nützte nichts. Wir mussten ihn anrufen. Zum Glück hatte uns Shiv, Simons Kollege aus der Stadt, seine Nummer gegeben, mit der Bemerkung, dass man nie wisse, ob er ranginge. Er hatte uns aber auch versprochen, dass er versuchen würde, uns bei Simon anzumelden. Ob das geklappt hatte, war uns in diesem Moment aber noch nicht klar.

Ich sah Manu zu, der mit dem Telefon am Ohr auf und ab ging.

Plötzlich hob sich sein Kopf, und er begrüßte die andere Stimme auf Englisch. »YES!«, dachte ich. Man würde uns nicht als vertrocknete Skelette zwischen Giraffen und Zebras finden.

Manu versuchte währenddessen, Simon, der uns tatsächlich schon erwartete, zu erklären, wo wir uns in etwa befanden. Nachdem er lang und breit jeden Stock und jeden Stein beschrieb, hörte er mit einem Mal auf zu reden und verabschiedete sich nickend und zustimmend. Als er aufgelegt hatte, kam er wieder neben mich.

»Und?!«, fragte ich.

»Na ja. Er klang jetzt nicht so begeistert.«

»Oh.« Na klasse. Jetzt waren wir also satte zwei Stunden durchs Land gegurkt, nur um dann vielleicht wieder nach Hause geschickt zu werden? Das sah ich nicht ein.

»Okay. Dann müssen wir ihn ganz einfach um den Finger wickeln. Ich dreh jetzt nicht einfach wieder um!« Ich verschränkte die Arme vor der Brust.

»Geballte Charme-Power?«, fragte Manu und streckte mir seine Hand entgegen.

»Hell Yeah!«, gab ich zurück.

WO DIE WILDNIS WOHNT

Eine halbe Stunde und mehrere Lagen Sonnenschutz später sahen wir am Horizont eine kleine Staubwolke immer größer werden. Das musste er sein. Wir strafften unsere Schultern und setzten unser schönstes Lächeln auf.

Der Wagen kam näher und näher und stoppte schließlich genau hinter unserem. Heraus stieg ein Mann in mittlerem Alter.

Blond, blaue Augen, wippendes Haar, das irgendwie zu jung für seinen Kopf wirkte, sonnengegerbte Haut, spitze Nase und ein nicht einzuordnender Zug um den Mund.

»Hallo, Simon!«, sagte Manu und ging mit ausgestreckter Hand auf ihn zu. Danach lächelte ich ihn an und begrüßte ihn ebenfalls und erklärte, weswegen wir da waren.

Eine unangenehme Stille entstand. Simon sagte nichts und sah uns argwöhnisch an. Musterte uns. Keiner sprach ein Wort, während er offensichtlich überlegte, ob er uns genug vertraute, um uns mit in sein Reich zu nehmen. Von einer Sekunde auf die andere drehte er sich auf dem Absatz um und stieg zurück in seinen Wagen. Die Enttäuschung stieg in mir hoch, doch dann rief er plötzlich aus seinem Autofenster: »Na los!«

Wir sprinteten zu unserem Auto und fuhren Simon hinterher. Vorbei an mehr Zebras, bunten Vögeln und Wapitis, bis wir schließlich vor einer Reihe Bäume mit Dornen langsamer wurden. Zwischen ihnen tat sich ein Weg auf, der gerade so viel Platz ließ, wie unser Auto breit war. Einige Meter folgten wir ihm, versuchten immer wieder zu erspähen, wo wir waren, und Simons Haus zu entdecken. Wir nahmen eine weitere Kurve und standen plötzlich vor einem vollkommen durchgerosteten grünen Range Rover, bei dem eine Tür fehlte und die andere durch ein modriges Brett ersetzt wurde. Die Reifen waren platt, um sie rankten sich kleine Gräser, die sich ihren Weg in jedes Loch bahnten. Dieses Gefährt hatte mit Sicherheit schon lange niemand mehr bewegt.

Verdutzt schauten wir uns um. Ich entdeckte eine Art Tor, das versteckt hinter Gräsern hervorschaute. Simon bedeutete uns, den Wagen direkt neben dem grünen Monster zu parken, und ging auf das Tor zu. Wir stiegen aus und folgten ihm.

Insekten zirpten, als wir mit geduckten Köpfen durch eine Art dunklen Schlauch liefen, in dem es keinen Zentimeter gab, an dem kein totes Tier von der Decke hing, überall Fleisch. Ich fühlte mich ein wenig wie im Gruselkabinett, wich hin und her, ohne zu viel darüber nachzudenken, und war gleichzeitig unendlich gespannt darauf, die Schwelle zu Simons Heim zu übertreten.

Schritt um Schritt wurde es heller vor uns, bis wir plötzlich in einer Art winzigem Innenhof standen. Um uns herum befand sich ein Rondell aus Lehm, über uns der strahlend blaue Himmel. Dieses Haus hatte sich Simon ganz allein, ohne Hilfe, aus Lehm mitten in den Busch gebaut.

Noch beeindruckter war ich allerdings, als im nächsten Moment ein spitzer Schrei direkt neben mir die Stille durchbrach. Ich zuckte zusammen. Auf einer Stange aus Holz saß ein kleiner Falke, der mich entsetzt anstarrte. Als ich ihm den Kopf zudrehte, flatterte er gestresst mit den Flügeln und versuchte sich gegen den Lederriemen zu wehren, der seinen Fuß mit der Stange verband. Simon eilte ihm zu Hilfe, nicht ohne ein grimmiges »Dieser blöde Kerl!« loszuwerden. Ich schmunzelte in mich hinein, hob dann meinen Blick und sah sie. Sie saßen überall. Simons Schützlinge blickten mich von Stangen, hinter Gittern, aus Kisten neugierig an. Ein großes gelbes Augenpaar lugte hinter einer grünen Pflanze im Blumenbeet hervor. Es war eine Eule. Simon erklärte mir, dass sie noch sehr jung war. Sie war zwar schon recht groß, aber ihr Gefieder war immer noch so flauschig, dass man es am liebsten durchwuscheln wollte. Überall standen kleine flusige Federn daraus ab. Ich kniete mich hin und sah mir das kleine Geschöpf genauer an. Der Eule schien das nicht zu gefallen, sie klapperte, für ihre Verhältnisse wahrscheinlich gefährlich, mit dem Schnabel. Ich respektierte, dass sie meine riesige Nase nicht so nah vor ihrem Gesicht haben wollte, und drehte mich zu Simon um.

»Was hat die Kleine denn?«

»Ihr Fuß ist gebrochen. Ist wahrscheinlich aus dem Nest gefallen. Gut, dass ihr da seid – ich könnte Hilfe beim Verbandswechsel gebrauchen.« Und drückte mir auch schon die Eule mit dem winzigen Gipsfuß in die Hand. Völlig verdutzt hielt ich ihren leichten, weichen, strampelnden Körper zwischen meinen Fingern. Das Schnabelklappern wurde lauter und lauter.

Simon bedeutete mir, mich auf eine Bank zu setzen, und legte mir ein Handtuch auf den Schoß. Eulenscheiße sei mit nichts auf der Welt aus Klamotten zu entfernen. Wichtiger Hinweis! Vorsichtig betrachtete ich das kleine Geschöpf zwischen meinen Handflächen und sah Manu an, der mich durch die Kamera hindurch anblickte. Die kleine Eule drehte ihren Kopf um 180 Grad, und ihre stechend gelben Augen hypnotisierten mich. Und schwupps – im nächsten Moment hatte sie einen ihrer Flügel aus meinem Griff befreit und wollte sich davonmachen. Simon war schneller. Mit flinken Fingern packte er die Eule wieder sicher zwischen meine Hände und sprach mit ihr. Leise Stimme, sanfte Worte. Das hatte ich von diesem grimmigen Einsiedler gar nicht erwartet. Er erklärte mir, dass die Knochen der kleinen Eule noch so zart und gebrechlich waren, dass sie sich jederzeit beim kleinsten Sturz verletzen konnte. Simons Blick verdunkelte sich, als er uns davon erzählte, dass in vielen Ländern Afrikas Eulen und andere Raubvögel als schlechtes Omen gelten und deshalb häufig aus reinem Aberglauben brutal getötet werden. Mir lief ein Schauer über den Rücken. Wer war nur so grausam?

Ich senkte meinen Blick wieder und sah zu, wie Simon mit ruhigen Fingern an der kleinen Eule herumdokterte. Er gab ihr eine Spritze, richtete den Fuß gerade aus und verband ihn so straff, dass er geschützt heilen konnte. Er wirkte sehr routiniert bei der Arbeit. Ich fragte ihn, wo er das gelernt hatte. Ob er Arzt sei. Er sah mich irgendwie verschmitzt an und antwortete: »Bücher! Ich bin absolut kein Arzt, aber ich lese viel, und meine Art, die Tiere zu operieren, ist wesentlich effektiver als das, was die hier sonst so herumstümpern. Kein Witz, der Tierarzt hätte den Fuß einfach so schief zusammenwachsen lassen, wie er war. Dass die Eule aber ihren Fuß zum Jagen braucht und dann nie wieder hätte ausgewildert werden können, ist dem egal. Idiot.« Sein Blick wurde noch düsterer.

»Aber darfst du das denn eigentlich so rein rechtlich?«, fragte ich vorsichtig.

Er zog eine Augenbraue in die Höhe und zuckte mit den Schultern. »Die schmeißt mich hier sowieso bald raus.«

Der Fuß war nun fertig eingegipst. Simon drückte mir eine Art Schere in die Hand, an deren Ende ein Stück rohes Fleisch eingeklemmt war. Die kleine Eule fing an, daran zu knabbern, hörte aber kurz darauf wieder auf und ließ die Augen in ihren Höhlen herumwandern.

»Du musst sie anstupsen«, sagte Simon. »Die hat schon längst wieder vergessen, dass sie essen soll.«

»Oh.« Die kleine Eule war einfach vollkommen high von den Schmerzmitteln. Ich stupste sie an ihren Schnabel und schob ihr ein weiteres Stück Fleisch in den Mund, als sie anfing zu klappern.

Als sie fertig gefuttert hatte, nahm mir Simon den klappernden Federhaufen, der es sich mittlerweile auf meinem Schoß gemütlich gemacht hatte, ab und setzte die Eule in eine kleine Holzkiste.

»Aber wie können die dich rausschmeißen?«, fragte Manu und nahm die Kamera herunter. »Dieser Ort gehört doch dir. Gehören die Vögel in deiner Obhut dann nicht auch automatisch dir, wenn sich sonst niemand richtig drum kümmert?«

Simon zog eine Augenbraue hoch, während er sich die Hände an seinem eh schon fleckigen T-Shirt abwischte. Er sah kurz in die Sonne und dann wieder uns an. »Mir gehört hier rein gar nichts. Der gnädige Kenyan Wildlife Service« – er machte eine ausladende Geste – »erlaubt mir, hier zu leben. Obwohl das natürlich nicht als eingetragener Wohnsitz gilt. Aber irgendwann werden sie mich beiseiteschieben. Lange wird's wohl nicht mehr dauern«, schob er düster hinterher und ging, drei große Schritte nehmend, durch einen kleinen Torbogen in seine Küche. Wir folgten ihm. Die Küche war einfach eingerichtet, aber es war alles da, was man brauchte, und die Nachmittagssonne, die durch das Lehmfenster ohne Fensterglas fiel, tauchte alles in ein schönes, weiches Licht.

»Habt ihr Hunger? Ich habe eingekauft. Hoffentlich seid ihr nicht auch welche von diesen komischen Vegetariern.«

Manu und ich sahen uns in die Augen. »Nee, überhaupt nicht!« »Ach Quatsch, wir essen alles!« »Yeah – Fleisch …«

Simon sah uns ausdruckslos an, bevor er seinen Kopf in den Nacken warf und das erste Mal laut lachte. Einmal. Dann war er wieder sein grimmiges Alter Ego.

»Na gut. Mehr für mich.«

Wir brachten eine Stunde mit Kochen und Essen in seiner kleinen Küche zu und fragten ihn weiter über seine Situation aus. Knurrend, aber immer bereitwilliger gab er uns Auskunft.

Simon hatte sich vor vier Jahren seine Lehmhütte in diesem abgeschiedenen Gebiet mitten in der Pampa aufgebaut, betreute aber schon sein ganzes Leben lang verstoßene und verletzte Vögel und hatte schon unzählige von ihnen gerettet. Die Tiere, die er auswildern konnte, hatten hier draußen die besten Chancen zu überleben, und die, die wegen einer bleibenden Verletzung nie wieder in Freiheit leben konnten, wurden von ihm liebevoll umsorgt. Manche von ihnen halfen dann beim Erhalt gefährdeter Vogelarten.

Simon öffnete uns die Augen dafür, dass ein Ökosystem nur dann wirklich funktionieren kann, wenn alles im Einklang ist. Die Adler und Geier waren bedrohte Spezies, und trotzdem schien das niemanden wirklich zu stören. Aber nur, weil den meisten Menschen hier nicht klar war, *wie* wichtig auch diese Tiere für das Gleichgewicht waren. Sie wurden vergiftet, vertrieben und ihrem Schicksal überlassen. Dabei waren zum Beispiel Geier die Putzkolonne der Savanne und räumten mit allen Bakterien der Kadaver auf. Nur so entstanden keine Krankheiten in der sengenden Hitze. Aber trotzdem galten auch sie, wie die armen Eulen, als böses Omen und wurden oft kaltblütig getötet. Ich sah, wie mit jedem seiner Worte noch mehr Feuer in ihm entbrannte. Er wollte unbedingt etwas verändern.

Aber er befand sich in diesem Moment in einer ziemlich prekären Lage. Die Frau, die jahrelang sein Projekt finanziell unterstützt hatte, war vor ein paar Wochen gestorben und hatte kein Testament zurückgelassen. Simons Bird Sanctuary stand vor dem Ruin. Die Situation schien aussichtslos. Zu viel Geld würde gebraucht werden. Was er sich mehr als alles andere wünschte, war Hilfe. Jemand, der mit anpackte und das alles hier am Leben erhielt.

Schweigend aßen wir weiter.

Nach dem Essen stand die Sonne schon recht tief, doch Simon wollte uns noch den Rest des Hauses und des Geländes zeigen. Er schien uns langsam zu vertrauen. Immer öfter warf er uns ein Lächeln zu und lachte über Manus Witze und meine ungelenken Versuche, cool zu wirken.

Nachdem er uns jeden seiner Vögel namentlich vorgestellt hatte, traten wir durch eine Holztür auf die Terrasse hinaus, wo der wohl beeindruckendste Vogel von allen auf einem dicken Holzstamm thronte. »Das ist George!«, sagte Simon stolz und bedeutete dem riesigen Kronenadler, auf seiner behandschuhten Hand Platz zu nehmen.

»Alter …«, flüsterte ich ehrfürchtig, als George seine riesigen Flügel ausbreitete und das Gefieder an seinem Kopf aufstellte, was ihm tatsächlich eine Krone aufsetzte. Was für ein monströser Vogel! Seine Augen taxierten uns Neuankömmlinge und ließen keine Bewegung unbeobachtet. Immer wieder legte er seinen Kopf schräg, was so aussah, als wollte er gerne verstehen, was wir zu sagen hatten. Simon redete mit leiser, hoher Stimme auf ihn ein, als sei George ein Kind. Dann wandte sich Simon plötzlich an mich.

»Wir müssen ihn füttern. Machst du mit?«

»Klar«, rutschte es mir raus, ohne weiter drüber nachzudenken. Im nächsten Moment zog mir Simon den robusten Lederhandschuh, den er gerade noch selbst getragen hatte, über und schnallte ihn an meinem Unterarm fest.

Erst da verstand ich wirklich, was da gerade abging, und mir rutschte das Herz in die Hose. Ich war starr vor Furcht. Als ich nicht reagierte, bewegte Simon meinen Arm hinunter zu George, der wiederum sofort daraufsprang und sich mit seinen säbelzahnartigen Klauen in den Handschuh – und meinen Arm –

krallte. Mein Herz schlug schneller, als ich den Blick hob und in seine gelben Augen sah. So nah. Eine Mischung aus Faszination und Angst breitete sich in mir aus. »Okay, komm mit!«, hörte ich Simon sagen und stolperte, den schweren Vogel auf dem Arm, hinter ihm her. Manu war wieder hinter der Kamera verschwunden und hatte ein breites Grinsen aufgesetzt. Hatte hier eigentlich niemand außer mir Sorge, dass ich gleich ein Auge verlieren könnte?!

George machte einen pfeifenden Ton und sah mich an. Ob das nun Beschwichtigung war oder doch eher eine Warnung – ich weiß es nicht. Ich schluckte und richtete meinen Blick stur geradeaus.

Simon blieb auf einer vertrockneten Rasenfläche, die von einigen Bäumen eingekreist war, stehen und schnallte auch sich wieder einen Handschuh um. Dann griff er in einen Sack und zog etwas Rosafarbenes hervor, was ich nicht sofort erkennen konnte. Er stand circa zehn Meter von mir entfernt und hob urplötzlich seinen Arm in die Höhe. George pfiff noch einmal und drehte seinen Kopf in Simons Richtung. Im nächsten Moment breitete er seine riesigen Flügel zu beiden Seiten aus und schwang sie so kräftig auf und ab, dass der aufkommende Wind meine Haare durcheinanderwirbelte. Dann stieß er sich mit einem unglaublichen Ruck von meinem Arm ab, dass es mich förmlich nach hinten katapultierte. Da flog er. So schnell und so unglaublich leise. Wuchtig landete er eine Sekunde später auf Simons Arm und machte sich sofort daran, das kleine rosa Etwas aus dem Handschuh zu zerren. Fasziniert sahen wir zu. Dann kam Simon mit George auf dem Arm wieder auf mich zu und drehte sich mit dem Rücken zu uns. Er streckte mir von hinten seine Hand entgegen, und ich sah diesmal ganz genau, was das kleine rosa Etwas gewesen war. Ein totes Küken. Ich schluckte. »Nimm es in die Hand, schließ sie fest darum«, flüsterte er. Mir wurde plötzlich noch heißer in der afrikanischen Sonne. George von meinem Arm davonfliegen zu lassen, war eine Sache gewesen, aber mich selbst quasi freiwillig zum Köder zu machen? Ich hatte dazu eine ganz klare Meinung: NEIN!

Normalerweise wäre das der Moment gewesen, in dem ich die Flinte ins Korn geworfen hätte, aber irgendetwas an Simons Macher-Art hinderte mich daran, einfach abzuhauen. Ich wollte, dass er mich, dass er uns mochte. Dass er seine Geschichte mit uns teilte. Er war so ganz anders als alle anderen. Das war genau das, was wir erzählen wollten. Ich konnte mich jetzt nicht schon wieder einigeln.

In Zeitlupe streckte ich meine Hand nach seiner aus und versuchte George nicht auf das Geschehen hinter seinem Rücken aufmerksam zu machen. Der kleine tote Körper fiel in meine Hand, und ich schloss die Finger darum. Oh Gott. Ich schluckte. Simon ging wieder auf seinen Platz und drehte sich zu uns um.

»Gut, halt deinen Arm so nach oben und lass ihn nicht zu nah an die nackte Haut und auf keinen Fall an dein Gesicht!« Er zeigte mir die richtige Handhaltung.

Meine Angst wuchs mit jedem Wort. Ich fühlte eine Ohnmacht wie kurz vorm Sprung von einer Klippe. Nicht dass ich das schon mal gemacht hätte, aber ich stellte mir das Gefühl dabei ungefähr genauso vor. Dann hob ich, ohne weiter drüber nachzudenken, meinen Arm und rief nach George. Meine Stimme zitterte und dann auch meine Knie, als er zum Sprung ansetzte. Von vorne sah er noch gigantischer aus als von hinten. Seine Pupillen fixierten meine winzige, behandschuhte Hand. Er war die Verkörperung eines Raubtiers. Jeder Zentimeter seines Körpers schrie »Beute!« – und jeder Millimeter meines Körpers schrie »Lauf!«.

Aber ich blieb stehen und sackte beinahe zusammen, als der schwere Vogelkörper krachend auf meinem Unterarm Platz nahm. Blitzschnell zuckte sein Kopf nach unten, und sein Schnabel machte sich an dem Küken in meiner Hand zu schaffen. Nichts für schwache Nerven. Mein Herz klopfte immer noch, als ich durchatmete und endlich wieder Augen und Ohren für meine Umgebung hatte. Ich sah hoch und blickte in Simons lachendes Gesicht. Manu hatte die ganze Aktion in 150 Frames, also in Zeitlupe, aufgenommen und zeigte mir begeistert auf dem kleinen Bildschirm, wie mein Gesicht wegen der Wucht der Luftmassen und Georges Flügel, den ich am Mund abbekam, völlig die Form zu verlieren schien. Simon blickte uns über die Schulter und sah das erste Mal richtig freundlich aus. Er gluckste vor sich hin. Seine Freude war so ansteckend, dass ich gar nicht anders konnte als mitzulachen.

Wir wiederholten das Spiel noch einige Male. Während ich immer mutiger wurde und mich irgendwann wie eine mongolische Falkner-Prinzessin fühlte, die mit ihrem riesigen Adler durch die Gebirge ritt und Nahrung jagte, sackte mein mickriger Arm immer mehr in sich zusammen, und ich konnte ihn nur noch mit Mühe oben halten. Genug für heute.

Simon brachte George zurück auf seinen Platz an der Veranda, während ich müde, aber glücklich auf der Wiese neben Manu auf ihn wartete. Wir blickten uns um. Lange konnte es nicht mehr hell sein, die Sonne stand schon recht tief am Himmel. Auch der Geruch und die Geräusche hatten sich verändert, während wir abgelenkt gewesen waren. Vorfreude lag in der Luft. Aber nicht unsere. Nein, die der Tiere, der Insekten, die der

Bewohner des kenianischen Busches. Die sengende Mittags- und Nachmittagssonne hatte die meisten Lebewesen zu einer ziemlich langen Siesta gezwungen, und nun, da es endlich kühler wurde, machten sich ganze Scharen von Raubtieren und Pflanzenfressern auf den Weg, um den letzten Rest des Tages auszunutzen.

Simon kehrte zu uns zurück und zeigte mit dem Finger auf einen Hügel, der etwa einen Kilometer von uns entfernt lag. Auf ihm thronten kleinere Bäume und Büsche, und von dort aus sollten wir das ganze Areal sehen können, das Simon sein Zuhause nannte. Wir folgten ihm über den unebenen Weg, der eigentlich gar keiner war, in Richtung des Hügels. Ich bemerkte, dass an einem Gurt um Simons Hals ein Fernglas baumelte, und fragte, ob er noch ein paar Tiere beobachten wollte. Er schnaubte in alter Simon-Manier und sagte: »Vorgestern sind zwei Leoparden in mein Haus eingebrochen und haben eine Eule aus ihrem Käfig geholt. Die beiden haben alles verwüstet und von Alfred nur noch ein paar Federn übrig gelassen. Ich will wissen, ob sich die beiden hier noch rumtreiben.«

Mit großen Augen blickte ich über meine Schulter und starrte in Manus kreidebleiches Gesicht. Bis jetzt hatten wir unsere Safaris immer nur in einem Bus gemacht. Beschützt von Metall, Glas und einer nicht unbeachtlichen PS-Anzahl. So schutzlos auf der Suche nach Leoparden zu sein, die vermutlich längst wussten, dass es in Simons Haus noch mehr zu holen gab, fühlte sich übel an.

Simon schien von unserer Angst nichts mitzukriegen und preschte vor uns durch Dornenbüsche. Ich hatte Mühe, mit den beiden Schritt zu halten. Je weiter wir in den Busch hineinliefen, desto mehr fiel ich nach hinten ab. Meine Schuhe machten mir zu schaffen, und der unebene Boden mit seinen unzähligen Steinen ließ mich ständig stolpern. Hin und wieder lagen ein paar freie Meter vor mir, die ich dann rannte, um wieder zu den beiden aufzuschließen, aber genauso bald verlor ich sie auch wieder zwischen den Zweigen. Trotzdem konnten wir nicht weit voneinander entfernt gewesen sein, denn plötzlich hörte ich Simon sagen:

»Stehen bleiben.« Er sagte es in einem ruhigen Ton, aber das war genauso wie das »Oh …« von deinem Zahnarzt. Es verhieß nichts Gutes.

»Was denn?!«, stieß ich – aufs Flüstern bedacht – hervor und fing mir einen bösen Blick von Manu ein. Wahrscheinlich war ich zu laut.

»Ich rieche Büffel. Wahrscheinlich ist es schon später, als ich gedacht hatte. Wir müssen uns beeilen.« Sprach's und war verschwunden. Manu hastete ihm hinterher. Und ich?

Nun – ich brach mir mit dem nächsten Stolperer nach vorne erst mal meinen kleinen Zeh. Ein lautes Knirschen, und ein Schmerz, der mir die Luft nahm, fuhr in meinen linken Fuß. Ächzend ging ich in die Knie. Ich biss die Zähne zusammen und zwang mich, keinen Ton von mir zu geben. Erstens wollte ich nicht wirken wie eine kleine Prinzessin, und zweitens: Wie war das noch mal mit den Raubtieren und den kranken und schwachen Beutetieren? Also schluckte ich meinen Schmerz herunter, und sobald ich wieder stehen konnte, humpelte ich hinter den beiden her.

Schwitzend, mit wilden Augen und einigen Blättern im Haar, brach ich wenige Minuten später aus dem Unterholz hervor. Manu und Simon warteten hier auf mich und hielten schon Ausschau nach den Leoparden. Die letzten Meter gingen wir gemeinsam den Hügel empor, und ich bemühte mich, mir nichts anmerken zu lassen.

Die Aussicht oben war atemberaubend und ließ mich meinen Schmerz kurz vergessen. Der Sonnenuntergang. Die Vögel, die vorbeizogen. Die laue Brise, die uns umgab, und diese endlose Weite. Die Vorfreude der Savanne konnte man jetzt beinahe knistern hören, so sehr vibrierte die Luft. Simon nahm sein Fernglas von der Nase und ließ sich auf einem Felsvorsprung in den Staub fallen. Dankbar tat ich es ihm gleich und lehnte mich gegen den Rücken von Manu, der auch schon Platz genommen hatte. Einige Minuten lang sagte keiner von uns ein Wort. Es war einfach zu schön.

Doch dann sprang Simon auf und ging auf die andere Seite des Hügels, wo er wieder sein Fernglas auf die Nase setzte und suchend umherblickte. Plötzlich sog er scharf die Luft ein und winkte uns zu sich heran. Manu war innerhalb von einer Sekunde bei ihm … ich brauchte etwas länger. Ich stand auf, wankte, blinzelte und versuchte mein Gleichgewicht zu halten, während ich mir auf die Zähne biss, um den Schmerz herunterzuschlucken. Da sah ich sie. Zwei kleine schwarze Punkte am anderen Ende der großen freien Fläche, von der wir eben noch gekommen waren. Es waren eindeutig Katzen. Große Katzen. Simon reichte das Fernglas an Manu weiter, der kurz durchsah und dann »Jep. Eindeutig Leoparden« sagte, bevor er es mir in die Hand drückte. Ich umfasste es mit beiden Händen und drehte an dem kleinen Rädchen, um die Schärfe zu verstellen. Mein Sichtfeld wechselte ein paar Mal von scharf zu verschwommen, bevor auch ich sie endlich entdeckte. Fasziniert betrachtete ich das seidige Fell und die fließenden Bewegungen. Elegant strichen sie durch das gelbe, trockene Gras. Bevor ich aber in Tagträumereien um Afrikas Tierwelt verfallen konnte, griff Simon nach dem Fernglas und hängte es sich wieder um den Hals. »Wir müssen uns beeilen, wenn wir vor ihnen am Haus sein wollen.«

»Na klar«, grummelte ich in mich hinein, »warum auch nicht einfach mal zwei hungrigen Leoparden nachjagen. Würde gern mal wissen, was wir machen, wenn sie uns fressen wollen!«

Schnaubend folgte ich den beiden und hoffte, nicht zu weit zurückzufallen, während wir uns wieder durch den Wald an trockenen Ästen vorbeischoben, wie durch den Kleiderschrank nach Narnia. Kleine Fliegen setzten sich auf meine helle Haut und schwirrten mir um die Ohren. Ein Rinnsal aus Schweiß hatte sich an meiner Schläfe gebildet, obwohl es gar nicht mehr heiß war. Meine Kräfte ließen nach. Um meine aufsteigende Panik zu unterdrücken, fing ich leise an, jeden meiner Schritte zu zählen: eins. Zwei. Fliege. Drei. Vier. Alles gut. Fünf. Sechs. Sieben. Acht. Keine Angst. Neun. Zehn. Drei. Vier. Fünf. Sieben. Was? Kopfschüttelnd trieb ich mich selbst an. Der Schmerz in meinem Fuß und die leise aufkeimende Angst in meinem Unterbewusstsein machten mir zu schaffen. So sehr, dass, obwohl der Boden unter meinen Füßen immer fester wurde, ich mich fühlte, als sei er beinahe gar nicht mehr da. Als würde ich über eine dunkle, unebene, weiche Masse stolpern, die mich nicht halten konnte und mir das Gleichgewicht nahm. Vor meinen Augen wurde es immer dunkler, und ich wusste nicht, ob es das immer weniger werdende Tageslicht war oder ob mein Bewusstsein mich hier bald im Stich lassen würde. Als meine Ohren plötzlich anfingen zu klingeln und es immer dunkler wurde, blieb ich stehen und zwang mich dazu, tief ein- und auszuatmen. Immer wieder ein und aus. Meine Ohren summten. Ob das nun die Insekten waren oder das Blut, das durch meine Adern schoss, konnte ich nicht sagen. Mit geschlossenen Augen stand ich da und lauschte meiner Umgebung. Das war der letzte Ort, an dem ich in Ohnmacht fallen wollte.

Diese Situationen bekommt man ja sonst immer nur im Film vorgelebt, oder – in meinem Fall – man spielt sie. Aber niemals wird man tatsächlich mit dieser Urangst konfrontiert – gefressen zu werden! Auch wenn die Bedrohung in diesem Moment nicht von Angesicht zu Angesicht da war, reichte es, dass mein Kopf sich ausmalte, was passieren könnte, würden wir auf die Leoparden treffen. Ich KONNTE einfach nicht entspannen und mich beruhigen, es war unmöglich. Diese Angst war so real, und ich fror einfach ein, ich konnte nicht weitergehen.

Aber was war die Alternative? Hier stehen zu bleiben und vor Angst zu schlottern und in Tränen auszubrechen? Da machte mir mein Stolz einen fetten Strich durch die Rechnung. Wieso war ich denn eigentlich auf dieser Reise? Das war doch genau das, was ich kennenlernen wollte, oder etwa nicht? Ich wollte doch das Leben kennenlernen! Und zwar genau so, wie es sich in anderen Ecken der Welt abspielte. Das hier war Simons Welt. Und vielleicht musste ich – um mich besser in ihr zurechtzufinden – mehr wie Simon sein. Und da kam mir eine Idee: Wozu war das jahrelange Schauspieltraining eigentlich gut gewesen, wenn ich es im echten Leben nicht benutzen konnte? Konnte ich mich selbst davon überzeugen, wie Simon keine Angst vor alldem hier zu haben, indem ich ihn einfach gut genug imitierte? Mir selber etwas vorspielte? Challenge accepted.

Hart stieß ich die Luft aus meinen Lungen und öffnete die Augen wieder. Simon.

Ich nahm einen Schritt nach dem anderen und veränderte meine Gangart zu der, die ich eben noch bei ihm gesehen hatte.

Lange Schritte, leichte Füße, selbstbewusst. Kopf hoch. Das hier war auch meine Erde, und ich würde mich genauso bewegen. Schritt um Schritt um Schritt fiel die Angst von mir ab, und meinen Zeh spürte ich schon beinahe gar nicht mehr.

Im nächsten Augenblick tat sich vor mir die Lichtung auf, auf der ich vorhin George gefüttert hatte. Erleichtert wurde ich noch ein wenig schneller und brach durch die Äste. Ein Schauer lief über meinen Rücken, als ich Manus Hand ergriff. »Alles okay bei dir?«, fragte er.

Oh ja, war es. Ich hatte es geschafft. Ich war weder gefressen, von einem Insekt vergiftet, noch von einem Büffel auf die Hörner genommen worden. Grinsend verfiel ich wieder in meinen eigenen Gang und ließ Simon von mir abfallen. Die Unerschrockenheit behielt ich mir aber insgeheim bei. Die hatte mir gefallen. Wir traten hinter Simon über die Terrasse in das kleine Lehmgebäude und sahen ihm dabei zu, wie er geschäftig alle Vögel hinter Gittern und Türen einschloss und alles doppelt verriegelte. Die kleine Eule war wieder alles andere als begeistert, als Simon sie aus ihrer Kiste pflückte und zu dem ängstlichen Falken bugsierte. Während Simon sein Haus weiter einer Festung gleichmachte, wies er uns an, die Lichter in der kleinen Küche anzumachen und etwas rohes Fleisch aus dem Eingangsbereich zu holen. Warum, erläuterte er nicht weiter. Als er endlich fertig war, kam er zu uns und erklärte, was er vorhatte. Ich starrte ihn ungläubig an. Der Kerl wollte allen Ernstes die Leoparden anlocken, um herauszufinden, ob es dieselben Räuber waren, die die Eule auf dem Gewissen hatten.

»Wir stellen eine Wildtierkamera auf die Veranda und vergleichen morgen die Fotos mit denen von der Nacht des Angriffs. Wenn es stimmt und die beiden wiedergekehrt sind, dann habe ich ein Problem und muss mir überlegen, wie ich sie loswerde.«

Konsterniert sah Manu auf das rohe Stück Fleisch in seiner Hand und fragte dann mit belegter Stimme: »Und das Fleisch hier ist jetzt wofür genau?«

Simon sah ihn verständnislos an und zog eine kleine Glocke aus einer Schale mit Ramsch, die vor dem Küchenfenster stand. »Wir locken sie natürlich damit an!« Er griff nach dem Fleisch in Manus Hand und machte sich daran, es an der Glocke zu befestigen. Über unseren Köpfen schwirrten nun Fledermäuse umher, die immer wieder Haken in der Luft schlugen und Insekten aus ihr pflückten.

»Auweia«, dachte ich, und die Abenteuerlust der letzten halben Stunde war wie weggeblasen. »Wie viel Aufregung kann ein Mensch an einem Tag ertragen?«, fragte ich mich etwas theatralisch und tastete in meiner Tasche nach meinem Handy, dem einzigen Fetzen Zivilisation, der mir gerade blieb. Kein Empfang. Sollte uns also einer der beiden Leoparden als Snack zwischen die Beißer schieben wollen, hätten wir nicht mal die Chance, nach Hilfe zu rufen. Na großartig!

Skeptisch beobachteten Manu und ich, wie Simon die Glocke auf der Veranda befestigte, nicht weit von dort entfernt, wo sonst George seinen Platz hatte und majestätisch über »sein Reich« blickte. Nachdem er die Glocke und die Wildkamera angebracht hatte, stand Simon auf und klopfte sich den Staub von der Hose.

»So. Und jetzt warten wir.«

Natürlich warteten wir nicht direkt neben unserer provisorischen Foto-Falle. Das Risiko, dabei die Leoparden zu erschrecken und im Zweifel gar nicht erst zu Gesicht zu bekommen, war viel zu groß. Stattdessen saßen wir an Simons kleinem Küchentisch und trauten uns kaum einen Mucks von uns zu geben. Die dünne Holztür, die zwischen uns und der Glocke den einzigen Schutz bildete, ließen wir nicht aus den Augen. Unsere Nerven lagen allmählich blank. Nervös rutschte ich auf meinem Stuhl hin und her. Ich musste mal. Aber die Toilette lag dummerweise genau da, wo ich jetzt auf gar keinen Fall hinwollte. Draußen. Also ignorierte ich meine Blase und hoffte inständig, dass das jahrelange Auf-die-Toilettenpause-Warten an deutschen Filmsets mir genug Übung verschafft hatte, um diesen Moment ohne Peinlichkeiten zu überstehen.

Wir warteten und warteten mit angehaltenem Atem. Jedes Geräusch, jedes Knistern, jeder noch so zarte Windstoß ließ uns aufhorchen und trieb das Adrenalin in die Höhe. Irgendwann stand Simon auf und sammelte einige nussgroße Steine aus den Pflanzenbeeten vor der Küche. Er kam zurück und legte sie in die Mitte des Tisches. Er sagte nichts, und doch wussten wir genau, wofür diese kleinen Steinchen gedacht waren. Schnell streckte ich meine Hand nach einem aus, und noch während ich danach griff, dachte ich, dass ich die Munition besser doch Manu und Simon überlassen sollte, der Wurfkünste wegen. Eine weitere Stunde verstrich, ohne dass sich irgendein Tier an dem Fleisch, das von der Glocke hing, zu schaffen machte. Sie verschmähten es, sehr zur Missbilligung von Simon.

Allmählich nahm die Aufregung der letzten Stunden ab, und als er das erste Bier auf den Tisch stellte, wurde uns klar, dass dieser Abend ganz anders verlaufen würde, als wir eben noch gedacht hatten. Nachdem jeder von uns seine ganz eigene Nervosität mit den ersten mäßig kühlen Schlucken des goldenen Getränks heruntergespült hatte, lockerten sich unsere Mienen und Münder. Simon, dessen Mundwerk sowieso eher von der losen Sorte war, polterte immer öfter »Bloody hell!« in seinem schönen britischen Akzent und brach danach in polterndes Gelächter aus. Wir erzählten ihm von unserer Reise, wie wir darauf gekommen waren, was wir damit vorhatten und was wir uns davon erhofften. Er hörte sehr aufmerksam zu. Einer der magischsten Momente im Leben ist der, wenn Fremde zu Freunden werden. Wir wussten nicht genau, warum es in diesem Augenblick mit uns dreien passierte, aber es passierte.

Zwei Stunden und einige Biere später brüllten wir uns vor Lachen beinahe die Lungen aus dem Leib, bei den Sprüchen, die Simon immer wieder vom Stapel ließ, und dabei achteten wir überhaupt nicht mehr auf unsere Lautstärke. Wieso auch? Es gab keine Nachbarn, die sich beschweren konnten, und die Leoparden, die vorhin noch so zielstrebig in Richtung Simons Hütte unterwegs gewesen waren, hatten es sich ganz offensichtlich anders überlegt.

Irgendwann waren wir an der Reihe, die Fragen zu stellen. Simon erzählte uns davon, dass er in Kenia geboren wurde und aufwuchs. Wie seine Eltern als Tierfotografen und Filmer durch die Landschaften zogen und die verrücktesten Dinge sahen und aufnahmen. Er erzählte uns von seiner Kindheit mit wilden Tieren und davon, dass seine Liebe zu den großen Vögeln schon begann, als er noch gar nicht richtig Mensch war. Aber auch alle anderen wilden Tiere hatten es ihm angetan. Er erzählte uns davon, dass er als kleiner Junge einen Gepard zum Freund hatte, der ihn hin und wieder besuchte und bei ihm im Bett schlief. So was kann man sich doch nicht mal in seinen allerwildesten Träumen ausmalen, oder? Simons Kindheit und Jugend hatte ihn zu einem echten Freidenker gemacht, der auf jegliche Konventionen pfiff und lieber den unbekannten Weg ging als den sicheren.

Zwei Jahre lang lebte er zusammen mit seinen beiden Falken, die ihn mit Nahrung versorgten, in dem verrosteten Range Rover, der jetzt vor seiner Hütte lag.

Irgendwann wurde das Schicksal der Greifvögel für ihn zum Lebensinhalt. Sie galten nicht nur als Abschaum unter den Tieren, es wurden in Afrika auch immer mehr Strommasten und Windräder mitten in Gebiete gebaut, die die Lebensgrundlage der großen Vögel waren. Viele Vögel starben durch Stromschläge oder verendeten, weil sie von den Windrädern erschlagen wurden. Gift, das gegen Löwen eingesetzt wurde, traf auch die Aasgeier tödlich. Unwissenheit und Angst zerstörten beinahe ein ganzes Ökosystem. Simon beschloss, eine Sanctuary für diese »Birds of Prey« von Kenia zu gründen.

Auf seinem alten staubigen Laptop zeigte er uns Fotos von Rettungsaktionen von Adlerküken, die er in hundert Metern Höhe, nur mit einem Seil gesichert, vor dem sicheren Tod rettete, weil entweder ihre Mütter verschwunden oder sie aus dem Nest gefallen waren. Der Kerl war wirklich irre.

Er fand eine Investorin, die jahrelang alle laufenden Kosten übernahm. Das Bird-Sanctuary war gesichert, und Simon kümmerte sich mit Inbrunst um seine Patienten. Bis eines Tages die Nachricht vom Tod der alten Dame in Simons Lehmhaus flatterte.

Simon sah uns nun mit großen, traurigen Augen an. Kleinlaut fügte er hinzu, dass der Besitzer des Areals, auf dem er sein Haus gebaut hatte, ihm androhte, die Gegend verlassen zu müssen. Kein Geld, keine Sanctuary, kein Haus. Was sollte er noch hier? Simon wollte auswandern, wenn es so weit käme. Da gab es nur leider ein klitzekleines Problem: Sein Pass war abgelaufen, und seine Lehmhütte galt nicht als offizieller Wohnsitz. Ohne festen

Wohnsitz kein neuer Pass, ohne Pass keine Identität, ohne Identität keine Ausreise. Er saß fest.

Die Stimmung an unserem kleinen Tisch wurde auf einmal bedrückt. Manus und meine Gedanken rasten. Doch alle Ideen, wie wir helfen konnten, verwarfen wir im selben Augenblick wieder. Es würde nicht reichen. Simon bat uns um Rat. UNS! Zwei Grünschnäbel, die gerade einmal drei Wochen in seinem Heimatland verbracht hatten.

Seufzend atmete Simon aus, unterbrach unsere Gedanken und nahm den letzten Schluck aus seiner Bierdose. »Bloody hell«, lachte er. »Schluss jetzt mit diesem deprimierenden Kram. Sagt mir lieber, wollt ihr mir bei etwas helfen, das ich noch in der Hand habe? Was ich noch ändern kann?«

»Klar …«, tröpfelte es aus unseren Kehlen hervor. Wir waren etwas skeptisch geworden, schließlich hatten Simons letzte spontane Einfälle uns jedes Mal entweder völlig überrumpelt oder in Gefahr gebracht. Bei seinem Tempo war Mithalten wie der Versuch, einen expressionistischen, französischen Arthouse-Film bis ins letzte Detail verstehen zu wollen – unmöglich.

Bevor er uns in seinen Plan einweihen konnte, vernahm ich auf einmal ein leises Klingeln. Plötzlich war ich wieder hellwach und saß kerzengerade auf meinem Stuhl. »Leute – die Glocke!«, stieß ich panisch hervor. Das Gequassel der beiden verstummte. Und dann lauschten wir: Da war der Wind. Das Rauschen der Bäume und Sträucher. Die Fledermäuse, die immer noch umherschwirrten, und eine ganze Menge Insekten, die zirpten und flatterten. Ansonsten war es still. Vielleicht zu still? Das Herz klopfte mir bis zum Hals, als Simon wortlos die Steine aus der Mitte des Tisches nahm und uns wieder jeweils einen in die Hand drückte. Er stand auf und ging auf leisen Sohlen Richtung Terrasse. Wir folgten ihm auf Schritt und Tritt und waren gleichzeitig versucht, einfach in unser Auto zu springen und mit wehenden Fahnen das Feld zu räumen. Simons Ohr lehnte wachsam an der maroden Holztür und lauschte. Er schloss die Augen und atmete tief ein. Mein Atem stockte. »Niemand da«, sagte er nach einigen Augenblicken. Erleichtert nahm ich meinen Arm herunter, der offenbar ganz von selbst nach oben gewandert war und krampfhaft den Stein in meine Hand drückte. Leise traten auch wir einige Schritte nach draußen auf die Terrasse und blickten uns um. An der Glocke hing immer noch das Fleisch. Sie bewegte sich sachte im Wind.

Versteckt hinter Simons selbst gebautem Steintisch, saßen wir in einer Reihe und starrten geradeaus. Ich umfasste den kleinen Stein in meiner Hand so fest, dass er mir in die Handfläche pikste. Aber das war mir egal. Er war meine Verbindung zur Realität. Ich kam mir ein bisschen vor wie Leonardo DiCaprio in *Inception*. Er brauchte seinen Kreisel, um sich darüber im Klaren zu sein, ob er träumte oder wach war. In meinem Fall sagte mir der Schmerz in meiner Hand, dass ich noch am Leben war und nicht bereits als Füllmenge in einem Raubkatzenmagen zersetzt wurde. Ich blinzelte so selten, dass meine Kontaktlinsen anfingen an meinen Lidern kleben zu bleiben und drohten auszutrocknen.

Ich habe keine Ahnung, wie lange wir tatsächlich dort hockten und auf die Leoparden warteten. Es hätten zehn Minuten sein können, für mich fühlte es sich an wie Stunden, in denen wir mit trockenen Kehlen darauf wartete, dass endlich etwas passierte.

Als Simon aber aufstand und sich wieder ganz normal benahm, war ich so erleichtert wie noch nie in meinem Leben.

Aber eine ordentliche Portion Irritation war trotzdem mit dabei. »Alles klar, falscher Alarm. Lasst uns schlafen gehen.«

»Wo schlafen wir denn?«, fragte Manu, der wie ich seinen Beinen wieder Leben einzuhauchen versuchte.

»Da draußen.« Simon zeigte in die Finsternis.

»Haha«, machte ich. Scherzkeks.

»Nein – im Ernst. Dort hinten ist euer Baumhaus. Ich bring euch hin.«

Wie viele Überraschungen würde ich heute noch erleben? Die Taschenlampe in der Hand, gab Simon den Weg vor. Immer wieder leuchtete er links und rechts neben unseren Köpfen und auf dem Boden umher. Er blieb hin und wieder stehen, um zu checken, ob die Luft rein war. Nach ein paar Minuten kamen wir an einer aus dünnen Baumstämmen bestehenden Leiter an, an deren oberem Ende tatsächlich ein Baumhaus thronte. Simon stieg hinauf, und wir kletterten hinterher. Oben angekommen, hörten wir ihn in der gegenüberliegenden Ecke des Zimmers mit irgendeinem Gegenstand scharren. Dann wuchs ein warmes Licht aus der Ecke, in der Simon saß. Feuer. Wir sahen uns in dem spärlich beleuchteten Raum um und uns klappte die Kinnlade herunter. Es sah wunderschön aus. Ein Influencer hätte seine helle Freude damit gehabt. Während wir noch alles bestaunten und Simon wissen ließen, wie schön wir das kleine Häuschen fanden, machte er sich an einer Seite des Baumhauses zu schaffen und zog an mehreren Schnüren. Mit einem Mal löste er die Plane, die wir zuvor noch fälschlicherweise für eine Wand gehalten hatten, und faltete sie nach oben.

Zum Vorschein kam der schönste Sternenhimmel, den ich je gesehen hatte. Keine Lichtverschmutzung störte seinen Anblick, und kein Leopard der Welt konnte meinen Blick von ihm lösen. Vielleicht waren wir doch zuvor gestorben, und das hier war eine Art Himmel, in dem man seinem romantischen Selbst alles geben konnte, was es nur wollte. Begeistert standen wir da und verabschiedeten uns von Simon, ohne den Blick abzuwenden.

Kurz bevor sein blonder Schopf unter dem Baumhaus verschwand, warf er uns noch zu: »Ach so – falls euch heute Nacht ein Leopard überraschen sollte, dann … versteckt euch einfach unter der Decke.« Weg war er. Er hatte genuschelt, wir hatten ihn kaum verstanden.

Langsam drehte ich mich auf dem Absatz zu Manu um und sah ihn an. »Was hat er gesagt?«, fragte ich.

»Ähm … ›Das Feuerholz liegt da drüben in der Ecke‹?«, reimte Manu. Bleich blickten wir uns an. Das war es nicht gewesen.

Das knisternde Feuer im Ofen, die Sterne über uns und das gemütlich aussehende Bett erinnerten meinen Körper plötzlich an alles, was wir heute erlebt hatten, und daran, dass ich dringend eine ordentliche Mütze Schlaf brauchte. Mein Zeh pochte. Immer noch etwas ängstlich, zogen wir uns aus und schlüpften unter die schweren Stoffbahnen, bevor wir das Moskitonetz einmal um das Holzgestell des Bettes herum schlossen. Bevor ich in einen tiefen, traumlosen Schlaf fiel, dachte ich noch, dass, wenn uns tatsächlich ein Leopard in der Nacht überraschen sollte und ich nie wieder einen neuen Morgen sah – dann wäre das eben so. Ich war viel zu schläfrig und erschöpft, um noch weiter ängstlich zu sein und über das »Was wäre, wenn« nachzudenken. Friedlich schlief ich ein.

Ich wurde vom Knipsen des Fotoapparates geweckt. Blinzelnd hielt ich mir meine Hände vor die Augen und strampelte die Deckenschichten von meinen Beinen. Wie konnte es innerhalb so kurzer Zeit schon wieder so heiß geworden sein?

Manu saß aufrecht neben mir und hielt seine Kamera in der Hand. Er fotografierte eifrig. »Morgen«, nuschelte ich. »Was fotografierst du?« »Psst«, zischte er zurück und deutete mit einem Nicken nach draußen. Verpennt kramte ich nach meiner Brille, die ich gestern Nacht achtlos neben unser Bett geworfen hatte. Als ich sie endlich gefunden hatte, setzte ich mich raschelnd auf und versuchte zu erkennen, was Manu gemeint hatte. Meine Augen gewöhnten sich immer noch nicht an das helle Sonnenlicht. Eine große Büffelherde mitsamt Büffelbabys hatte sich direkt um unseren Schlafplatz gruppiert und graste entspannt.

Begeistert und mucksmäuschenstill beobachteten wir, wie die Tiere langsam ihren Weg durch das knackende Unterholz fanden. Zu unserem Glück kamen sie immer näher. Über uns zog ein Raubvogel seine Kreise und pfiff einmal kurz und kräftig. Gerade als ich versuchen wollte, mein frisch erworbenes Vogelwissen anzuwenden und herauszufinden, was es genau für ein Raubvogel war, sah ich einen Moment zu lang in die Sonne. In meiner Nase begann es zu kitzeln, und ich – es geschah so schnell, ich hatte gar keine Zeit zu reagieren – stieß den lautesten und ungalantesten Nieser aus, den der kenianische Busch je gehört hatte. Um uns herum flogen einige Vögel entsetzt aus ihren Nestern auf, und Manu sah mich erschrocken an. Im selben Moment drehte ich meinen Kopf der Büffelherde zu und hoffte inständig, sie hätten mich nicht gehört. Der größte, mächtig aussehende Büffel, der vorne stand, hob seinen Kopf und sah mich mit bebendem Blick direkt an. Eine Millisekunde lang geschah gar nichts, dann jedoch riss das große Tier seinen Schädel herum, bevor es seinen dicken Hintern mit Schwung in die sich dahinter befindende Herde warf und alle anderen aufscheuchte. Ein riesiger Tumult brach los, bei dem ein Tier über das andere stolperte, die Kleinen verzweifelt nach ihren Müttern riefen, Äste knackten, einer der Büffel aus Versehen in die falsche Richtung abhaute und immer wieder umherfliegende Vögel dem ganzen Drama die nötige Hektik verschafften, indem sie laut kreischten. Es war ein heilloses Chaos und ein unglaublicher Alarm.

Die riesige Staubwolke, die von den fliehenden Hufen zurückgelassen wurde, legte sich langsam wieder auf die Erde, als sich die Situation beruhigte. Manu und ich starrten sprachlos auf die Stelle, an der eben noch circa zwanzig imposante Büffel gefrühstückt hatten.

»Also ganz ehrlich«, sagte Manu, »die Reaktion fand ich jetzt echt ein bisschen übertrieben. So schlimm siehst du wirklich nicht aus.« Ich boxte ihn in die Seite und feixte. Gestern hatte ich noch Angst vor allem gehabt, was sich in den Untiefen der Wiesen und Wipfel herumtrieb. Aber wie es aussah, hatte all das, was hier lebte, noch viel größeren Schiss vor uns als wir vor ihm.

DIE LÖWIN UND DER HASENFUẞ

Die Regenwalddusche hatte gutgetan, auch wenn aus dem rostigen Duschkopf, der eigentlich bloß ein grüner Gartenschlauch war, nur ein paar kleine Tröpfchen ihren Weg in meine Haare und auf mein Gesicht gefunden hatten.

Während wir hinüber zu Simons Haus wanderten, versuchte ich meinen rechten Fuß so wenig wie möglich zu belasten. Manu hatte behauptet, ich hätte mir den Zeh nur geprellt, aber er war über Nacht auf die doppelte Größe angeschwollen und hatte eine blaue Färbung bekommen, deswegen zweifelte ich sein Urteil an. Aber immerhin nahm ich die Verletzung hin wie eine echte Frau, nicht wie der Jammerlappen, der sich sonst immer breitmachte, wenn ich mir wehtat. Ein bisschen stolz war ich also schon auf mich.

Als wir an Simons Veranda ankamen, begrüßte uns George mit einem zarten Pfiff und legte wie immer seinen Kopf schräg. Wir begrüßten ihn und die anderen Vögel, als wären es unsere Mitbewohner. Simon stand an der Kochplatte und schwang in einer Pfanne einen ordentlichen Schwall Rührei umher. Es roch köstlich. Als er uns auftischte und wir ihn wissen ließen, dass wir großen Hunger hatten und sein Essen in unseren Augen besser aussah als das eines Fünfsternekochs, grinste er stolz. Ich glaube, so eigenbrötlerisch Simon auch auf den ersten Blick wirken mochte, tief in seinem Inneren mochte er es, unter Menschen zu sein – insofern es welche von der Sorte waren, die er leiden konnte. Und auf keinen Fall zu viele! Während wir aßen, besprachen wir, wie wir unseren Tag verbringen würden.

Letzte Nacht, bevor wir von den leisen Klängen der Köder-Glocke aufgeschreckt wurden, hatte Simon uns davon erzählen wollen, dass er eine Art Rettungsaktion plante. Für eine Löwin, die ein paar Ranger scheinbar ohne Rücksicht auf Verluste in ein anderes Reservat umsiedeln wollten. »Diese Trottel denken, dass sie die Tiere einfach nehmen und woanders wieder absetzen können, aber so einfach funktioniert das nicht. Diese Löwin ist eine von drei Schwestern – und sie ist auch noch schwanger. Sie würde immer wieder versuchen, zu ihrem Rudel zurückzukehren, und dabei wahrscheinlich das Junge verlieren oder sogar selber sterben. Wenn eine von diesen Pappnasen ein wenig Ahnung hätte, dann würde ich mich damit jetzt nicht auch noch beschäftigen müssen. Gut, dass ihr beide da seid, euer Auto ist groß genug für die Löwin.«

Mir fiel ein bisschen Ei von meiner Gabel in den Schoß. Schon wieder Raubkatzen.

Langsam bewegte sich die Sonne auf den Horizont zu. Wie gestern war der Himmel in die wunderschönsten Farben getaucht, so als würde jeden Abend ein sehr, sehr alter Künstler mit Rauschebart an seiner Leinwand sitzen und mit seinen Farbtöpfen spielen.

Den ganzen Tag lang hatten wir mit Simon unser Interview geführt und ihn vor der Kamera über seine Arbeit ausgequetscht. Bereitwillig und geduldig erklärte er uns alles, was wir wissen wollten. Er hatte Routine bei so was, das merkten wir gleich. Aber jetzt saßen wir angespannt in seiner Küche auf der Bank im Eingangsbereich und warteten auf den Startschuss von Simons Informanten. Simon ging immer wieder auf und ab. Das rostige Radio, das in einer Durchreiche inmitten von Krimskrams stand, spielte Lieder, an die ich mich nicht mehr erinnern kann. Es war zu nervenaufreibend. Manu hatte all sein Equipment zusammengepackt. Die GoPro klebte unauffällig in der linken Ecke der Windschutzschreibe.

Als Simons Handy plötzlich einen Piepton von sich gab, schraken alle, inklusive des sowieso schon schreckhaften Falken, hoch, und Manu und ich versammelten uns um Simon, der auf seinen Bildschirm sah. »Alles klar, es geht los«, sagte er und verließ die Küche. Wir folgten ihm in unser Auto, wo er sich den Beifahrersitz schnappte (was ich ausnahmsweise mal nicht kommentierte) und mir die Koordinaten der Löwin durchgab. Ich tippte sie in mein Handy ein.

Ich muss zugeben, die ganze Situation fühlte sich schon wieder an, als wären wir gerade mitten in einem Film. So was passiert dir normalerweise einfach nicht! Löwen aus den Fängen von Leuten befreien, die mit Sicherheit bewaffnet sind und natürlich auch ein Wörtchen mitzureden haben. Der Adrenalinspiegel stieg unaufhaltsam. Während es sich bei mir dadurch äußerte, dass ich einfach gar nichts mehr sagen konnte, quasselte Manu ohne Punkt und Komma, und Simon regte sich über seinen Fahrstil auf. Nicht etwa über die Straße, mit all ihren Löchern und Steinen. Nach einigen Kilometern riss plötzlich mein Handysignal ab, und ich konnte nur noch Notrufe absetzen. Genervt schüttelte ich das Ding, aber das änderte auch nichts. Von einer Staubwolke umhüllt blieben wir mitten auf dem Weg stehen. Es war ja nicht so, als würde hier jemand angefahren kommen. Simon stieg aus dem Wagen und ging ein paar Schritte um ihn herum. Warum war es ausgerechnet mein blödes Telefon gewesen, das den Geist aufgeben musste? Irgendwie fühlte ich mich verantwortlich dafür, dass wir nun nicht weiterkamen. Im Rückspiegel sah ich, wie Simon sich immer weiter vom Auto entfernte und auf einen Hügel hinter uns zusteuerte. Wir folgten ihm.

Oben angekommen, konnten wir wieder das ganze Areal überblicken. Einige Hundert Meter entfernt führte eine Armada von Strommasten durch die Landschaft. Nicht nur, dass sie hässlich aussahen und in einem Naturschutzgebiet nichts zu suchen hatten, seit unserem Interview wusste ich auch, wie gefährlich diese nicht isolierten Kabel für die Vögel hier waren. Tödlicher Starkstrom schoss durch die zarten Körper, die die Masten aus Versehen mit einem Baum verwechselt hatten. Ich wendete mich angewidert ab. Simon prüfte mit seinen Argusaugen jeden Zentimeter durch sein Fernglas und murmelte dabei etwas, das wir nicht verstanden.

Irgendwann, er wollte gerade schon die Flinte ins Korn werfen, sah er etwas. In einem Schritttempo, das den alternden Mann wieder scheinen ließ wie einen Jungen, stolperte er den Hang hinunter, und wir versuchten Schritt zu halten. Über Stock und Stein, bis wir im Auto landeten und die Anspannung wieder anstieg. Mein Zeh pulsierte. Simon zeigte uns den Weg an, und Manu drückte, wie ihm geheißen, aufs Gaspedal. Ich versuchte die Aktion mit der Kamera festzuhalten, aber die Bewegungen des Wagens waren einfach zu wild. Ein Anschnallgurt wäre jetzt super gewesen, aber der steckte irgendwo in den Untiefen des Autos fest. Kurz bevor wir den Ort erreichten, den Simon von unserem Hügel aus erspäht hatte, sahen wir einige Meter vor uns eine Staubwolke immer größer werden. Langsam stoppte Manu unser Auto und blieb stehen.

Was wir dann sahen, grenzte ein wenig an eine Szene aus einem US-amerikanischen Actionfilm – der floppte. Nacheinander brachen aus der Staubwolke sechs große SUVs mit getönten Scheiben hervor und bretterten ohne Rücksicht auf Verluste über die Straße. Simon starrte ihnen mit finsterem Blick entgegen. Als der letzte Wagen an uns vorbeikam, stockte uns der Atem. Auf der Laderampe, die mit einem Käfig umzäunt war, lag die gefangene Löwin. Ihre Augen öffneten sich hin und wieder, wenn sie von einer Bodenwelle ein paar Zentimeter in die Luft katapultiert wurde und hart auf ihrem Untergrund landete, aber es war völlig klar, dass sie alles andere als bei Bewusstsein war.

»Wir müssen hinterher!«, schrie ich, aber Simon sah mich nur traurig an und schüttelte den Kopf. Wir waren zu spät gekommen. Still beobachteten wir, wie die Staubwolke immer kleiner wurde und schließlich ganz verschwand. Bedröppelt legte Manu den ersten Gang ein und wollte unser Auto zurücksteuern, aber Simon hatte eine bessere Idee.

»Kommt, ich zeig euch was«, sagte er sanft.

Einige Augenblicke später fanden wir uns an einem wunderschönen, kleinen Wasserloch wieder, in dem sich die Farbe des Himmels spiegelte. Aber das war noch nicht alles. Hunderte Flamingos balancierten ihr rosa Gefieder auf einem Bein inmitten der Wasserstelle. Um uns herum war nichts, außer einige kleinere Bäume, doch auf dem Boden vor unseren Füßen breitete sich ein regelrechter Friedhof aus. Überall lagen kleine Knochen und Schädel von toten Tieren, wie ein Teppich. Mein erster Reflex war, zurück ins Auto zu springen und nichts wie weg hier. Aber Simon war so ruhig und so sehr in sich gekehrt, dass meine Unruhe sich schnell legte. Ich versuchte mich wieder in ihn hineinzuversetzen und sah noch mal genauer hin, in der Hoffnung, zu verstehen, was er uns hiermit sagen wollte. Und dann machte es klick. Das hier war ganz einfach Leben. Man lebte, man starb. Und während das eine Leben vielleicht gerade vorbei war und nur noch ein kleiner Knochenhaufen übrig ist, der sich dekorativ in die Erde drückt, geschieht wahrscheinlich nicht weit davon etwas Wunderschönes, und das Leben geht weiter. Simon wusste das. Deshalb hatte er uns hierhergebracht. Wir hatten die Löwin vielleicht nicht davor bewahren können, umgesiedelt zu werden, und wir konnten keinen Einfluss darauf nehmen, was mit ihr geschehen würde, aber es war uns nicht egal gewesen. Wir hatten verstanden, warum sie hätte hierbleiben müssen. Und jetzt mussten wir verstehen, dass es nichts nutzte, auf die zu schimpfen, die diese Aktion angeordnet hatten. Es war geschehen und vorbei.

In diesem Moment, das Licht war schon beinahe ganz verschwunden, und der Himmel wurde nur noch von einigen goldenen Streifen durchzogen, tat einer der Flamingos einen Flügelschlag. Die Ersten taten es ihm nach und erhoben sich in die Luft und bildeten ein Trapez aus Vögeln, das immer mehr Vögel hinter sich herzog. Wie eine schwebende Decke flogen die Flamingos nun alle unter großem Getöse in den Himmel auf und ließen die Wasseroberfläche unruhig zurück. Ihre langen Hälse und die gebogenen Schnäbel reihten sich einer nach dem anderen elegant in den Schwarm ein, und wir schauten mit großen Augen nach oben. Simon lachte laut auf und warf die Hände in die Höhe. »Ha, ha, ha! Wie bestellt!«

Wieder einer dieser Momente, die man fest in seinem Herzen einschließen und immer wieder abspielen möchte. Wir lächelten uns zu, Manu, Simon und ich.

»Man, die Viecher stinken aber auch!«, sagte Simon noch, bevor wir uns wieder ins Auto setzten und in seine Lehmhütte zurückkehrten.

Später, es war schon dunkel, kochten wir wieder gemeinsam mit Simon. Obwohl sich unsere Stimmung nur langsam hob und unsere Gedanken noch oft zurück zu den großen hilflosen Löwenpfoten schweiften, die wir vorhin beobachtet hatten, wurde es mit jeder Minute besser. Und die einfache Pasta mit Pesto und Simons schroffe, lustige Kommentare halfen ebenfalls.

Es war eine wunderbar friedliche Nacht, trotzdem spürten wir schon den leisen Stich, den Abschiedsschmerz, denn am nächsten Tag würden wir all das hier wieder zurücklassen.

Irgendwann, als die Geräusche der Nacht sich schon mehrmals verändert hatten, denn wie wir jetzt wussten, hatte jedes

Vogelgezwitscher seine eigene Stunde, seufzte Simon und sah auf die Tischplatte vor sich. Er musste gar nichts sagen. Wir wussten ganz genau, dass diese drei Tage hier eine absolute Ausnahme für ihn gewesen waren. Still tranken wir unsere Getränke aus.

Nach einer weiteren Nacht im Baumhaus, diesmal ohne Angst vor Leoparden, brach der nächste Morgen an. Der Tag unserer Abreise.

»Manu? Ich fühl mich gar nicht gut bei dem Gedanken daran, Simon hier wieder allein zurückzulassen.«

»Ja, geht mir genauso«, sagte er. »Wenn ich könnte, würde ich einfach ihn und all seine Vögel in den Kofferraum packen und sie hier rausholen.« Halb Witz, halb Ernst.

Gequält lachten wir auf und wussten doch, dass wir nichts tun konnten. Vielleicht, ganz vielleicht, würde ja doch noch alles gut werden. Vielleicht würde Simons Lebenswerk doch noch einen neuen Spender finden, und all das hier würde gerettet werden.

Nach einem opulenten Frühstück schlenderten wir noch ein letztes Mal über den kleinen Innenhof und sagten allen Vögeln Lebewohl. Die kleine Eule streichelte ich ohne, George aber lieber mit Handschuh. Er pfiff zum Abschied und ließ uns noch mal seine immense Flügelspanne bewundern. Danach schleppten wir unsere schweren Rucksäcke zu unserem treuen Reisegefährt und verstauten alles. Daneben wartete Simon, der unschlüssig umherschaute und so tat, als würde er etwas in der Ferne beobachten. Manu ging als Erster auf ihn zu, und als Simon ihm zum Abschied die Hand geben wollte, umarmte er ihn einfach. Ich musste beinah ein bisschen lachen, weil es so unbeholfen aussah. Simon hatte offensichtlich schon lange niemanden mehr so richtig umarmt. Als Nächste war ich an der Reihe, und auch ich schlängelte mich irgendwie in seine Arme und drückte ihn einmal fest an mich. Menschen brauchen Umarmungen. Am liebsten hätte ich ihm noch ein paar mehr gegeben, damit es noch eine Weile anhielt. Wir bedankten uns immer wieder bei ihm und versprachen uns zu melden, bevor wir ins Auto stiegen und unseren Weg zurück nach Nairobi antraten. Das Auto ruckelte los, den kleinen Weg entlang, den wir auch gekommen waren.

Ich hatte einen dicken Kloß im Hals und Manu auch, das konnte ich spüren. Noch einmal drehte ich mich um und sah durch das Seitenfenster einen immer kleiner werdenden Simon, der unserem Wagen nachsah, bis er wirklich verschwunden war. Dieses Mal war sein Blick alles andere als grimmig. Als ich ihn nicht mehr sehen konnte, schwiegen wir. Ich sah aus dem Fenster und ließ die letzten Tage Revue passieren. Irgendwie war es schon seltsam. Da nannten die Kenianer Simon den »Crazy Birdman«, weil sie nicht verstanden, wie man SO leben konnte. So abgeschieden, so allein, so voller Hingabe an Tiere, die den meisten Menschen völlig egal sind. Aber vielleicht war es gar nicht Simon, der verrückt war. Vielleicht hatte einfach die ganze verdammte Welt vergessen, dass wir alle mal eins mit der Natur gewesen waren und es immer noch sind! Dass wir dieses Gleichgewicht brauchen und es so sensibel ist. Und wir können es noch so lange leugnen, irgendwann wird uns die Wirklichkeit einholen, und Leute wie Simon sind vielleicht unsere einzige Hoffnung.

Und dann heulte ich los.

HAWAII

Weiße Sandstrände, Vulkane, Sonne, grüne Natur, so weit das Auge reicht, Smoothie-Bowls, Surfer und ein entspanntes Inselvölkchen, fernab aller Probleme zwischen fröhlicher Ukulelenmusik. Unsere Erwartungen an Hawaii waren so groß wie die Augen, die wir machten, als wir beinahe nicht reingelassen wurden.

Aber fangen wir von vorne an.

Der Flug nach Hawaii dauerte insgesamt irrwitzige achtundzwanzig Stunden. Der letzte Zwischenstopp ließ uns in Las Vegas von Bord gehen. Eine Stunde zu spät, da eine Stewardess direkt nach der Landung aus Versehen die Flugzeugtür ausgehebelt und uns alle im Flieger eingesperrt hatte. Von draußen hämmerten und pochten die Sicherheitskräfte gegen die verkeilte Tür, innen schluchzte die arme Stewardess. Ein Baby stimmte irgendwann schreiend ein, ein Mann beschwerte sich lautstark darüber, dass er nun seinen Anschlussflug verpassen würde. Nach mehreren aufregenden Momenten, in denen wir immer wieder dachten, die Tür würde jetzt endlich aufgehen (tat sie nicht, stattdessen schluchzte die Stewardess danach nur noch lauter), tat sie es endlich doch. Wir verließen den Flieger und machten uns auf die Suche nach unserem Gepäck, das wir noch einmal neu einchecken mussten. Wir hatten keine Eile, denn das Boarding für unseren Flug nach Honolulu sollte erst zwei Stunden später beginnen. Es war mitten in der Nacht, und kaum eine Menschenseele hatte sich an diesen Flughafen verirrt, in dem an jeder Ecke Spielautomaten leuchteten und mit schrillen Tönen zum Zocken einluden. Die ein oder andere verlorene Seele saß gedankenversunken vor einem der Automaten und starrte, die Welt um sich herum vergessend, auf den Bildschirm. Um an unsere Koffer zu kommen, mussten wir den Terminal fast verlassen und fanden uns plötzlich in einer langen Schlange wieder. Passkontrolle. Unsere Einreisezettel wurden uns vor der Landung ausgehändigt, und unsere Visa steckten ebenfalls in unseren Taschen. Wir hatten also keine Sorge, dass wir irgendetwas vergessen hatten oder gar Probleme bekommen würden. Aber tatsächlich, der Teufel steckt im Detail …

Nun waren wir an der Reihe und wurden aufgefordert, uns an eine Wand hinter der Abfertigung zu stellen. Wir sollten warten, bis wir abgeholt wurden. Nervös sahen wir uns an. Manu scherzte: »Vielleicht machen sie gleich einen Bombentest bei uns!« »Sag nicht ›Bombe‹!«, zischte ich zurück. In diesem Moment tauchte ein netter Herr mit Schnurrbart auf und führte uns in einen Raum, der so steril aussah wie der Wartesaal beim Bürgeramt. Nur in Gruselig. Hinter einem hohen Tresen am Ende des Raumes saß ein einzelner Mann an einem Bildschirm und zerpflückte gerade eine osteuropäische Frau, die ihm kaum Rede und Antwort stehen konnte und zunehmend panischer wurde. Wir waren offenbar in der bürokratischen Hölle gelandet. Noch immer wussten wir nicht, was wir falsch gemacht hatten, aber wir spürten ganz genau, dass diese Sache hier ungemütlich werden könnte.

Als Manu an der Reihe war, um unsere Ehre zu verteidigen, plusterte der Kerl sich erst einmal richtig auf, musterte uns abschätzig von oben bis unten und wandte dann den Blick wieder auf seinen Bildschirm – ohne uns noch ein einziges Mal anzusehen. Arroganz quoll ihm aus jeder Pore seines Gesichts. Er hatte noch nicht eine Silbe gesprochen – und doch hasste ich ihn schon. »Also«, spuckte er verächtlich hervor. »Wieso habt ihr auf eurem Einreisepapier keine Unterkunft angegeben, hm?«

Mist. Wir hatten tatsächlich vergessen, uns vorab ein Hotel herauszusuchen. Auf all unseren bisherigen Reisen hatten Manu und ich nämlich die Erfahrung gemacht, dass wir die tollsten Unterkünfte fanden, wenn wir nicht nach ihnen suchten. Wir stolperten über sie. Manchmal suchten wir uns bei Airbnb eine Gegend aus, die wir schön fanden, und mieteten uns dann völlig spontan irgendwo dort ein. Irgendetwas Tolles gab es immer! Allerdings waren wir vorher auch noch nie in den USA unterwegs gewesen, *where big brother is watching every damn step you take.* Völlig naiv waren wir davon ausgegangen, unseren Reisestil auch hier einfach durchziehen zu können. Stattdessen sorgte er für Misstrauen. Nachdem Manu all seinen Charme ausgepackt und möglichst spannend und mit breitem Lächeln unsere Geschichte erzählt hatte, hingen alle anderen Wartenden im Raum an seinen Lippen und waren drauf und dran, Beifall zu klatschen – nicht aber unser Dreitagebart-mein-T-Shirt-ist-zu-klein-für-meine-Muskeln-Beamter. Er blickte während Manus Erzählung stur geradeaus auf seinen Bildschirm, und dann passierte einfach erst mal gar nichts. Auf einmal sah er auf, und seine Fragen prasselten nur so auf uns ein. Immer wieder wollte er wissen, was wir wirklich in den USA wollten, warum er uns in SEIN Land hereinlassen sollte. Was wir vom Präsidenten hielten. Was wir beruflich taten. Er wollte Adressen sehen von Menschen, die wir treffen würden. Er drehte Manu die Worte im Mund herum, glaubte ihm nicht, dass er Journalist war, und verlangte am Ende sogar, dass er ihm seinen Online Banking Account öffnete und preisgab, wie viel Geld wir auf der hohen Kante hatten, wie viel er verdiente und wie viel er ausgab.

Ich stand die ganze Zeit daneben, und in mir brodelte wieder ein Geysir, und mein Gesicht lief hochrot an. Ich wusste ganz genau: Wenn ich jetzt nicht die Klappe hielte, wäre unsere Einreise in die USA futsch. Würde dieser Typ MIR all diese unverschämten Fragen stellen, wäre spätestens jetzt eine Sicherung durchgebrannt, und ich wäre über den Tresen gesprungen, um den Kerl mal gehörig zusammenzuschreien. Manu aber blieb entspannt und schob anstandslos sein Handy mit der geöffneten Online-Banking-Seite über die Tischoberfläche. Dabei sah er unserem Einreise-Antagonisten in die Augen und zog die Brauen in die Höhe. Das Gesicht unseres Gegenübers erstarrte. Er schob das Handy zurück über den Tresen und sah uns kein einziges Mal mehr an.

Was war passiert? Nun, wir hatten beide viel gespart und gearbeitet, um uns eine Reise in diesem Stil leisten zu können. Kenia hatte zwar schon einiges an Puffer geschluckt, aber trotzdem hatten wir noch mehr als genug auf dem Konto, um den Beamten davon zu überzeugen, dass wir keine mittellosen Landstreicher waren, die in »sein Land« kamen, um ihm die Arbeitsplätze wegzunehmen, seine Frauen zu belästigen und auf offener Straße seine Drogen zu konsumieren. Wir wollten einfach nur nach Hawaii …

HONOLULU

Trotz dieser unschönen Verzögerung erwischten wir unseren letzten Flug in Richtung Honolulu und landeten dort voller Vorfreude sechs Stunden später. Die Luft war heiß und schwül, und unsere Stimmung war so ausgelassen, dass ich beinahe erwartet hätte, dass wir von hawaiianischen Hulamädchen in Empfang genommen würden, die uns Blumenketten um den Hals hängten. Natürlich passierte das nicht … aber man darf ja auch mal ein bisschen rumspinnen, oder?

Wir stiegen in ein heranrollendes Taxi und ließen Honolulus Hochhäuser, die eingebettet zwischen fruchtbarem Grün, bunten Blumen und Palmen zwischen riesigen Hügeln lagen, auf uns wirken. Nach einer kurzen Fahrt hielten wir vor einem großen weißen Haus mit Garten. Neben dem Eingangstor befand sich ein riesiges Schild, was wir aber nicht beachteten. Wir packten unsere Sachen aus dem Wagen und gingen auf den Eingang des Hauses zu. Unter einem kleinen Vordach, das durch Säulen gestützt wurde, standen unzählige Schuhe herum. Große, kleine, bunte, Wanderstiefel, Flipflops, Kinderschuhe, Schuhpaare, bei denen einer fehlte …

Wir schlossen daraus, dass im Haus keine Schuhe erlaubt waren, und ich war gerade dabei, meine auszuziehen, als wildes Geschrei losbrach und die große Eingangstür, vor der wir standen, aufsprang. Zwei kleine Jungs kamen herausgeflizt. Der eine jagte den anderen, und sie rannten uns fast über den Haufen. Ein paar Meter weiter blieben sie auf einmal stehen, und der Jüngere der beiden fing bitterlich an zu heulen. »Gib es mir endlich auch mal, du hattest es schon die ganze Zeit!«, schluchzte er.

Der Größere von den beiden antwortete: »Ja, du Dummkopf,

weil es ja auch mir gehört!« Das Geschrei begann von vorne, und plötzlich fielen mir die ungewöhnlichen Frisuren der Jungs auf. Am ganzen Kopf kurze Haare, nur ein kleines Schwänzchen im Nacken, wo die Haare hemmungslos wachsen durften. Diese eigenwillige Haarpracht war bei uns in Deutschland nur in den 90ern mal kurz in gewesen und wurde nun nur noch von etwa einem Prozent der Deutschen getragen, die die Jahrtausendwende nicht mitbekommen hatten. Ansonsten trug das doch keiner mehr außer – oh oh! Ich hüpfte aufgeregt auf einem Bein zum Eingangstor zurück und kam mir dabei vor wie ein Flamingo auf der Flucht, hoffentlich sah mich keiner. Als ich vorn angekommen war, trat ich vor das Schild, das ich eben noch links liegen gelassen hatte, und setzte meinen zweiten Fuß in den Staub. Au Backe. Auf diesem Schild stand: »Hare-Krishna-Tempel Honolulu – Welcome!«

Wir hatten uns in einen Hare-Krishna-Tempel eingemietet? Wir, die vermutlich religionsresistentesten Reisenden der Welt? Wo hatte das denn gestanden?! Ich zückte mein Handy, während ich zurückschlurfte und meine Socke durch den Kies zog. Ich atmete hastig, als ich unsere Buchung durchforstete. Da stand kein Wort von einem Tempel! Oje, oje.

Manu hatte meinen einbeinigen Sprint amüsiert beobachtet, und als ich wieder bei ihm ankam, klärte ich ihn auf. »Echt jetzt? Na dann – wird bestimmt lustig!«, sagte er und stiefelte – mit Schuhen – durch die Tür. »Manu! Manu! Bleib hier!«, zischte ich ihm hinterher und wurde von den beiden Jungs, die uns offenbar beobachtet hatten, neugierig angestarrt. »Was?«, fragte ich genervt und setzte mich auf die Treppe, wartete.

Als Manu wieder herauskam, hatte er einen Mönch im Schlepptau. Der Herr sah zwar alles andere als indisch aus, hatte aber ein langes Gewand an und keine Haare, immerhin. Er lächelte und stellte sich als Govinda vor. Govinda zeigte uns das Haus, den Garten, die Küche und unseren Schlafraum. Es war weniger schlimm, als ich befürchtet hatte. Der Garten war wunderschön: Mitten auf dem Gelände stand ein riesiger uralter Baum, dessen Stamm massiv und verdreht war, mit langen Ästen, die bis auf den Boden herunterhingen. An ihnen schaukelten immer wieder Kinder hin und her. Unser Zimmer sah aus wie ein normales, einfaches Hotelzimmer, und alle Mahlzeiten waren umsonst. Lauter junge Leute in Leinengewändern und Malas um den Hals wanderten herum, blätterten in Büchern, sonnten sich. Alles in allem eine sehr entspannte Stimmung.

Beim Mittagessen erklärte uns Govinda, was das hier eigentlich genau war. Er sprach mit uns über die Philosophie und den Glauben des Hare Krishna und über die Rituale, die sie hier in der Gemeinschaft pflegten. All die jungen Leute, die herumliefen, wohnten hier umsonst. Im Gegenzug halfen sie dabei, den Tempel auf die eine oder andere Art instand und sauber zu halten. Einige blieben Jahre, andere nur wenige Wochen. Es war eine friedliche Atmosphäre, trotzdem fühlte ich mich ein klein wenig unwohl. Doch das lag vermutlich einfach nur daran, dass mich starre Dogmen, vor allem religiöser Natur, grundsätzlich zum Weglaufen bewegen.

»Wie findet ihr Hawaii bis jetzt?«, fragte Govinda mit einem Lächeln und riss mich aus meinen Gedanken. »Wunderschön!«, »Diese Natur!«, »Atemberaubend!«, quasselten wir durcheinander, doch dann: »Na ja, um ehrlich zu sein, haben wir ja noch überhaupt gar nichts gesehen und freuen uns unendlich doll, bald alles zu entdecken.«

«Ja«, stimmte Govinda zu, »geht mir auch so. Ich selbst bin

auch erst seit fünf Monaten hier und war bis jetzt nicht einmal am Strand!« Oh. Ich dachte erst, ich hätte mich verhört. »... weil du so viel zu tun hattest?«, mutmaßte ich.

«Ganz genau. Ich musste einen Baum pflanzen«, sagte er.

Manu und ich sahen uns an und direkt wieder weg und rissen uns zusammen. Wenn man jemanden so gut kennt, dass man seine Gedanken innerhalb einer Millisekunde lesen kann, artet das schnell mal in hysterisches Gelächter aus, und wir wollten Govinda nicht beleidigen. Eigentlich war es ja sogar ziemlich niedlich, dass sich Govinda ganze fünf Monate Zeit ließ, um einen einzigen Baum zu pflanzen, und dafür diesen Tempel nicht mal für eine Sekunde verließ. Und er schien glücklich damit zu sein. Genau darin lag der Unterschied zwischen unseren Welten: Uns zieht es immer hinaus, wir wollten alles auf einmal und bloß keinen Stillstand! Die Uhren in diesem Tempel tickten aber ganz offensichtlich anders ...

Mitten in der Nacht wurden wir von einem sehr lauten, hellen Knall, der durch das ganze Gebäude schallte, geweckt. Wir schreckten aus unserem unruhigen Jetlag-Schlaf hoch und rangen nach Atem. »Was zur Hölle ...?!«, stieß Manu hervor und sprang aus dem Bett. Ich tastete derweil panisch nach meiner Brille und fegte dabei den kompletten Nachtschrank mit einer Handbewegung leer. »Scheiße!« Mit minus 7,5 Dioptrien auf beiden Augen kann man schon mal panisch werden, wenn man seine Sehhilfe nicht direkt findet. Hey, hätte ja auch ein Angriff sein können! Plötzlich ertönte der Knall noch ein weiteres Mal. Wir hielten inne. Ich brachte irgendwie meine Brille auf meine Nase. Manu machte das Licht an und sah auf die Uhr: vier Uhr morgens. Noch ein Geräusch, diesmal klang es wie eine Trompete. Wir lauschten ungläubig. Nacheinander reihten sich immer mehr Instrumente in dieses nächtliche Orchester des Grauens ein, bei dem scheinbar keiner das Instrument, was er in der Hand hielt, tatsächlich spielen konnte. Es ging offenbar nur darum, so gut wie möglich KRACH zu machen. Da waren außerdem noch eine Schelle, mehrere Becken, Hörner, Triangeln, Flöten, eine Trommel und aus irgendeinem Grund auch etwas, das wie eine Party-Tröte klang.

Manu kniff sich mit zwei Fingern in den Nasenrücken. »Das kann jetzt nicht deren Ernst sein.«

«Doch. Ich fürchte schon«, antwortete ich resigniert und massierte mir die Stirn.

Wir saßen im Bett und warteten eine geschlagene Viertelstunde darauf, dass der Wahnsinn endlich ein Ende fand. Aber im Gegenteil, der Lärm wurde immer ohrenbetäubender. Und irgendetwas sagte mir, dass das was mit uns zu tun hatte. Wir hievten also unsere müden Hintern aus dem Bett und tappten durch die Dunkelheit über den glatt polierten Holzboden die Treppe hinunter. Immer dem Krach nach. Als wir unten ankamen, bot sich uns ein irres Schauspiel: Die Tür zum Wohnzimmer stand offen und legte den Blick frei auf einen Raum mit ungefähr zwanzig springenden, schreienden, singenden und wild auf Instrumente einhämmernden Menschen, die, als sie uns erblickten, Platz in ihrer Mitte machten und uns begeistert hineinwinkten.

Ich tat so, als hätte ich das nicht gesehen, und bog ohne große Umschweife Richtung Küche ab. Manu hatte meinen Haken nicht bemerkt und lief pflichtschuldig auf den Ort des Geschehens zu. Ich drehte mich um und beobachtete gerade noch, wie er in den Raum hineinging, und dann wurde die Tür hinter ihm geschlossen. Oh Gott! Hatte ich gerade etwa meinen Freund geopfert? Ich flüchtete in die Küche und hoffte, Manu würde gleich nachkommen, doch er kam nicht. Der Gesang und die schrecklichen Töne verstummten, und ich traute mich nicht, mich weiter aus der Küche zu lehnen als bis zur Nasenspitze. Irgendwann überwand ich meine Angst und steuerte auf die dunkle Tür am anderen Ende des Ganges zu. Ich holte tief Luft und stieß sie auf: Zwanzig Augenpaare waren auf mich gerichtet, und zwanzig Münder grinsten mich an. Mit Ausnahme von einem. »Sorry. Ich habe irgendwie Schiss bekommen«, sagte ich leise zu Manu, während ich mich neben ihn auf den Boden fallen ließ. Er hielt mir wortlos ein Gesangbuch entgegen und warf mir einen Seitenblick zu.

Govinda hatte einen Platz auf einer kleinen Erhöhung eingenommen und hielt so etwas wie eine Predigt. Ich kann mich nicht mehr daran erinnern, worum es in dieser Ansprache ging, aber zwischen den Textstellen im Buch fand ich immer wieder Bilder von blauhäutigen Gottheiten, wie es sie auch im Buddhismus gibt. Außerdem erfuhren wir, dass dieses Spektakel jeden Morgen um vier Uhr stattfand. Es war tatsächlich eine Art Gottesdienst. Und sie würden für uns keine Ausnahme damit machen. Eine geschlagene Stunde lang hörten wir ihm zu, und seine Stimme war so angenehm, dass wir beinahe im Sitzen wieder einschliefen. Währenddessen ging draußen die Sonne auf, und ich sehnte mich mit jedem weiteren Strahl, der durch die Fenster fiel, nach einem Ende. Mit einem Gebet wurde die Session abgeschlossen und wir endlich wieder in die Freiheit entlassen. Es war, als hätte jemand »Hitzefrei!« gerufen, so schnell waren wir angezogen und in die Stadt verschwunden.

Wir waren heilfroh, diese seltsame Nacht überstanden zu haben, und trieben uns den ganzen Tag lang in Honolulu herum. Die Stadt war voller Menschen, aber wir sahen kaum »einheimische« Gesichter. Da waren vor allem westlich aussehende Leute und Japaner, die sich durch die Straßen aneinander vorbeischoben. Ich weiß nicht, was ich von diesem Ort erwartet hatte, aber meiner romantischen Vorstellung von einem völlig entspannten Hawaii entsprach er leider nicht. Die Menschen waren freundlich, das schon, aber es war eine Großstadt wie jede andere auch. Überall wurde zum Shopping eingeladen, Fast-Food-Stände an jeder zweiten Ecke und lauter riesige Touristenbusse, die ihren Inhalt alle zwanzig Meter ausspuckten und nach zehn wieder einsammelten.

Am Waikiki Beach gab es einen Steg, von dem nacheinander schreiend und kreischend lauter Kinder ins Wasser sprangen und sich gegenseitig von den Wellen aus Mut machten. Die Sonne tauchte alles in ein wundervoll warmes Licht, das uns schon bald vergessen ließ, dass jeder Zweite, der an uns vorbeilief, eine riesige Plastiktüte mit gerade gekauften Luxusklamotten in der Hand hielt. Wir aßen uns mit Acai Bowls satt und beobachteten eine Parade, die einmal quer durch die Stadt führte. Offenbar hatte kurz vorher eine Misswahl stattgefunden, denn in zig vorbeifahrenden Luxusschlitten wurden winkende Barbies aus allen möglichen Ländern an uns vorbeigefahren und präsentiert. Manu filmte alles gewissenhaft mit, und ich sah ihn argwöhnisch von der Seite an und fragte mich, ob er die aufgedonnerten Ladys mit ihren perlweißen Zähnen und winzigen Taillen beobachtete. Als ich später einen Blick auf das Material warf, musste ich über mein Misstrauen lachen – er hatte nicht ein einziges Mal die Frauen im Bild gehabt, sondern geflissentlich alle Details der Autos gefilmt. Ein Porsche hier, ein Ferrari da – Felgen, Stoßstangen,

Rücklichter –, alles gefilmt, aber wehe, eine Hand mit bunten Fingernägeln schlich sich heimlich ins Bild, dann zog er die Kamera beinahe trotzig noch einmal mehr nach unten. Fand ich okay.

Zwei Tage gingen ins Land, und während wir in Govindas Tempel noch immer jeden Morgen mit misstönenden Klängen von glücklichen, aber verrückten Menschen geweckt wurden, überlegten wir, wo es für uns als Nächstes hingehen könnte.

Mit einer winzigen Maschine hoben wir drei Tage später aus Honolulu ab und ließen Govinda und seinen Tempel hinter uns. Nur wenige Minuten später landeten wir in Kona, der Hauptstadt von Big Island.

Auf Big Island, der, wie der Name schon sagt, größten hawaiianischen Insel, gab es ein Aufforstungsprojekt, das vom Gründer einer der tollsten Ukulelefirmen der Welt geführt wurde – »Kanile'a«. Schon allein der Instrumente wegen wollte ich dorthin. Wir hatten Joe Souzas Kontaktdaten von meinem Ukulelelehrer aus Berlin bekommen und waren nun auf dem Weg zu seinem riesigen Stück Land, auf dem er Bäume über Bäume pflanzte, um der Natur auf Hawaii etwas zurückzugeben. Und das, obwohl Kanile'a für ihre Instrumente nur das Holz von bereits gefallenen Koa-Bäumen verwendete. Kein gesunder Baum musste für die Ukulelen sterben. Das beeindruckte uns am allermeisten.

Schon am Flughafen sah man überall Leute mit Ukulelenkoffern auf dem Rücken, die sich in der tropischen Hitze ihre klebrigen T-Shirts von der Haut zogen und sich damit Luft zufächelten. Ich atmete einmal tief ein und wieder aus, denn die kleine, kreisrunde Ankunftshalle, in deren Mitte wir gerade standen, war mit zig Blumenbüschen bepflanzt, die ihren schweren Duft durch das offene Dach in die Luft verteilten. Ich versuchte damit den Zauber der Insel in mich aufzunehmen, von dem immer alle sprachen. Hawaii hätte die Kraft, deine innersten Wünsche freizusetzen und dich auf die Suche nach dir selbst zu schicken, hatte ich mal irgendwo gelesen. Das passte ja genau zu unserem Projekt.

Gut gelaunt traten Manu und ich auf die Straße vor dem kleinen Flughafen und warteten auf unseren Bus. *Plopp*. Überrascht griff ich mir auf meinen Kopf, denn ein dicker Regentropfen war soeben von oben herabgefallen. Dass das Wetter in Hawaii sehr wechselhaft sein sollte, davon hatte ich gelesen, aber gerade verschwendete ich keinen Gedanken daran. Ich konnte gerade noch einen Blick auf einen tiefgrauen Himmel erhaschen, bevor wir uns in den Bus setzten und davonfuhren.

In unserer Ferienwohnung gab es jeden Morgen ein fantastisches Frühstück mit riesigen Avocados, die im Garten wuchsen, und jeder Menge süßen Schweinereien wie Waffeln, Bagels und selbst gemachte Marmelade.

Von hier aus erkundeten wir die Umgebung und trafen uns direkt am ersten Tag mit Joe und seiner Frau Kristen, den Gründern von Kanile'a. Die beiden nahmen uns mit auf ihr riesiges Anwesen, auf dem sie lauter Bäume pflanzten und regelmäßig all die tollen Ukulelekünstler einluden, für die ich heimlich schwärmte, um mit allen gemeinsam zu jammen. Joe und Kristen waren unglaublich gastfreundlich und ließen uns sogar unsere eigenen Bäume pflanzen, denen wir seitdem per GPS beim Wachsen zuschauen dürfen. Am anderen Ende der Welt! Achtundzwanzig Flugstunden von hier entfernt! Solche Spielereien lassen mich immer fühlen wie eine kleine Oma, für die die Technik pure Zauberei ist. Apropos Oma, ich gab meinem Bäumchen den Namen »Gudrun«, denn das war der Name meiner Großmutter. Ich stelle mir vor, dass ein Teil von ihr in diesem Bäumchen weiterlebt. Wir hatten gehofft, Joes Geschichte und sein Projekt zu einem Teil von unserem werden zu lassen, aber aus irgendeinem Grund klappte das nicht. Und es lag garantiert nicht daran, dass die beiden nicht vollends zum Niederknien waren. Joe spielte uns sogar etwas auf seiner Ukulele vor, und uns gingen die Herzen auf. Aber wir spürten recht schnell, dass die Zeit, die wir mit Joe und Kirsten verbrachten, vielleicht dieses Mal nur für uns und unser Ankommen auf Hawaii eine Rolle spielen würde.

Wir verbrachten einige schöne Stunden mit den beiden und saßen im Garten, während der Himmel immer düsterer wurde. Irgendwann passierte das Unvermeidbare, der Himmel öffnete seine Schleusen und ließ scheinbar jeden Tropfen Wasser, der in ihm wohnte, auf uns niederprasseln. Riesige Tropfen platschten auf das Vordach, unter dem wir Schutz suchten, und es war so laut, dass man sein eigenes Wort nicht mehr verstand. Nachdem wir anfangs noch optimistisch gewesen waren und hofften, dass sich die Sonne bald wieder blicken ließ, rannten wir eine Stunde später alle vier mit Jacken über unseren Köpfen durch den Regen zu unseren Wagen. Die Verabschiedung war schnell, aber herzlich, und wir versprachen, uns bald wiederzusehen. Bei diesem Wetter blieb wirklich keine Zeit für ein ausuferndes Lebewohl.

»Es wird ganz sicher bald wieder besseres Wetter sein!«, machte Joe uns Mut, bevor er in sein Auto hüpfte.

Wir fuhren in unserem Mietwagen dieselbe Straße zurück, die wir gekommen waren, und hatten Glück, dass uns ein Jeep durch die Gegend trug, denn bis wir wieder auf eine befestigte Straße kamen, war der Boden nass und matschig. Links und rechts kamen wir an Schafherden und großen, zerwühlten Grünflächen vorbei. Nach einer Stunde Fahrt beruhigte sich das Wetter etwas, und der Regen prasselte nicht mehr ganz so donnernd auf unser Autodach, und Manu bog in eine kleine Nebenstraße ab, die ich von außen gar nicht als solche erkannte, weil sie komplett zugewuchert war.

Während er kurz ins Gebüsch verschwand, stieg ich auch aus und sah mich um. Ein großer Baum war vom Unwetter entwurzelt worden und ragte quer über den Weg. Eine lange grüne Liane schlang sich um seinen Stamm. Rings um mich herum waren Bäume, die aussahen, als hätte sie das *Jurassic Park*-Filmteam höchstpersönlich hier für uns platziert. Alte, schwere, riesige Bäume. Ein Urwald. Die Vögel machten beinahe unnatürliche, sphärische Geräusche, und die Tropfen, die sich ihren Weg durch das Blätterdach bahnten, glitzerten im Licht, das jetzt wieder seinen Weg durch die Wolken fand. Sprachlos stand ich vor dieser Szenerie, die aussah, als wäre sie direkt aus Instagram entsprungen. Es ist doch verrückt. Da fährst du stundenlang durch eine Landschaft über eine Straße und fragst dich ungeduldig, wann du wohl endlich das nächste Abenteuer erlebst und wann du etwas Besonderes siehst. Und dann biegt dein Freund einfach nur zufällig in einen verwunschenen Weg zum Pinkeln ein, und du bist in einer anderen wunderschönen Welt.

Nach dieser Reise kann ich übrigens mit gutem Gewissen sagen, dass sich dieser Gedanke problemlos auf das ganze Leben übertragen lässt. Hinter jeder Ecke warten Abenteuer, und jeder noch so kleine Weg birgt seine ganz eigene Schönheit. Und an dieser Stelle muss ich auch mal wieder mit einem Zitat um mich schmeißen, denn es passt zu gut dazu: »Life is what happens to you, while you're busy making other plans.« Danke, John Lennon.

Dann begann es wieder stärker zu regnen, und wir beeilten uns, so schnell es ging, in unser schützendes Auto zurückzukommen. Der Regen klatschte nun wieder mit einer Heftigkeit auf unsere Windschutzscheibe, die beinahe Angst machte. Die Scheibenwischer taten ihr Bestes, kamen aber kaum gegen die Wassermassen an. Noch lachten wir laut, aber das sollte sich recht schnell ändern. Denn. Es. Hörte. Nicht. Auf.

Während wir in unserer Unterkunft auf dem Bett saßen und Papayas aßen, sahen wir tagelang dem Regen durch die bodentiefen Fenster dabei zu, wie er langsam alles aufweichte, alles matschig werden ließ.

Mit jedem Tropfen, der auf den Boden fiel, sank auch unsere Laune ein bisschen tiefer in den Keller. Tagein, tagaus nur Regen. Regen, Regen, Regen. Wir hatten uns geschworen, uns von so etwas nicht die Laune verderben zu lassen und unsere Zeit hier trotzdem zu genießen, aber es war alles andere als einfach. Hawaii war nun mal eine Inselgruppe, die für ihre atemberaubende Natur bekannt war. Wenn man an Hawaii dachte, dann fielen einem Dinge wie Surfen und Wandern und Lagerfeuer am Strand ein – und nicht auf dem Sofa sitzen und Take away Poke Bowl aus dem Karton essen. Ich checkte minütlich den Wetterbericht, und bis zum vierten Regentag versuchten wir, die Hoffnung zu bewahren. Die Hoffnung auf ein Wunder. Doch die Wahrheit war, dass es die regenreichsten Wochen werden sollten, die Hawaii seit langer Zeit erlebt hatte. Und das galt für jede der sechs Inseln. Auf allen waren Gewitter und Sturm angesagt. Die Wettergötter hatten offenbar andere Pläne mit uns. Frustriert lagen wir im Bett und köchelten jeder in seinem eigenen Gedanken-Süppchen. Mein fünfundzwanzigster Geburtstag stand kurz bevor. Beim Gedanken daran konnte ich nur resignierend den Kopf schütteln. Eigentlich wollte ich diesen Tag mit Manu in einer Strandbar mit Cocktails und einem bombastischen Sonnenuntergang verbringen. Meine Quarterlife Crisis begann also direkt mit dem Übertreten der ersten fünfundzwanzig Jahre. Na toll.

Stöhnend drehte ich mich um und drückte mein Gesicht in das Kissen. Manu reagierte nicht. Ich ächzte noch einmal, etwas lauter. Als er immer noch nicht reagierte, blickte ich ihn an, und er schnalzte mit der Zunge. »Was denn?«, fragte ich unschuldig.

»Ich weiß, dass es immer noch regnet«, antwortete er.

»Hä? Ich hab doch überhaupt gar nichts gesagt …«

Entnervt setzte er sich auf. »Hör mal, ich find's auch kacke, dass wir nichts unternehmen können, aber du zerfließt fast in Selbstmitleid. Das geht jetzt schon zwei Tage lang so. Hörst du auch mal wieder damit auf?«

Ich hielt meinen Kopf schräg und zog die Augenbrauen hoch. Damit hatte ich nun wirklich nicht gerechnet. »Ähm, Entschuldigung, dass ich Gefühle habe?! Ist ja schön und gut, dass du das einfach so ignorieren kannst mit dem Regen, aber Hawaii hab ICH mir ausgesucht, und es läuft halt nicht so, wie ich mir das vorgestellt hatte. Eigentlich läuft es überhaupt nicht. DAS nervt. Und nicht ich!«

»Ich hab auch gar nicht gesagt, dass du mich nervst. Interpretierst du schon wieder rein«, entgegnete er. »Warum machst du nicht einfach irgendwas, anstatt dich aufzuregen?«, fuhr er fort. Ich sah ihn an.

»Na, zum Beispiel wolltest du uns doch einen Song für unsere Reise schreiben, für den Film. Deine Ukulele steht die ganze Zeit nur in der Ecke rum, ich frag mich, warum du die überhaupt mitgenommen hast!«

Ich zog die Luft scharf durch meine Nase ein und stand auf. Ganz dünnes Eis, mein Lieber! Regen hin oder her, ich musste jetzt raus. Raus aus diesem düsteren Raum, aus dieser feuchten Luft, raus aus dieser Diskussion. Am liebsten wollte ich schreien. Schnaufend stand ich im Garten und holte tief Luft, während der Regen meine Klamotten durchtränkte. Wütend starrte ich an mir herunter. Selbst die waren völlig ungeeignet für Hawaii. Ein Atemzug, noch einer und noch einer. Langsam begann sich mein Körper wieder zu beruhigen.

Ich wollte ja singen, ich wollte spielen. Aber jedes Mal, wenn ich den Mund aufmachte, wenn eine andere Person im Raum war, fühlte sich meine Kehle an wie zugeschnürt. Meine Zunge war an den Gaumen gepinnt, und ich bekam keinen geraden Ton mehr heraus. Wenn ich alleine war, sah die Nummer ganz anders aus. Und das wusste Manu. Ich kann singen. Ich habe eine schöne Stimme, so viel Eigenlob muss sein (auch wenn mich das viel Überwindung kostet). Bevor wir auf unsere Reise gingen, hatte ich angefangen, ein Lied zu schreiben. Ich schrieb und schrieb, bis – irgendwann nichts mehr kam. Das Lied war wirklich schön, aber unvollendet, und es schien, als würde mich irgendeine innere Blockade davon abhalten, es fertig zu schreiben. Viele Nächte hatte ich darüber gebrütet, aber keine Melodie war schön, kein Wort gut genug. Ich hatte gehofft, dass mir unsere Reise die nötige Kreativität geben würde, um es endlich zu beenden, und schleppte meine Ukulele durch Kenia, ohne sie je einmal anzurühren. Hawaii sollte magisch werden und entspannt. Stattdessen nagte das schlechte Gewissen an mir, und gedreht hatten wir auch noch nicht viel. Obwohl wir uns ständig Druck machten, das Beste aus allem herauszuholen und die nächste tolle Geschichte zu finden. Das war alles irgendwie zu viel. Ich blickte auf meinen Arm hinab und sah, dass ich Gänsehaut hatte. Ich fröstelte. Ein Tropfen bildete sich an meiner Nasenspitze. Zu viel.

Was, wenn das wirklich alles zu viel für uns war? Um keinen Preis der Welt wollte ich, dass wir als Paar an unserer uns selbst auferlegten Aufgabe zerbrachen. Kein Projekt der Welt war das wert.

Alles fühlte sich taub an, als ich zurück in unser Zimmer ging und mich aufs Bett setzte. »Vielleicht sollten wir das alles hier abbrechen«, sagte ich leise.

In Manus Augen sah ich, dass er über dasselbe nachgedacht hatte. Einige Minuten schwiegen wir und erlaubten uns traurig zu sein. Vielleicht war das alles hier einfach nicht, was wir waren. Vielleicht musste man für eine solch große Reise aus einem anderem Holz geschnitzt sein. Vielleicht hatten wir uns zu viel getraut, zu vielen Menschen von unserer Idee erzählt, zu viel Wind um nichts gemacht. Scham war gar kein Ausdruck. Erschöpft lagen wir auf dem Bett und starrten an die Decke.

Der nächste Morgen brach an. Es war mein Geburtstag. Endlich. Ich habe noch nie gerne meinen eigenen Geburtstag gefeiert, aber ich habe diesen Tag trotzdem schon immer als etwas Besonderes empfunden.

Die Tür öffnete sich, und wir traten Hand in Hand hinaus. Manu scherzte über die Hunde unseres Gastgebers, die uns von einem Kilometer Entfernung aus entdeckt hatten und nun auf uns zugehastet kamen. Wir beeilten uns, um vor ihnen an unserem Auto zu sein und ihre dreckigen Pfoten nicht an unsere Hosen zu bekommen. Lachend fuhren wir durch den Schlamm davon in Richtung Tor. Das Regenwasser spritzte in riesigen Wellen rechts und links an unserem Wagen empor, und wir wackelten über Stock und Stein zum Ausgang. Unsere schlechte Laune der letzten Tage war verpufft. Was war geschehen?

Wir hatten die ganze Nacht geredet, bei Wein und klebrig-göttlichem Schokoladenkuchen versucht, herauszufinden, was es war, das wir mit unserer Reise erreichen wollten, und was sich ändern musste, damit wir glücklich blieben und weitermachen konnten. Der pure Gedanke daran, die Reise abzubrechen, hatte mein inneres Kind laut »NEIN!« brüllen lassen. Alles an diesem Gedanken fühlte sich so falsch an. Also verwarfen wir ihn. Ja, das mit dem Wetter war blöd, und ja, nur drinnen zu sitzen stank zum Himmel, aber am Ende ist es immer deine eigene Einstellung, die deine Welt erschafft, und sobald wir das begriffen hatten, schien die Sonne nur für uns, auch wenn es draußen nass war.

Wir entschieden uns dazu, die Kameras für einen Tag auf unserem Zimmer zu lassen und nur für uns zu sein. Es hatte wieder begonnen zu regnen, und wir nutzten die Gelegenheit, um uns einen mächtigen Wasserfall anzuschauen, den Kahuna Falls Waterfall. Und es war spektakulär: Hunderte von Metern stürzte das Wasser in die Tiefe, alles um ihn herum war in weißen Nebel getaucht. Das Geräusch war ohrenbetäubend, und obwohl wir ziemlich weit entfernt standen, bekamen wir ununterbrochen kleine Spritzer Wasser ins Gesicht.

Und dann, plötzlich, als es wieder anfing, viel schlimmer zu regnen und zu stürmen, packte mich das Glück. Ich drehte mich vor Freude und sprang in die Luft, wie ein kleines Mädchen. Die Tropfen flogen in alle Richtungen, und Manu schoss Fotos von mir, während an seiner eigenen Nase und an seinen Wimpern die Tropfen kleine Kristalle bildeten, in denen sich das Licht fing. Wir lachten uns schlapp und alberten herum. Wir konnten einfach nicht mehr damit aufhören.

Als wir irgendwann wieder am Parkplatz angekommen waren, war kein Zentimeter unserer Kleidung mehr trocken. Unsere Hosen wogen schwer und rieben an unseren Beinen. Letztendlich wurde uns natürlich doch kalt, aber selbst der Gedanke daran, dass wir vielleicht krank werden könnten, trübte unsere Laune nicht. Die Frustration hatte Platz machen müssen. Ihr blieb ja gar nichts anderes mehr übrig – das Glück war wieder da.

Die folgenden Tage verliefen, wettertechnisch, immer noch durchwachsen. Doch wir bemühten uns, uns auf die schönen Dinge zu fokussieren.

Die Wellen waren nun perfekt, um surfen zu gehen. Ich hatte das vorher noch nie gemacht und ehrlich gesagt auch ein wenig Schiss davor, mich mitten im offenen Meer auf ein Brett zu stellen und damit zum Strand zu reiten.

Mit vier Jahren bin ich mal beinahe ertrunken, als ich in einem Centerpark-Schwimmbad in Holland die rote Linie ignorierte, die die Schwimmer von den Nichtschwimmern trennte. Seit diesem Vorfall war ich, was Wasser betraf, sehr vorsichtig. Zumindest Wasser, das weiter reichte als bis zum Knie. Aber ich war ja auch auf dieser Reise, um mutiger zu werden, oder?! Nach einigem Hin und Her hatte Manu mich überredet, und wir liehen uns an einem kleinen Strand unsere Surfboards aus. Unsere Surflehrerin war ein burschikoser Typ, hatte dunkle Locken, war sehr muskulös und trug sogar im Wasser eine Cap. Ich fand sie super. Sie bestand darauf, dass wir zuerst Trockenübungen an Land machten, um die richtige Bewegungsabfolge zu lernen. Nachdem wir unsere steifen Gräten immer wieder auf den Boards aufrichteten und mit jedem Mal sicherer wurden, bedeutete sie uns, dass es jetzt richtig losging. Inmitten von zig anderen Surfschülern saßen wir auf unseren Brettern und warteten auf die perfekte Anfängerwelle. Ich war etwas nervös, denn links und rechts von uns hatten sich mehrere durchtrainierte, blond gelockte Beachboys positioniert, die sich sicher ein Lachen nicht verkneifen würden können. Bei meinem Glück … Aber da kam meine Welle auch schon. Unsere Lehrerin gab mir einen Schubs und rief mir noch hinterher, ich solle aufstehen! Mit wackeligen Armen konzentrierte ich mich auf mein Board und mein Gleichgewicht. Ich presste mich hoch und – stand auf einmal! Ich stand tatsächlich! Mein erster Versuch, und ich hatte ihn nicht sofort verkackt – HAHA! Freudestrahlend paddelte ich zurück und wurde von den beiden mit Beifall empfangen.

»Das gibt's doch nicht!«, sagte Manu. »Da erzählt sie die ganze Zeit, sie hätte Angst, und dann steht sie beim ersten Mal!« Ich lachte stolz.

Die nächsten Versuche waren definitiv verkopfter und weniger erfolgreich als der erste. Ich stand immer wieder, aber ich wollte zu schnell zu viel und legte mich jedes Mal zum Schreien komisch in die Fluten. Es gab außerdem einen Zwischenfall mit einem japanischen Surfschüler, der sein Board absolut nicht unter Kontrolle zu haben schien und mir beinahe eine Glatze damit rasiert hätte – zum Glück blieb es nur bei einer Beule. All das war mir egal. Ich paddelte immer wieder zurück und versuchte es so lange, bis mich irgendwann die Kraft verließ. Erschöpft und glücklich zerrte ich mein übergroßes Anfänger-Board an den Strand und setzte mich in den Sand. Wenig später hatte Manu endlich auch genug. Er gab eine gute Figur auf dem Wasser ab, das konnte ich von hier draußen gut sehen. Ich schloss die Augen, atmete den Salzgeruch ein und genoss einfach den Moment. So hatte ich mir das vorgestellt.

Die Momente im Meer waren für uns die allerbesten in Hawaii. Unsere Schnorchelausrüstung war am Ende der vier Wochen so aufgelöst, dass wir sie nicht weiter mitnehmen konnten. Aber es hatte sich gelohnt.

Ein paar Tage später zog es uns noch weiter raus aufs Meer, in eine noch ungewöhnlicherere Situation: Wir wollten mit Haien schnorcheln. Neben einem Schwarm aus mehr als dreißig Haien zu schwimmen und dabei zu realisieren, dass diese Tiere keine stumpfen Kampfmaschinen sind, genauso wenig wie die Löwen oder die Aasgeier in Afrika. Auch sie waren neugierig, kreisten uns ein, um uns zu beobachten, aber nicht ein Fünkchen Gefahr ging dabei von ihnen aus. Völlig beseelt und gleichzeitig, wie immer, auch ein wenig traurig, weil auch diese wunderschönen Tiere gejagt und beinahe ausgerottet wurden, kletterten wir nach einer Stunde im Wasser mit ihnen durchgefroren auf unser Boot zurück. Manu war immer noch tierisch aufgeregt, für ihn hatte sich ein unendlich lang gehegter Traum erfüllt.

DIE SACHE MIT DEM EGO

Überglücklich und mit nassen Haaren und schrumpeligen Fingern fuhren wir nach diesem Erlebnis in unsere Ferienwohnung zurück. Dort holte uns dann völlig unvorhergesehen die Realität aus Deutschland ein.

In meinem Mail-Eingang befanden sich zwei neue Nachrichten von meiner PR-Agentin Johanna. Ich klickte auf die erste. Ein Interview, bei dem es mir vor allem darum ging, ein wenig Aufmerksamkeit auf *Leaving the Frame* zu lenken. Das Gespräch mit der Journalistin war sehr nett gewesen, und ich hatte mich schon sehr gefreut, es zu lesen. Was meine Augen aber erfassten, als sie über die Zeilen flogen, ließ mich zuerst leise auflachen, dann laut »Was?!« rufen und dann ganz still werden. Der Artikel war eine ausgedachte »Bravo Lovestory« über mich und Manu und hatte nur im allerweitesten Sinne überhaupt etwas mit unserem Projekt zu tun. Ich atmete scharf ein und schüttelte den Kopf. Okay, Patzer. Ich hätte vielleicht nicht erwarten sollen, mit diesem Magazin eine tiefgreifende Story über *Leaving the Frame* machen zu können. Schulterzuckend ließ ich das Fenster wieder zuploppen und klickte auf die zweite Mail.

Das zweite Interview, auf das ich gewartet hatte. Wieder flogen meine Augen über den Text, und wieder verdunkelten sie sich mit jedem Wort mehr. »Das kann doch nicht wahr sein!« Ich klappte den Laptop zu und stapfte wütend durch unser Zimmer. Manu hob den Kopf und sah mich an.

»Was ist los?«, fragte er.

»Was los ist?! Die nehmen uns nicht ernst!«, rief ich ihm entgegen.

Auch bei diesem Interview hatte sich die Redakteurin anscheinend sehr viel Zeit genommen, um mit mir über unser Projekt zu sprechen. Ich führe Interviews generell immer sehr ehrlich, aber bei diesem habe ich echt tief blicken lassen und wurde jetzt eines Besseren belehrt. Dieser Artikel war zwar besser geschrieben und auch fundierter, aber ernst genommen hatte sie uns auch nicht. Ich wurde dargestellt, als wäre ich ein kleines naives Mädchen, das blauäugig loszieht, um die Welt zu entdecken, und dabei alle möglichen Grenzen überschreitet, die es zu überschreiten gibt, so kam es mir vor. Wir hatten in Kenia so viele Erfolge zu feiern gehabt, von denen ich natürlich auch erzählt hatte, der Artikel konzentrierte sich aber nur auf unseren Fehlstart in Unity.

Wir erhielten im Nachgang an dieses Interview trotzdem viele nette und interessierte Nachrichten – aber auch böse. Mit »Hatern« im Internet kennt man sich aus, wenn man in der Öffentlichkeit steht. Du brauchst nicht mal irgendetwas Bestimmtes zu tun oder nicht zu tun – diese Sorte Menschen liebt es, dich kleinmachen und kleinhalten zu wollen. Ich hatte damit schon öfter Bekanntschaft gemacht, aber diesmal tat es irgendwie besonders weh, weil wir so viel mehr waren und getan hatten als das, was in diesem Artikel stand.

Natürlich waren wir keine Heiligen, und ich weiß sehr wohl, dass es auf der Welt Menschen gibt, die bei Weitem mehr tun und mehr geben als wir, aber das war doch genau der Grund, warum wir überhaupt erst losgezogen waren, warum wir diese Reise machten! Um zu lernen! Um klarer zu sehen. UM ZU VERSTEHEN. Stattdessen hatte ich nun also zwei Artikel in meinem Postfach, die beide genau zeigten, was man von uns und unserer Idee hielt. Nämlich nicht viel.

Wow, tat das weh. Manu und ich diskutierten die halbe Nacht darüber, warum es vielen so schwerfiel, die Ideen gerade von uns Jüngeren zu akzeptieren und anzuerkennen. Warum wird alles, was anders ist, erst einmal belächelt, warum nicht mehr Vertrauen und wirklich gut gemeinte Ratschläge in uns gepflanzt? Von oben betrachtet sieht natürlich alles klein und unbedeutend aus.

Ich fühlte mich wahnsinnig ungerecht behandelt und wollte

am liebsten vor Emotionen übersprudelnde Postings im Internet verbreiten, um meine Generation sofort auf unsere Seite zu holen und uns gegen alle Festgefahrenen zu verbünden. Nur um mich kurz darauf wieder winzig klein zu fühlen und mich am liebsten unter der von der Inselluft klammen Decke zu verstecken. Für diese Art von subtilem Angriff war ich wirklich nicht gemacht. Ich war traurig.

Manche Menschen sind wie Feuer. Wenn ein Luftstoß vorbeikommt, zittern sie kurz und erholen sich schnell wieder, nur um noch mehr zu lodern als zuvor.

Ich bin wie Wasser. Die kleinste Berührung auf meiner Oberfläche reicht aus, um sie minutenlang in Wellen zu verwandeln, die immer größer wurden. Unruhig schlief ich ein.

Als wir am nächsten Morgen aufwachten, waren wir sehr hungrig und hatten den wohl schlimmsten Muskelkater unseres Lebens. Stöhnend versuchte ich mir mein Gesicht einzucremen, kam aber nur bis zum Kinn hoch. Augenringe, aber kein Sonnenbrand. Wenigstens der blieb mir erspart.

Manu lag bäuchlings quer über dem Sofa, ein Bein auf dem Boden, und starrte in einer ungesunden Haltung auf sein Handy, das vor ihm am Boden lag. Sein Zeigefinger wischte über den Screen. Mehr Bewegung war nicht möglich.

Nachdem ich mich damit abgefunden hatte, dass mein restliches Gesicht heute ohne Pflege auskommen musste, ließ ich mich neben ihn plumpsen und holte mein Handy mit dem linken Fuß vom Couchtisch so nah an mich heran, dass ich es mit der Hand greifen konnte. Selbst das schmerzte. Lustlos scrollte ich durch Facebook, Instagram und meine E-Mails, als ich mich plötzlich mit einem Ruck aufsetzte. Der Muskelkater war vergessen. »Wie geil ist das denn?!«, schrie ich. »Was, was, was, was, was?!«, schrie Manu zurück.

Mit zitternden Händen hielt ich ihm mein Smartphone entgegen, und er sah, was mich so aufgeregt hatte. Seine Augen wurden groß. Zwei Tage zuvor hatten wir einen Spendenaufruf ins Internet gestellt, der die Leute dazu auffordern sollte, für Tabithas Augenoperation zu spenden. Wir hatten gehofft, ein wenig finanzielle Unterstützung zu bekommen, hätten die OP aber auf jeden Fall auch irgendwie selbst gestemmt, wenn es nicht geklappt hätte. Aber es hatte geklappt. Und wie. Wir hatten unser Spendenziel von 1100 Dollar innerhalb von nur zwei Tagen sogar um siebenhundert Euro übertroffen! Ich konnte es einfach nicht fassen. In Windeseile informierten wir Vera, Tahir und Sister Mary Jane, die mir sofort eine Sprachnachricht zurücksendete. Sie begann mit einem langen, sehr lauten Schrei und endete in ihrem glucksenden Lachen. Sie bedankte sich hundertmal und sandte Liebesschwüre übers Meer. Sie erklärte, dass sie das übrig gebliebene Geld gerne in warme Mahlzeiten für die anderen Kinder stecken würde. Natürlich!

Unsere Gedanken schwirrten noch den ganzen Tag in Kenia herum, und leise meldete sich eine Stimme in mir zu Wort, und ein Grinsen breitete sich auf meinem Gesicht aus. Ja, vielleicht waren wir naiv. Ja, vielleicht machten wir Fehler und mussten auch mal zurückgewiesen werden. Aber vielleicht ist auch genau diese Unbefangenheit der Grund, weshalb wir uns nicht vor der Welt verschließen. Der Grund, warum uns Schicksale wie das von Tabitha etwas angingen und weswegen es uns im Herzen wehtat, sie ohne Hilfe zurückzulassen. Unser Leichtsinn kann auch manchmal Berge versetzen. Denn wenn wir nicht wissen, dass es da eine Grenze gibt, dann hüpfen wir automatisch einfach über sie hinweg. Und das war in diesem Fall auch gut so. In diesem Moment versprach ich mir, mich nie wieder von jemandem, der keine Ahnung von meinem Plan hatte, so sehr runterziehen zu lassen wie in der Nacht zuvor. Ich hatte keine Lust mehr, mich auf Menschen zu konzentrieren, die das, was wir taten, nur belächelten. Tabitha tatsächlich helfen zu können, hatte genau die Antworten in mich hineingepflanzt, die ich ein paar Stunden zuvor so dringend gebraucht hatte. In mir breitete sich eine unglaublich genüssliche Genugtuung aus, die ich herzlich willkommen hieß. Ich war wieder obenauf, weil ich realisierte, dass diese beiden Artikel überhaupt nicht die Macht dazu besaßen, an meinen Gefühlen oder meinem Glauben an *Leaving the Frame* zu rütteln. Wie viele Träume waren wohl schon zerplatzt, weil die Träumenden von Eltern, Freunden, Bekannten oder sogar völlig Fremden davon abgehalten wurden, an sich selbst und ihr Können zu glauben? Tabitha hatte es bewiesen. Es war wichtig und genau der richtige Weg, für seine Ziele loszutraben.

Unser letzter Tag in Hawaii brachte uns eine neue Freundin ein und ein weiteres Mal neue Erkenntnisse.

Wir brachen früh am Morgen auf, um unsere ramponierten Schnorchelausrüstungen ein letztes Mal in das salzige Nass zu tauchen. Das Wetter war zur Abwechslung mal warm und wunderschön, und die kleine Bucht, die wir uns auserkoren hatten, sollte eines der wenigen, immer noch bunten Korallenriffe beherbergen, die es auf Hawaii noch zu bestaunen gab. Nacheinander hüpften wir vorsichtig ins Wasser und paddelten schnell von der Brandung weg, die immer wieder versuchte, uns gegen die Felsen zu schwemmen. Leider waren so ziemlich alle guten Schnorchel-Spots, die wir finden hatten können, Touri-Hochburgen, aber mittlerweile waren wir schon fast daran gewöhnt, nie die Einzigen zu sein. Manu war schon weit vor mir, während ich versuchte, meine kaputte Flosse um meinen Fuß zu knoten und sie nicht zu verlieren. Als ich endlich bereit war, tauchte ich unter, und das laute Rufen und Schnaufen der vielen anderen Leute um uns herum verwandelte sich in einzig und allein meinen Atem und das Geräusch des Meeres. Ich bedeutete Manu, mir zu folgen, und wir entfernten uns noch ein wenig weiter von den anderen. Als wir unseren Platz gefunden hatten, tauchten wir beide kurz auf. Manu wollte mir seine Aufnahmen auf der Kamera zeigen. Als wir eine Minute später wieder mit unseren Schnorcheln bewaffnet in die Tiefe schauten, kriegten wir einen Schreck: Eine große grüne Meeresschildkröte blickte uns an. In aller Seelenruhe hatte sie sich, während wir mit unseren Köpfen oben waren, neben uns eingefunden und beobachtete, was wir da so taten. Sie war so nah, dass ich sie hätte berühren können, wenn ich meinen Arm nach ihr ausstreckte. Tat ich natürlich nicht. Ich hatte einen unglaublichen Respekt für diese Tiere entwickelt und freute mich umso mehr darüber, ihre Schönheit aus nächster Nähe beobachten zu dürfen – wir ließen sie in Ruhe. Und wie sich herausstellte, war das auch genau die richtige Idee gewesen, sie blieb bei uns. Wir tauften unsere neue Freundin auf den Namen Cassiopaia. Sie schwamm volle zwanzig Minuten mit uns durchs Meer. Sie zeigte uns, wie sie sich von der Strömung treiben ließ, ließ uns über und unter ihr hindurchschwimmen und führte uns zu braunen Korallen, die trotzdem noch außerirdisch schön aussahen, auch wenn wir es traurig fanden, dass ihre Farben erloschen waren. Cassiopaia blickte uns mit ihren weisen, treuen

Augen tief an. So tief, dass es uns so vorkam, als wüsste sie ganz genau, wen sie da vor sich hatte. Das diffuse Licht, das sich an der Wasseroberfläche brach und über ihren grün-braunen Panzer flackerte, machte alles so weich – es sah aus, als würde sie fliegen, so geschmeidig glitt sie durch die Wellen. Und als wäre sie nur für uns da, entdeckte keiner der zig anderen Touristen dieses schöne Tier. Obwohl wir zwischenzeitlich genau an ihren Beinen vorbeischwammen, blieben wir unentdeckt. Das war ein magischer Moment für mich.

Genauso plötzlich, wie Cassiopaia auftauchte, verschwand sie im nächsten Augenblick auch schon wieder. Doch das machte nichts. Wir tauchten auf und gluckten vor Lachen und Glück. Dieser Moment hatte uns gehört, und er war ein Geschenk.

Hawaii war nicht so gewesen, wie wir es uns erhofft hatten. Im Gegenteil. Doch es war ein Ort, den wir brauchten, um uns auf uns und unsere Ziele zu besinnen. Vielleicht stimmte es ja, vielleicht wohnt Hawaii tatsächlich irgendein Zauber inne, der dich zwingt, deinem Inneren näherzukommen. Keine Lüge, die wir uns während unserer Zeit hier selbst erzählt hatten, blieb bestehen. Alles wurde aufgedröselt und offen und ehrlich vor uns ausgebreitet. Was wir mit diesen Erkenntnissen dann anstellten, war unsere Sache.

Obwohl sich dieses Wissen anfühlte wie ein Geschenk, spürten wir, dass wir immer noch nicht genau dort waren, wo wir wirklich hinwollten. Seit Kenia wollten wir Abenteuer und Freiheit erleben, hatten sie aber weder an dem einen noch an dem anderen Ort wirklich gefunden – mit Ausnahme von Simon und Sister Mary Jane natürlich. Alles verlief in Bahnen, die schon vorgegeben waren. Pfade, die seit Jahrzehnten bestanden. Wir hatten nicht das Gefühl, irgendetwas Neues, etwas anderes zu tun. Auch das war ein Gedanke, den uns Hawaii in die Köpfe gepflanzt hatte. Die Inseln halfen uns allerdings nicht bei der Lösung des Rätsels. Aber das machte nichts. Wir würden selbst draufkommen.

MEXIKO

Klopf. Krach. Brrrrrrrrrrrrrrrrrr. Klirr. Brrrrrrrrrrrrrrrrrrrrrrrrr. WrrrrrUUUMMMM!

Völlig gerädert wälzte ich mich von einer Seite auf die andere und versuchte mir das steife Kissen über meinen Kopf und die Ohren zu drücken. Mein Gesicht klebte nach dieser Aktion genau an dem von Manu, der zusammengerollt wie ein Embryo nur noch zur Hälfte auf der Matratze lag. Unser Bett war klein. Sehr klein. Winzig. Ich fragte mich ernsthaft, welcher ausgewachsene Mensch hier drin wohl einen entspannten Schlaf finden sollte. Und dann auch noch dieser Krach!

Der Jetlag hatte uns erbarmungslos in seinen Klauen, während draußen das Leben in Mexico City tobte. Immer wieder fuhren schrottige Autos mit Lautsprechern auf dem Dach durch die kleinen Gassen, um Churros, Nüsse, Nachrichten, Fleisch oder anderes zu verkaufen. Nachbarn schrien sich über die Straße hinweg etwas zu, um kurz darauf in schallendes Gelächter auszubrechen. Ich verstand trotz zwei Jahren Spanischunterrichts in der Schule nichts von diesem Singsang und versuchte die Geräusche weiter auszublenden, um noch ein paar Minuten länger schlafen zu können …

Brrrrrrrrr. Kliiiiirr. Brr. WrrrrUUUMMMM!

Schnaubend setzte ich mich auf, rollte mich aus dem Bett und stolperte über unsere Taschen durch den Raum Richtung Fenster. Ich schlug die kurzen Vorhänge zur Seite, auf der Suche nach dem Störenfried, und wurde sofort fündig. Aus unserem Fenster im dritten Stock des verwinkelten Hauses mit seinen tausend kleinen Stufen und Zimmern konnte man direkt in eine Autowerkstatt schauen, in der gerade kräftig geackert wurde. Die Mechaniker darin sahen aus, als wären sie einem Fünfzigerjahrefilm entsprungen. Latzhose, dicke Bäuche, dreckiges Lachen, überall um sie herum Oldtimer und ein paar kleine Omis und Opis. Und es sah nicht danach aus, als hätten sie bald Mittagspause. Ich verdrehte die Augen und schloss das Fenster, auch auf die Gefahr hin, in unserer kleinen Höhle ersticken zu müssen.

Als ich ein paar Minuten später unsere Ohropax aus einem der Koffer gekramt hatte, stolperte ich zurück ins Bett und war froh, wieder zu liegen, als Manu sich zu mir umdrehte.

»Was ist denn da unten los?«, fragte er verschlafen.

»Ach«, ich winkte ab. »Irgend so ’ne Autowerkstatt, da stehen überall so alte Karren rum.« Und gähnte.

Seine Augen ploppten sofort auf, als hätte man ihm einen unverdünnten Red-Bull-Kaffee-Cola-Shot intravenös verabreicht.

»Wie alt?!« Sein Gesicht war sehr nah.

»Die Autos? Keine Ahnung, alt halt. Ist doch egal.« Ich blinzelte, und im selben Moment war Manu in Unterhose beinahe vollständig auf unser kleines Fensterbrett geklettert und lehnte sich so weit es ging nach draußen, um über die Mauer hinweg »die alten Karren« anzuschauen.

Oh. Mist. Ächzend stützte ich mich auf meinen Ellenbogen ab. Ich hätte einfach sagen sollen, da unten sei nur eine Baustelle mit lauter schwitzenden Männern. Das wäre ja nicht mal wirklich gelogen gewesen. Aber mir war klar, dass an Schlaf nun nicht mehr zu denken war.

Manu stand auf Autos beinahe so sehr wie auf mich – hoffte ich zumindest. Er beschrieb sie mit Worten wie »sexy«, »kurvig«, »elegant« und »wunderschön«. Das irritierte mich ab und zu, aber irgendwo ganz hinten in meinem Kopf verstand ich schon, warum er so eine Affinität für sie aufbrachte. Oldtimer waren auch einfach schön. Schöner jedenfalls als so ziemlich alles, was heute vom Band auf unseren Straßen fuhr, da stimmte ich ihm zu. Aber musste er sich die Teile ausgerechnet jetzt anschauen? Es war ja quasi mitten in der Nacht … für uns! Nachdem Manu eine halbe Stunde lang aus dem Fenster gehangen und darüber gefachsimpelt hatte, aus welchem Jahr die jeweiligen Autos kamen (und sie parallel alle seiner Wunschtraum-Einkaufsliste auf mobile.de hinzugefügt hatte), gab ich mich geschlagen und stand fertig angezogen und mit halbwegs geordneten Haaren vor ihm und deutete auf die Tür. Es war Zeit, Mexiko unsicher zu machen. Jubelnd warf er sich ein Shirt und eine Hose über und folgte mir auf die Straße.

Die Häuserfassaden in unserem Viertel waren alle unterschiedlich bunt angemalt, und an jeder zweiten rankte sich eine Kletterpflanze empor, die ihre langen Arme auch in die kleinen Gassen streckte, in denen wir unterwegs waren. Überhaupt blühte hier so einiges. Die Straßen waren voll von riesigen Bäumen, deren Blüten leuchtend violett waren. Immer wieder fielen einige von ihnen auf den Boden und bildeten einen Teppich aus bunten kleinen Blättern, über den wir spazierten. Obwohl man uns gesagt hatte, dass Coyoacán, der Bezirk, in dem wir in Mexico City wohnten, einer der ruhigeren Teile der Hauptstadt sei, spielte sich auch hier alles draußen ab. An jeder dritten Ecke spielte irgendeine kleine Musik. Klingt kitschig, aber so war es wirklich! Wir kamen uns vor wie im Film, als wir dort so entlangschlenderten. Jedes Straßenschild war ein kleines Kunstwerk und versprühte seinen ganz eigenen, unperfekten Charme. Jeder Pflasterstein, jeder Riss in der Straße, jedes Stück von den Hauswänden abgeblätterter Putz war genau richtig. Sogar der kleine Kläffer hinter dem Fliegenschutzgitter, der scheinbar seine ganze Straße beschützen musste, passte hier hin und bekam von uns nur ein Lachen als Antwort. Die Luft duftete nach einem Gemisch aus Frühling und Sommer. Indigen aussehende Gesichter tanzten zu Trommelmusik in Federgewändern auf einem Marktplatz, es schien irgendein Festtag zu sein. Kinder mit bunten Gesichtern und leuchtenden Spielzeugen flitzten so schnell sie konnten hintereinander her und rannten dabei schreiend Erwachsene über den Haufen, die das alles herzlich wenig zu stören schien. In Deutschland hätte man sie wahrscheinlich an den Löffeln zu ihren Eltern gezogen.

Ich hatte vorher nie großartig über Mexiko als Reiseland nachgedacht, aber jetzt, als ich begeistert beobachtete, wie viel Leben hier durch die Luft vibrierte, war ich so gespannt darauf, noch mehr kennenzulernen, noch mehr von allem hier zu erfahren.

Erst als es irgendwann dunkel wurde, bemerkten wir unseren großen Hunger. Wir entschieden uns für einen schick aussehenden Laden, vor dem sich eine Traube Menschen angestellt hatte. Hin und wieder schwang die Tür auf, und ein Kellner rief einen Namen, woraufhin sich ein paar Personen endlich hineinbege-

Ich mache Luftsprünge, weil unser Schlafplatz in Mammoth Lakes nicht schöner hätte sein können.

Die Samburu Frauen aus Unity schauen nach, ob ich sie auch gut getroffen habe.

Sister Mary Jane, die Kinder und ich beim Interview. Sie wollten unbedingt alle dabei sein.

Ein magischer Moment! Elefantenherde vor Sonnenuntergang. Was will man mehr?

Simon ohne Schuhe, aber dafür mit Raubvogel auf dem Arm.

Die kleine Eule, deren Fuß wir gerichtet haben.

Kassiopeia zeigt uns Hawaiis Unterwasserwelt.

An Land war es stürmischer und beinahe nasser als in den Fluten.

Geburtstagstänzchen
im strömenden Regen.

Manu unterwegs in
Mexikos bunten Straßen.

Viele Grüße von den Hippie-Gringos
von nebenan auf der gemütlichen Spur!

Die Aussicht an der Big Sur ließ uns nicht mehr los. Wie blau kann ein Ozean sein?

Der Holocaust-Überlebende Jurek zeigt mir seine beeindruckenden Werke.

Raue Küste, weiches, goldenes Licht – das ist Neufundland! Und Heidi, nicht zu vergessen!

Unvergessliche Schlauchboot Tour mit Wal-Begegnung der Extraklasse.

Nach satten 15 000 km Fahrt haben wir die USA einmal komplett durchquert und schauen uns glücklich und erleichtert New York an.

ben durften. Immer wenn das passierte, konnten wir einen kleinen Blick nach drinnen erhaschen. Dort tobte Musik, Kellner wirbelten umher, und köstliches Essen wurde vor hungrigen Mäulern platziert. Irgendwann waren auch wir an der Reihe, und nach einem leckeren Essen, dem wir leider kaum Beachtung schenkten, weil wir so viel um uns herum zu bestaunen hatten, genossen wir unsere ersten Tequila Shots in Mexiko. Eigentlich bin ich überhaupt keine Schnapstrinkerin, aber nun waren wir eben in Mexiko, da gehörte das ja schon fast zum guten Ton. Überrascht stellten wir fest, dass der Tequila hier ganz anders schmeckte. Man trank ihn pur, weder mit Salz noch Zitrone, und er hatte einen viel weicheren Geschmack als das Gebräu, das es bei uns gab. Irgendwie nach Honig. Der Tequila und die Musik der Mariachi schickten uns irgendwann überglücklich und auch ein wenig angesäuselt zurück in unsere Unterkunft, die nur einen Steinwurf vom Haus Frida Kahlos entfernt lag. Heute Nacht würden wir gut schlafen.

Mmmmmmmmjjjjjjjjjjjjjaaaaaaarrrrrrrrrrrchhhhhhhhh!!

»OHA MANN EY! Das kann doch nicht wahr sein!«, ich schimpfte wie ein Rohrspatz in mein Kissen und grabschte nach meiner Brille auf dem Nachttisch. Mit ihr auf der Nase sah ich, dass Manu schon wieder nur in Schlafhose und in ungesunder Haltung auf dem Fensterbrett klemmte und in die Werkstatt geierte.

»Spanner«, brummte ich und ließ mich wieder ins Kissen fallen.

»Guten Morgen, Sonnenschein! Roman hat geschrieben, dass er gerne heute Abend mit uns in eine Bar gehen würde. Wir könnten reinfeiern. Wär doch was, oder?«

»Ja … machen wir«, knurrte ich, doch beim Gedanken an Manus Geburtstag morgen freute ich mich. Ich hatte vor, ihn nach dem Ausschlafen mit ins Frida-Kahlo-Museum zu nehmen und danach noch ein wenig durch die Stadt zu stromern, bis wir irgendwann in einem Restaurant landen würden. Ich hatte alles so schön geplant … und es kam alles anders.

Aber mir hätte ja irgendwie klar sein müssen, dass auf dieser Reise wirklich nichts so lief wie geplant. Und Roman trug einen großen Teil dazu bei, dass das auch ja so blieb.

Über Roman würde ich am liebsten ein komplettes Kapitel in diesem Buch verfassen, weil er für uns der wahrscheinlich beste Mensch der Welt ist und uns in Mexiko nicht nur bei jeder noch so bescheuerten Idee bestärkt, sondern auch geholfen hat, wo er nur konnte – und wir brauchten viel Hilfe! Wir bekamen seinen Kontakt von einem von Manus besten Freunden aus Berlin, der einige Zeit in Mexiko verbracht hatte. Obwohl wir vorher noch kein Wort miteinander gewechselt hatten, begann Roman schon vor unserer Ankunft in Mexiko damit, einen Plan zu machen, was er uns alles zeigen und wohin er uns überall mitnehmen konnte. Wir waren gerührt von so viel Offenheit und all der Zeit, die er sich für uns nahm. Ob wir wohl umgekehrt das Gleiche für einen völlig Fremden getan hätten?

Als die Nacht langsam ihren blau-grauen Schleier über die orangene Straßenbeleuchtung legte, traten wir, in Hemd und Blüschen, vor unsere Tür und liefen Roman direkt in die Arme. Eigentlich sah er aus wie ein Teddybär. Groß, freundliches Gesicht, auf dem wie eingemeißelt immer ein ehrliches Lächeln klebte, dunkle Haare, strahlende Augen und, typisch Mexikaner, ein Hemd, an dem die oberen Knöpfe offen standen. Er begrüßte uns, als wären wir alte Freunde, die sich nur eine Weile nicht gesehen hatten, und schwupp saßen wir in seinem Auto und fuhren Richtung Innenstadt.

Je weiter wir uns von Coyoacán, unserem Viertel, entfernten, desto mehr veränderte sich die Stadt in ein raues Pflaster. Die Straßen hatten viele Schlaglöcher, und hier fanden wir unsere verhassten Speed Bumps wieder, die uns in Kenia schon den letzten Nerv geraubt hatten. Aber auch hier schien es die Leute überhaupt nicht zu stören, dass die Straßen schlecht und beinahe unbefahrbar waren. Egal wie groß oder schlecht gefedert das Auto – alle bretterten hier wie wild geworden über den brüchigen Asphalt. Immer wieder heizten sogar Lkws an uns vorbei, deren Fahrer aussahen, als wären sie nicht mehr so wirklich lebendig. Ich zog meinen Gurt ein wenig fester um mich, als Roman uns erzählte, dass Drogen – vor allem Kokain – schlichtweg DAS Mittel seien, mit dem sich die Truckerfahrer wach hielten. Ihr Job war extrem hart, und sie hatten so wenige Pausen, dass sie meistens nach nur wenigen Monaten in den Drogensumpf versanken. Es war erschreckend, aber es war die Wahrheit.

Bevor wir nach Mexiko kamen, hatten uns so viele Menschen sowohl zu Hause als auch auf der Reise gesagt, wie gefährlich es dort sei. Vor allem die Hawaiianer machten sich scheinbar große Sorgen um uns. So richtig gestört hatte mich das allerdings nicht. Ich hatte auch jetzt noch ein gutes Gefühl, als wir über die Drogen und die Kriminalität sprachen, die hier so hoch war wie in kaum einem anderen Land. Das konnte man sicher leicht vergessen, wenn der einzige Anknüpfungspunkt, den man zu Lateinamerika hatte, eine Netflix-Serie war. Die Narcos sprangen hier zwar nicht auf der Straße herum, aber alle wussten, dass sie da waren. Alle wussten, dass heute noch mehr Drogen produziert, geschmuggelt, verkauft und Gelder korrumpiert wurden als zu Zeiten der Anfänge der großen Kartelle. Und auch, dass es viel mehr Tote gab.

Ich konnte nicht verstehen, wie in Europa so viele Menschen die Welt verändern und verbessern wollten, aber auch noch auf ihr Koks verzichten? Niemals. Nach dem Motto: »Na, irgendwann hört es aber auch mal auf. Ich trage ja schon faire Kleidung, esse vegan und spende immer mal wieder was.« Schulterzucken. An die Droge sind eben keine Gesichter geknüpft. Dass diese Leute damit aber unfassbares Leid finanziell unterstützen und pro einen Gramm Koks ganze vier Quadratmeter Regenwald abgeholzt werden müssen, ist ihnen egal. Das fand ich einfach hypokritisch. Sehr, sehr scheinheilig.

Natürlich stecken wir in Europa in einem System, in dem wir alle, mich eingeschlossen, viele Fehler zulasten der armen Länder machen. Weil es so leicht ist, Fehler zu machen. Weil wir häufig gar keine Ahnung davon haben, dass wir welche machen. Aber wenn du dir schon bewusst bist, dass deine Aktionen einem fremden Menschen am anderen Ende der Welt Schaden zufügen, wie kannst du das dann einfach ignorieren? Nur um dann vielleicht am nächsten Morgen wieder ein schlechtes Gewissen zu haben? Wie kannst du nicht wenigstens versuchen, dich Schritt für Schritt zu bessern? Die Einsicht, dass man Mist gebaut hat, ist natürlich immer der erste Schritt zur Besserung. Und eine Droge, die beim ersten Konsum schon süchtig machen kann, einfach beim nächsten Mal abzulehnen und nicht noch einmal zu nehmen, bedeutet wahnsinnige Selbstdisziplin, schon klar. Aber wenn du dir Scheuklappen aufsetzt und nichts verändern willst, dann bist du Teil dieses immer größer werdenden globalen Problems. Das muss dir klar sein. Damit musst du dann eben leben können. Dann erzähl mir aber nicht, wie sehr es dich doch ärgert, dass in jeder veganen Schokocreme aus dem Biomarkt Palmöl drin ist, wenn du in der Nacht zuvor mit deinem rechten Nasenloch selber einen Hektar Regenwald weggeschnüffelt hast.

Romans Gelächter holte mich wieder aus meinen Gedanken zurück und hellte meine Laune sofort ein wenig auf. Wir waren angekommen. Mit einem »Vamos!«, das ich leider im Kopf mit »… a la playa!« beendete, fielen wir zu dritt in ein wunderschönes Restaurant ein. Uns wurden Tequila und köstliches Essen serviert. Roman hatte sich nicht lumpen lassen bei der Auswahl des Lokals.

Irgendwann wurden unsere leer gegessenen Teller gegen kleine Schälchen mit Saucen und Insekten getauscht. Pikiert starrte ich vor mich. Das waren Mehlwürmer. Die hatte ich früher meinem Streifenhörnchen zu fressen gegeben. Roman sah meinen Blick und nickte mir aufmunternd zu.

»Probier mal, die sind echt gut!«, sagte er.

In Zeitlupe bewegte sich meine Hand in Richtung der toten Krabbeltiere. Und während sie immer näher rückte, hatte ich das Gefühl, meine Fingerspitzen würden taub werden – oh Gott, war das eklig. Die letzten Zentimeter nahm ich mit einem Ruck und steckte mir einen der Würmer in den Mund. Der Geschmack war nicht schlecht, auch wenn er mit einer der Saucen sicher besser gewesen wäre. Hastig schluckte ich und spülte mit einem ordentlichen Schluck Tequila, gefolgt von viel Wasser, nach.

»Bueno«, log ich.

Je später der Abend wurde, desto lustiger und lauter wurde es an unserem Tisch, und irgendwann beschlossen wir, obwohl Roman am nächsten Tag arbeiten musste, noch in eine Bar zu gehen und wenigstens kurz auf Manus 29. Geburtstag anzustoßen. Es war schließlich das letzte Jahr, bevor er alt sein würde. Da waren wir uns alle einig.

Irgendwann, so um fünf Uhr morgens, wurden wir aus der Bar geworfen, und Roman überredete uns, dass wir unbedingt noch zum besten Tacoladen der Stadt fahren müssten. Mein müder Protest blieb ungehört, könnte sein, dass ich ein wenig gelallt habe. Es waren unsere ersten original mexikanischen Tacos, und sie waren köstlich. Allerdings auch so scharf, dass man sie kaum essen konnte. Roman aß völlig unbeeindruckt einen nach dem anderen. Fasziniert sah ich zu, wie Manu den ersten Bissen nahm und sofort begann, mit einer Hand vor seinem Mund zu wedeln.

»Oh-oh. Oh-oh«, sagte er immer wieder und starrte ungläubig seinen Taco an. »Warum – das ist so krass scharf!« Nach seinem ersten und letzten Taco gab er auf. Er hatte Schluckauf bekommen.

Links von mir saß also Manu, der sich, hicksend und apathisch vor sich hin starrend, gar nicht bewegte, und rechts von mir Roman, der immer noch stur schaufelte und irgendwann tellerübergreifend alles aufaß, was auf unserem Tisch nicht aus Plastik war. Ich hatte es geschafft, ganze drei Tacos zu futtern, und stellte erstaunt fest, dass ich meinen Mund nicht mehr spüren konnte. Immer wieder pikste ich mit meinem Zeigefinger in meine Unterlippe, um zu fühlen, ob sie noch da war. Keiner von uns konnte mehr reden. Und nachdem wir – also Roman – alles aufgegessen hatten, standen wir wortlos auf und sprangen ins nächste Taxi. Endlich heim.

Eine Ode an den Morgen danach:

Ich.

Trink.

Nie.
Wieder.
Ichtrinkniewieder.
ICH
TRINK
NIE
MALS
WIEDER.

Den Tag nach unserer Party bezeichnet Manu immer noch gerne als »den schlimmsten Tag seines gesamten Lebens«.

Wir wurden durch ohrenbetäubendes Klingeln an unserer Tür geweckt. Ich stand auf und wankte benommen auf die andere Seite unserer kleinen Ferienwohnung. Mit Absicht warf ich keinen Blick in den Spiegel und öffnete in Zeitlupe die Wohnungstür. Davor stand die Hausherrin Lourdes, die sofort anfing, mich auf Spanisch zuzutexten, aber mein verkatertes Gehirn verstand in diesem Moment nicht ein einziges Wort. Es schien aber dringend zu sein, deswegen wanderte ich in Zeitlupe zurück zu Manu und versuchte ihn zu wecken. Ich brauchte drei Anläufe, bis er einigermaßen ansprechbar war. Wie ein verschrecktes Huhn schaute er sich um und hievte endlich eins seiner Beine aus dem Bett. Er humpelte genau wie ich zur Tür und stand im nächsten Moment vor der einhundert Prozent wachen Lourdes, die sofort in Stakkato auf ihn einredete. So langsam wie ein Faultier antwortete er eigentlich immer nur mit »Sí!«, bis er irgendwann wieder die Tür schloss und sich zu mir umdrehte.

»Mir ist so schlecht«, sagte er.

»Mir auch«, jammerte ich. »Was hat sie gesagt?«

»Sie meinte, wir müssen um 11 in das andere Zimmer umziehen, weil dann der neue Gast schon hier rein will.«

Wir hatten unseren Aufenthalt hier ein wenig ausgedehnt, und Lourdes und ihr Partner Steve waren so nett gewesen, uns einfach in ein anderes Zimmer einzuquartieren.

»Okay. Alles klar. Wie spät ist es denn jetzt?«, fragte ich. Manu blickte auf sein Handy, und bevor er wirklich die Zeit erahnen konnte, kniff er lange die Augen zusammen.

»Oh. Zehn vor elf«, sagte er schließlich, viel zu entspannt.

Ich weiß bis heute nicht, wie wir es geschafft haben, innerhalb von zehn Minuten das Chaos aus Klamotten, Badutensilien und Büchern in unsere Taschen zu stopfen. Völlig weggetreten stolperten wir die Treppen hinunter und verloren immer wieder Socken und Zahnbürsten auf dem Weg nach unten.

Dort angekommen, sah ich Manu in der Tür unseres neuen Zimmers stehen und mit Steve reden. Steve war Ende 70, ein ehemaliger New Yorker Fotograf, der leider schwer krank war, aber deswegen nichts an Humor einbüßte. Manu mochte ihn sehr gerne und hatte schon kurz nach unserer Ankunft lange mit ihm über Fotografie gesprochen, aber ich sah in seinem Gesicht, dass er in diesem Augenblick auf gar keinen Fall länger als nötig mit Steve reden wollte.

Als ich an Steve vorbeiging, lächelte er mich lieb an und fragte mich, wie es mir denn so ginge.

»Bisschen besser als ihm da, glaub ich«, sagte ich mit einem Fingerzeig auf Manu.

»Über was wollte Steve denn mit dir reden?«, fragte ich neugierig, als ich in unserem neuen Quartier die Koffer ausleerte und Manu schon wieder mit dem Gesicht nach unten in seinem Kissen verschwunden war.

»Ach, na ja, ist jetzt eigentlich gerade nicht so wichtig. Erzähl ich dir später«, sagte er.

»Ähm, nein, du erzählst mir das nicht später!«, lachte ich. »Du bist nur zu verkatert, um deinen Mund zu bewegen, das gilt nicht.«

»Na gut«, sagte er, gefolgt von einem langen Ausatmer.

»Ich würde gerne ein Auto kaufen.« Ich verstand nicht recht.

»Wie … du würdest gerne ein Auto kaufen? Hier?«

»Ja«, antwortete er, und für einen kurzen Moment war wieder Leben in seinem Gesicht.

»Weißt du, wir waren die ganze Zeit immer nur stinknormale Touristen, und irgendwie fehlt mir ein bisschen der Abenteuerfaktor bei unserer Reise. Ich will mehr.«

»Okay …«, sagte ich.

»Hm, na ja, stell dir jetzt einfach nur mal kurz vor: du, ich in einem von diesen geilen Käfern, die hier immer rumflitzen. Wir könnten den ganzen Kontinent damit bereisen und wären immer mobil. Roman hat gesagt, dass es die Teile hier schon ab umgerechnet 2000 Euro zu kaufen gibt.«

»Okay«, ich war mir nicht ganz sicher, ob er mich nun auf den Arm nahm oder das ernst meinte.

»Und was hat Steve nun mit der Sache zu tun?«, fragte ich.

»Steve kennt den Mechaniker aus der Werkstatt drüben. Wir könnten uns ein paar Käfer anschauen und dann immer mit ihnen zu Alejandro fahren und sie durchchecken lassen. Die werden ja nicht mehr neu gebaut, aber bis 2012 sind die Vochos hier noch als Taxis rumgefahren, deswegen gibt es auch noch so wahnsinnig viele davon.«

»Mexiko-Käfer eben«, warf ich dazwischen.

»Genau! Sieh mal, wir wären wirklich so flexibel, und außerdem – das war schon immer mein Traum! So ein Auto, das findest du für so wenig Geld niemals bei uns zu Hause.«

»Manu, Moment mal«, stoppte ich ihn in seiner Euphorie. »Wir fliegen in nicht mal mehr einem Monat wieder nach Hause. Willst du den ganzen Papierkram wirklich auf dich nehmen, um die Kiste dann wieder hier stehen zu lassen? Ich finde, das klaut uns eher Zeit, die wir sonst für andere Abenteuer hätten.«

»Ja – das wäre der nächste Punkt. Ich weiß, wir wollten eigentlich noch nach Norwegen, aber schau mal: Wir haben uns bis jetzt noch keine Gedanken zu überhaupt irgendeinem Thema in Norwegen gemacht. Ich sehe uns da ehrlich gesagt nicht. Ich sehe uns viel eher noch länger hier, in Mexiko, mit einem Käfer.«

»Mit einem Käfer«, brummte ich und blies die Backen auf. »Okay … Aber wir müssten ja auch irgendein Ziel haben, oder nicht? Ich finde, einfach nur in der Gegend herumzugurken …«, vage gestikulierte ich mit meinen Händen in der Luft herum, »das war ja nicht die ursprüngliche Idee unserer Reise. Und außerdem, ehrlich gesagt – noch länger reisen? Ich weiß echt nicht, ob mich meine Agentur dann nicht rausschmeißt. Die denken doch, ich komme nie wieder!«

Manu legte den Kopf schief. »Hör mal, die wären schön blöd, dich einfach rauszuschmeißen, und das weißt du auch. Versuch mal, dich für einen kurzen Moment – nur ganz kurz – in diese Vorstellung hineinzuversetzen. Unser eigenes Auto, unsere kleine Basis, Geschichten, die uns auf dem Weg begegnen, Spontanität und ein ganzer Kontinent, der entdeckt werden will. Das klingt doch gut, oder nicht?«

Ja. Das klang gut. Aber noch konnte ich das nicht zugeben, nicht so richtig an mich heranlassen. Der Flug von Mexiko nach Berlin war der teuerste gewesen. Den einfach verfallen zu lassen, täte schon ein bisschen weh, eine Reiserücktrittsversicherung hatten wir natürlich nicht abgeschlossen. Außerdem bedeutete eine längere Reise auch noch mehr Ausgaben für Verpflegung und Unterkünfte. Und dann noch ein Auto. Ich raufte mir die Haare und dachte angestrengt nach. Aber irgendetwas in mir tickte und zog da plötzlich wieder. Insgeheim hatte mir der Gedanke daran, bald schon wieder nach Hause fliegen zu müssen, auch nicht gefallen. Es hätte sich falsch angefühlt. Zwar stand auf der anderen Seite die Unsicherheit, und ich hatte überhaupt keine Ahnung davon, was uns alles noch erwarten würde. Doch ich ließ mein Bauchgefühl entscheiden und wollte es wagen. Denn wenn ich eines bisher auf unserer Reise gelernt hatte, dann, dass die Ungewissheit immer die tollsten Abenteuer und Geschichten bereithielt.

»Gut«, sagte ich und streckte Manu, von meiner Entscheidung selbst völlig überrumpelt, meine Hand entgegen. Er schlug ein.

Die Sache war abgemacht.

Danach verfiel Manu in einen komatösen Zustand, aus dem ich ihn, egal wie sehr ich mich anstrengte, nicht aufwecken konnte. Wie sollte sein 30. Geburtstag nächstes Jahr diese Nacht jemals toppen können?

Während ich dabei zusah, wie die Sonne vor dem Fenster ihre Bahnen zog und irgendwann schon wieder beinahe am Horizont angelangt war, googelte ich diverse Länder Amerikas. Ich sah mir Belize und Guatemala an, Honduras, El Salvador und Nicaragua. Das waren alles Länder, die ich irgendwann einmal gern bereisen wollte. Eigentlich war dann ja jetzt der passende Zeitpunkt, oder? Jedenfalls war es angesichts unseres ziemlich großen ökologischen Fußabdruckes weniger verwerflich, sie mit dem Auto zu bereisen, als jedes Mal wieder Tausende von Kilometern über die Ozeane zu fliegen.

Mein Finger ließ die Google-Maps-Karte ein wenig nach oben gleiten, bis ich wieder den blauen Punkt angezeigt bekam, der unseren Standort festlegte. Mexiko-Stadt. Von dort aus ließ ich die Karte sich noch weiter nach Norden öffnen. Verträumt schaute ich auf die Straßen und Flüsse und Gebirge, die sich auf meinem Display ausbreiteten. Ich war noch nie in den USA gewesen. Um ehrlich zu sein, die USA waren in diesem Moment eigentlich das letzte Land, in das ich reisen wollte. Trump, der wieder salonfähig werdende Rassismus, die ständigen Nachrichten, die einen immer wieder den Kopf schütteln ließen. Und doch war es ein spannendes Land, das wir uns in so vielen Bereichen zum Vorbild nahmen. Meine Eltern waren kurz nach der Wende mit Sack und Pack nach Amerika aufgebrochen und blieben mehrere Wochen. Dieses Land bedeutete für sie und viele andere die Freiheit, die ihnen vorher verwehrt wurde. Während dieser Reise fanden die beiden auch heraus, dass ich unterwegs war, und kauften mir mein allererstes Paar Schuhe am Flughafen in L. A.: grüne Gummisandalen mit einer hellrosa Sohle und Micky Maus vorne drauf. Diese Teile hängen mittlerweile über dem Esstisch bei meiner Familie, und immer, wenn ich sie sehe, kann ich mir kaum vorstellen, dass meine Füße dort mal reingepasst haben sollen. Aber das hatten sie, und je länger ich nun auf die Karte schaute, desto mehr verfing ich mich in Orten, deren Namen ich schon mal gehört hatte. Es war verrückt, wie viele Staaten, Städte, Nationalparks und Sehenswürdigkeiten ich durch meine Eltern und die Schule schon kannte, ohne mich je intensiver damit beschäftigt zu haben.

Ich scrollte weiter und landete in Kanada. Oh, Kanada. Dort

war ich ebenfalls noch nie gewesen, aber schuld an meiner Sehnsucht nach dem hohen Norden Amerikas war mein Papa. Früher flog er beinahe jeden Sommer »rüber«, um in Kanada oder Alaska zu angeln, Bären zu beobachten und die Natur anzuschmachten. Wenn er zurückkam, hatte er zwar immer ziemlich merkwürdige Flughafen-Geschenke – wie eine Maxi-CD von Scooter – im Gepäck, aber dafür waren seine Geschichten umso spannender. Alle Bücher, die er las, hatten irgendetwas mit den Eingeborenen Nordamerikas, wilder Natur oder Trappern zu tun, und so dachte ich als kleines Mädchen tatsächlich, ich würde auch von den Ureinwohnern Amerikas abstammen. Mein Papa war ja ganz klar einer.

Aber so gerne ich auch diese Welt erkunden wollte, der Weg bis dort oben hin war so weit, das würden wir niemals schaffen. Nicht bei dieser Reise – oder vielleicht doch?

Der Bildschirm wurde schwarz, als ich den Knopf an der Seite meines Handys drückte, und ich ließ es auf den Nachtschrank gleiten. Dann wurde auch die Welt um mich herum dunkel, und ich schlief ein.

KÄFERKAUF

»Die Typen sehen total dubios aus«, sagte ich, als Manu hinter sich die Tür schloss und zwei Mal versuchte, den Motor in Gang zu bekommen.

»Ich finde eher, die sehen aus, als wollten sie eigentlich Rapper werden, aber es hat nur zum Kleinkriminellen gereicht«, sagte er.

»Sag ich ja.«

Der Motor sprang an und schnurrte und hustete ein wenig. Kräftig zog Manu am Lenkrad des hellblauen Käfers, den wir uns gerade anschauten, und lenkte uns auf die Straße. Servolenkung war eines dieser Dinge, die man erst zu schätzen wusste, wenn man sie nicht mehr hatte. Ich sah mich im Fußraum und auf der hinteren Sitzbank um und stellte fest, dass die Kiste ganz schön schmuddelig war. Aber was konnte man auch sagen? Sie war zehn Jahre älter als ich! Fachmännisch sah ich ins Handschuhfach und kontrollierte, ob die Fenster richtig schlossen.

»Achtung!«, sagte Manu. Ich wusste schon, was jetzt kam – Notbremsung. Routiniert legte ich eine Hand auf den Türgriff, die Füße stemmte ich in den Boden. Die Reifen krallten sich in die Straße, als Manu auf die Bremse trat, aber trotzdem rollte der Wagen ruckelnd weiter.

»Schlecht«, sagte ich und hakte meine innere Checkliste ab.

»Aber immerhin funktionieren die Gurte«, fügte Manu hinzu.

Wir hatten uns in der letzten Woche zig unterschiedliche VW Käfer angeschaut. Wo für mich anfangs nur die Farbe zählte, wurde uns beiden bald klar, dass man uns hier nach Strich und Faden zu verarschen versuchte. Die meisten Autos waren auf den ersten Blick in einem guten Zustand und ziemlich billig, aber sobald man sich ein wenig mit der Karosserie und allem, was sich darunter verbarg, beschäftigte, fiel auf, dass die meisten der Käfer beinahe schrottreif waren und uns auf gar keinen Fall vor die Tore von Mexiko bringen würden.

Jedes Auto, das für uns einigermaßen nach einem möglichen Glücksgriff aussah, fuhren wir gewissenhaft nach Coyoacán, zu Alejandro, dem Mechaniker von nebenan, der es ganz genau unter die Lupe nahm. Und dabei hatten wir ALLES gesehen. Am besten ist die Geschichte von dem cremefarbenen Käfer, der angeblich nur vierzigtausend Kilometer auf dem Tacho haben sollte. Was eigentlich nicht viel ist für so ein altes Auto. Alejandro hingegen sah uns von Anfang an über das Wagendach hinweg skeptisch an, während der Verkäufer versuchte, uns die Vorteile des Autos schmackhaft zu machen. Zwei Handgriffe des Mechanikers genügten, um herauszufinden, dass der gute Mann leider »vergessen« hatte, eine Eins vorne anzuhängen.

»Amigo …«, sagte Alejandro und trommelte dabei mit den Fingern auf das Metall. »Der Vocho hier, der hat ein bisschen mehr runter, als du den beiden hier versprochen hast, oder?« Er verzog keine Miene, ließ den Verkäufer aber auch nicht aus den Augen.

»Jaaa …«, sein Gegenüber machte eine ausladende Geste und suchte nach den richtigen Worten.

»Es ist schon die zweite Runde des Tachos, ja – aber danach haben sie ja auch nicht gefragt!«

Manu, der perfekt Spanisch spricht, lachte laut auf. Er übersetzte mir die Szene, die sich gerade vor uns abgespielt hatte.

»HUNDERTVIERZIGTAUSEND KILOMETER?!«, brüllte ich entsetzt. Verärgert stapfte ich auf Manu zu, nahm ihm den Autoschlüssel aus der Hand und streckte ihn dem Verkäufer entgegen. Eines der wenigen spanischen Wörter, die in meinem Kopf kleben geblieben waren, fand nun seinen Einsatz: »Adiós!«

Die ganze Werkstatt lachte, auch der Verkäufer selbst, den die ganze Sache gar nicht so sehr zu stören schien. Als sich mein Ärger etwas gelegt hatte, lachte ich mit. Alejandros alte Mutter stand von der Bank auf, auf der sie immer saß und über der sämtliche gerahmte Bilder der verstorbenen Ahnen ihren Platz fanden. Röchelnd vor Lachen kam sie zu uns herüber und strich sich ihre Blumenschürze glatt. Das wollte sie nicht verpassen. Recht bald löste sich die Situation jedoch auf, und »der Schwindler« nahm sein Gefährt und fuhr wieder nach Hause.

Das war, wie schon erwähnt, nicht das einzige Mal, dass uns so was passierte. Ich weiß nicht, ob ich tief drinnen nie so wirklich daran geglaubt hatte, ein perfektes Fahrzeug für uns zu finden, oder ob ich erst während unserer Suche immer ratloser wurde. Für Manu jedenfalls war aufgeben keine Option. In seinem Kopf drehte sich alles um den perfekten Käfer. Er glaubte fest daran, ganz kurz vorm Ziel zu stehen.

Nach zwei Wochen intensiven Suchens und trotzdem nicht Fündigwerdens waren wir uns einig, eine kleine Pause einlegen zu müssen. Ich hatte einfach so lange gequengelt, bis Manu sich endlich geschlagen gab und mich nach Quintana Roo begleitete. Zwischen Taschen und Klamottenbergen saßen wir kurz vor der Abreise über unseren Mexiko-Planern und überlegten, was wir alles sehen wollten, als es plötzlich klopfte. Es war Steve, mit einem breiten Grinsen im Gesicht.

»Hi, Steve.« Manu lehnte sich an den Türrahmen und wartete, bis sich Steves Atem wieder beruhigt hatte. Der arme Kerl hatte so ziemlich jede Krankheit, die man nur haben konnte, und ertrug jede von ihnen mit größter Würde. Vor ein paar Tagen hatte er uns erzählt, dass er bald ins Krankenhaus musste. Wofür genau, das hielt er vorerst geheim.

»Manuel!«, keuchte er. »Manuel, ich glaube, ich habe gefunden, wonach ihr gesucht habt.«

»Das ist ja der Wahnsinn!« Manu nahm ihm das Handy aus der Hand und zoomte in das Foto hinein, das er ihm vor die Nase gehalten hatte. Ein wunderschöner cremefarbener Käfer prangte auf dem Display.

»Ich bin gestern auf meinem Weg zurück nach Hause an diesem Autohändler vorbeigefahren, und da stand er plötzlich! So einen schönen Wagen habe ich hier schon lange nicht mehr gesehen. Wenn ihr wollt, dann fahren wir gleich gemeinsam hin und schauen ihn an?«

Manus Augen begannen sofort wieder verdächtig zu glitzern, und ich wusste – jeder Widerstand war zwecklos. Mit einem Blick auf unsere explosionsartig verstreuten Klamotten zuckte ich mit den Schultern, nahm meine Jacke in die Hand und folgte den beiden aus der Haustür.

Eine halbe Stunde später bogen wir auf einen kleinen Parkplatz ab und standen vor dem Autohaus, in dem Steve den Schatz vermutete. Die Autos hinter riesigen Glasfronten ließen oldtimerbegeisterte Herzen auf jeden Fall höherschlagen, so viel stand fest. Wir traten aus der abgekühlten Nachmittagsluft durch die Tür und standen mit einem Mal im Epizentrum der feuchten Wunschträume von mindestens fünfzig Prozent der Weltbevölkerung: schnelle Autos, langsame Autos, lange Autos, kurze Autos, alte Autos – alle so sehr aufpoliert und bestens präsentiert, dass man sich vorkam wie in einem Sammlerkatalog. Selbst ich war beeindruckt. Zwischen den Wagen tanzten auffällig unauffällig immer wieder blond gefärbte Damen mit kurzen Röcken und nach Autsch aussehenden High Heels herum und ließen ihre perlweißen Zähne blicken, sobald man ihnen aus Versehen in die Augen sah. Ich fragte mich, ob das tatsächlich alles war, was sie den lieben langen Tag so taten. Ansonsten schauten sie nämlich unbeteiligt in der Gegend herum.

Wir hatten keine drei Meter getan, als uns ein Mann im mittleren Alter im Anzug und mit wehenden Haaren entgegenkam und die Hand ausstreckte. Eine kurze Begrüßungsrunde zwischen allen, die Spanisch sprachen (also alle außer mir), folgte, bevor er uns stolz durch sein Reich führte. Ich hielt mir geflissentlich die Kamera vor die Nase und tat so, als würde ich alles, was gerade geschah, super spannend finden und gleichzeitig auch für die Ewigkeit festhalten müssen. Wer hätte gedacht, dass ich genau das tatsächlich tat. Nach einigen Metern blieben wir vor einem Tresen stehen, an dem uns von einer der Blondinen Champagner ausgeschenkt wurde. Es war zwar noch etwas früh, aber hey – andere Länder, andere Sitten. Vielleicht konnte man so die schlechten Jingles und spanischen Coverversionen besser ertragen, die in Dauerschleife zu hören waren.

Plötzlich hörte man ein donnerndes Röhren im hinteren Teil des Ladens. Erschrocken sahen wir in die Richtung, aus der das Geräusch kam, und lachten laut auf, als klar wurde, was es verursacht hatte. Der cremefarbene Käfer fuhr den schmalen Gang entlang. Langsam rollte er auf uns zu und stoppte in einem Lichtkegel genau neben der Champagner-Bar. Clever … Begeistert stürzten wir auf das Auto zu und betrachteten jeden Zentimeter in völliger Verblüffung. Die Kurven, der Lack, die Sitze, das Lenkrad – alles sah so neu und glänzend aus, dass wir aus dem Staunen gar nicht mehr herauskamen. Während wir unsere Augen kaum von diesem Schmuckstück lösen konnten, erklärte uns der Verkäufer mit den wehenden Haaren und der Kastenbrille alles, was wir über diesen Käfer wissen mussten. Alles, was er sagte, ließ unsere Herzen nur noch höher hüpfen.

Das Auto war einer der allerletzten jemals gebauten VW Käfer der Welt, eine Ultima Edición, war vollkommen funktionstüchtig, hatte keinen Rost und keine Macken, eine Alarmanlage, war bisher gerade einmal lächerliche 2000 Kilometer gefahren und hatte (ausschlaggebendes Pro-Argument für mich) sogar eine Klimaanlage.

Wir waren total verliebt und setzten uns immer wieder hinters Steuer und träumten uns schon auf einsame Straßen. Ein Punkt jedoch, den wir nicht so leicht ignorieren konnten, war der Preis. Eigentlich hatten wir damit gerechnet, ein spottbilliges Auto zu schießen und im Notfall ein wenig mehr für die Reparatur dazuzustreuen. Dieser Käfer hier lag allerdings weit über unserem Budget. Und selbst wenn wir ihn kaufen würden – damit wäre die Sache noch nicht getan. Wir würden noch die Anmeldung auf zig verschiedenen Ämtern bezahlen müssen. Und ehrlich gesagt waren wir uns auch gar nicht sicher, ob wir das tatsächlich alles einfach so hinbekommen würden – mit dem Anmelden. Schließlich waren wir keine Mexikaner, hatten keinen festen Wohnsitz hier und wollten das Auto aus dem Land bringen. Wir hatten das Gefühl, dass der Anmeldeprozess auf jeden Fall um einiges krimineller und illegaler verlaufen müsse, als wir es normalerweise gewöhnt waren und gehandhabt hätten.

Grübelnd standen wir in der Ecke des Autohauses und beratschlagten uns. Kaufen oder nicht kaufen?

»Hey«, sagte ich und blickte Manu in die Augen.

»Ich weiß, du willst den Deal eigentlich jetzt sofort abschließen, aber – darf ich was dazu sagen?«

Er nickte nur und kaute auf seiner Unterlippe herum.

»Ich glaube, dass ich dieses Auto beinah fast so toll finde wie du, was ja schon mal unglaublich genug ist. Und unsere Reise unabhängiger zu machen und nicht mehr ständig auf alle um uns herum angewiesen zu sein, finde ich genauso spannend wie du. Ich hab nur ein bisschen Angst, dass wir hier gerade kurz davor sind, eine Entscheidung zu treffen, die wir vielleicht später bereuen, weißt du? Oder vielleicht auch nicht, vielleicht hab ich auch wieder mal nur Schiss davor, eine Entscheidung zu treffen. Ach, Mann.«

»Was schlägst du vor?«, fragte Manu nach einer kurzen Pause.

»Ich schlage vor –«, ich richtete mich vor ihm auf und räusperte mich, »dass wir uns wie geplant für die nächsten zwei Wochen auf nach Quintana Roo und Yucatán machen. Sonne genießen, reisen, abschalten, entscheiden, wie unsere Reise weitergehen soll. Ohne das Auto. Ich wette, wir können es hier für die Zeit reservieren. Hat er nicht vorhin gesagt, dass es hier schon eine Ewigkeit steht? Lass uns – wenn wir es kaufen wollen – die Sache mit einem kühlen Kopf durchziehen. Okay?«

Ich konnte sehen, wie es in ihm arbeitete. Irgendwann blickte er auf und lächelte mir zu. Das war ein Okay. Sehr gut. Wir hatten Aufschub bekommen.

Erleichtert setzten wir uns wieder in Steves Auto und fuhren zurück nach Coyoacán – die ruhige Insel von Mexiko-Stadt. Ich sah einige Minuten lang auf Manus Hinterkopf, als er aus dem Seitenfenster schaute, und hätte zu gerne einmal das Türchen aufgemacht und gesehen, was da drinnen gerade so los war. Er würde sich sicher Sorgen machen, dass das Auto doch an jemand anderen verkauft wurde. Ich konnte das verstehen. Aber ich hatte ein gutes Gefühl bei der Sache. Aufmunternd drückte ich Manus Hand und lächelte ihn an, als er mich ansah.

JETZT TRÄUM ICH ABER WIRKLICH!

»Irgendwann flippe ich hier noch komplett aus!« Manu wedelte wütend mit unseren Flugunterlagen vor seiner Nase herum, während er vom Schalter unserer Airline zu mir herüberkam.

»Was hat sie denn gesagt?«, wollte ich wissen.

»Sie hat gesagt –«, er atmete lange und tief aus, um sich wieder etwas zu beruhigen, »– dass wir vorher hätten einchecken müssen und nicht erst hier am Flughafen. Ihr seien ›die Hände gebunden‹«, äffte er die Frau hinter der Glasscheibe nach. Er warf die Arme in die Luft. »Weißt du, was das Lächerlichste an der Sache ist? Die Sitzplätze werden nicht mal neu vergeben. Die bleiben einfach frei – für uns! Nur dass wir nicht mitfliegen dürfen!« Schnaubend ließ er sich neben mich auf unsere Taschen fallen und guckte grimmig auf die Anzeigetafel, auf der unser Flug nach Cancún immer weiter nach oben rückte.

»Aber warum kann sie uns denn nicht einfach einchecken, und damit hat sich die Sache?«, fragte ich. »Das ist doch nicht etwa so 'ne Masche, um die Leute abzuzocken, oder?«

»Na, was denkst du denn?«

Entrüstet schüttelte ich den Kopf. »Und wir kriegen echt nichts von dem Geld zurück? Gar nichts?!« Nie hatte ich mir mehr gewünscht, fließend spanisch schimpfen zu können, als in diesem Moment. Stattdessen blieb mir nur, meine eisigsten Blicke in Richtung der toupierten Tante mit ihrem verwischten Eyeliner zu schicken. Desinteressiert sah sie zurück und hob eine Augenbraue. Wenn meine Mama wüsste, was mir in diesem Moment alles für Worte durch den Kopf jagten – ohweia.

Dass die Mühlen in Mexiko anders mahlten als in Deutschland, das war uns schon klar gewesen. Aber diese ständige Abzocke, wenn ihnen klar wurde, dass wir Touristen waren, die nichts dagegen unternehmen konnten, nervte hin und wieder ganz gewaltig. Neben uns wurden immer wieder sonnenverbrannte Touris aus der Schlange an den Schalter verwiesen, ihnen blühte das gleiche Schicksal wie uns.

»Tss …«, machte ich und verband mein Handy mit dem WLAN, wenn sonst schon nichts funktionierte, das ging scheinbar immer. Nachdem ich ein paar WhatsApp-Nachrichten an meine Familie und Freunde verschickt hatte, sah ich, dass mein E-Mail-Postfach aufblinkte. Routiniert löschte ich alle Spam-Mails und scrollte durch die Betreffe, bis ich plötzlich an einem kleben blieb: »Buchprojekt mit Ullstein Verlag« stand da. Wie, Buchprojekt? Mein Daumen kreiste über dem Touchscreen und haderte damit, einfach auf die Mail zu klicken. Ich suchte nach irgendeinem Anzeichen, das mir verriet, dass auch diese Mail Spam sei, aber die Adresse sah seriös aus. Mit kribbelnden Fingern drückte ich auf – öffnen. Mein Mund bewegte sich leise mit den Wörtern mit, die ich in diesem Augenblick las. Meine Augen stolperten mehrmals und verfingen sich in den Zeilen, bis ich schlussendlich ein lautes »NÄ!« hervorprustete. Die boten uns tatsächlich einen Vertrag für ein Buch über *Leaving the Frame* an! Wie irre war das denn?!

Sofort sprang ich auf. Manu telefonierte genervt mit der Beschwerde-Hotline. Mit wem sonst konnte ich nun meine Freude teilen? Ich sah mich um und blickte natürlich ausnahmslos in fremde Gesichter. Ich ließ mich wieder auf die Taschen fallen und rutschte ungeduldig von einer Pobacke auf die andere und googelte ALLES, was mit dem Ullstein Verlag zu tun hatte. Innerhalb von wenigen Minuten hatte mein investigatives Stalking ergeben, dass einige meiner liebsten Bücher in diesem Verlag erschienen waren. Innerlich kreischte ich bei jeder neuen Information vor mich hin. Den Blicken nach zu urteilen, waren wohl auch einige hörbare Töne dabei gewesen. Ich konnte! Es! Nicht! Fassen!

Meine halbe Schulzeit lang hatte ich Filme gedreht, aber wenn ich dann mal in der Schule gewesen war, hatte ich nichts mehr geliebt, als während der Stunden meine Hefter vor mir auszubreiten und mit einem gespielt interessierten Gesicht dem Unterricht überhaupt keine Aufmerksamkeit mehr zu schenken. Stattdessen verfing ich mich in meinen eigenen Gedanken und Geschichten. Irgendwie hatte ich schon immer gewusst, dass ich irgendwann einmal ein Buch schreiben würde. Aber ich fand mich selbst viel zu wenig diszipliniert und hatte gehofft, dass das ein Charakterzug war, den ich später noch entwickeln würde. Jetzt dieses Angebot vor der Nase zu haben, war ein bisschen, als würde ich träumen. Ich konnte kaum still sitzen, so sehr brannte ich darauf, es endlich Manu erzählen zu können.

Später, als wir wieder in Deutschland waren, wurde ich so oft gefragt, warum ich mir denn so sicher war, dass ich das konnte? Hatte ich denn keine Angst, einfach so ein Buch zu schreiben? Hatte ich keinen Bammel vor der Kritik? Woher wusste ich, was mein Schreibstil war? Hand aufs Herz, würde ich das wirklich alleine schreiben – also so richtig selber?

Um ehrlich zu sein, ich verschwendete nicht den leisesten Gedanken an all die Fragen, die sich die anderen für mich stellten. Denn aus irgendeinem Grund machte mir der Gedanke, ein Buch zu schreiben, überhaupt keine Angst. Ich hatte in meinem Leben schon früh und immer wieder mit Kritik zu tun gehabt, die ich meistens einfach so gut es ging ignorierte. Ich hatte kurz nach Bekanntgabe, dass ich die Gwendolyn in *Rubinrot* spielen würde, einmal den Fehler gemacht, in einem Forum zu scrollen und zu schauen, was die Buchfans denn von mir hielten. Es war der Horror. Meine Haare, meine Lippen, meine Augen, mein Kinn – nichts war ihnen gut genug, alles wurde in einen Mixer gesteckt, zerhäckselt und sich über die Einzelteile kaputtgelacht.

Und für mein Gesicht konnte ich ja nicht mal was! In diesem Moment wurde mir aber klar (obwohl ich eine Woche lang ständig mit den Tränen kämpfte und mein »Arschkinn« zu verstecken versuchte), dass, egal, was die Außenwelt über mich dachte oder sagte, es nichts an dem, wie ich war oder wie ich aussah, wie ich schauspielerte, OB ich schauspielerte oder was ich von mir in die Welt hinaustrug, änderte. Natürlich verletzten mich solche Kommentare, wenn ich sie dann doch mal aus Versehen las oder mitbekam, aber sie würden mich niemals so weit kriegen, dass ich mich nicht mehr traute, mich zu zeigen. Und ich hoffte auch ein bisschen, dass ich anderen Menschen damit Mut machen konnte. Es ging mir so sehr um die Botschaft, die zwischen den Seiten unseres Buches, in jeder Sequenz unseres Films auf unsere Leser, unsere Zuschauer warten würde. Es ging mir weniger darum, ein perfektes Produkt auf den Markt zu bringen, als darum, den Menschen, die mit *Leaving the Frame* in Berührung kamen, etwas zum Träumen zu schenken. Manu und ich hatten das Glück und das Privileg, die Welt und ihre Menschen in so kurzer Zeit und an so vielen unterschiedlichen Orten kennenzulernen, wie wir es vor ein paar Jahren nicht für möglich gehalten hätten. Es war uns wichtig, diese Reise für uns mit dem größtmöglichen Mehrwert zu gestalten, aber noch viel wichtiger war es uns, all das, was wir lernen durften, mit so vielen Menschen wie möglich zu teilen. Was war im Vergleich dazu schon die Angst, die nur lähmte und aus der gar nichts entstehen konnte außer Stagnation? Außerdem hatte ich diese Reise doch angetreten, um meinen Ängsten zu begegnen.

Als Manu endlich sein Telefonat beendet hatte und das Handy immer noch wütend zurück in seine Tasche steckte, winkte ich ihn freudestrahlend zu mir herüber. Überrascht strich er sich die

Locken aus dem Gesicht und kam auf mich zu. Die Neuigkeit sprudelte aus mir heraus, und zusammen freuten wir uns noch einmal mehr über diesen kleinen Wink vom Schicksal. Obwohl wir diesen Flug nicht würden nehmen können, war doch alles gut. Vielleicht war es nicht nur gut, vielleicht war es sogar fantastisch!

HEIMWEH IN BACALAR

Unsere Zeit in dem kleinen abgelegenen Häuschen direkt am See der sieben Farben in Bacalar war der entspannteste Kurzurlaub, den ich jemals hatte. Das Wasser war himmlisch türkis, unsere Hütte hatte einen eigenen Steg, von dem aus man perfekt ins kühle Nass hüpfen konnte, und neben Fahrrädern, die recht verrostet waren, gab es zwei Kajaks, mit denen wir jeden Tag den See erkundeten.

Doch am fünften Tag, wir aßen gerade frisches Obst, das wir uns am Straßenrand gekauft hatten, war es Zeit, darüber zu reden, wie es nun weitergehen sollte. Ich baumelte mit den Füßen im Wasser und hatte plötzlich einen Kloß im Hals.

»Nenn mich spießig oder nicht spontan genug, aber wenigstens bin ich ehrlich. Ich hab total Schiss davor, noch länger unterwegs zu sein. Ich weiß auch nicht …« Leise plätscherte das Wasser, das ich mit meinen Beinen bewegte, und gab mir einen Grund, nach unten zu schauen. »Vielleicht sollten wir nicht noch länger weiterreisen. Vielleicht sollten wir doch nach Hause fliegen. Meinst du nicht auch?« Ich sah Manu an. Ganz kurz nur, denn er sah enttäuscht aus.

»Maria, ich verstehe ehrlich gesagt nicht so richtig, warum du auf einmal einen Rückzieher machen willst. Wir hatten uns doch schon darauf geeinigt, dass wir das durchziehen. Gestern warst du noch genauso aufgeregt wie ich.«

»Ich werde meine Meinung ja wohl noch ändern dürfen!« Ich stand auf und stapfte nach oben in unsere Hängematte. Von dort ging ich in die Küche, ins Schlafzimmer (das eigentlich nur ein Bett neben der Küche war) und wieder zurück vor die Tür und sah ans Ende des Steges. Nirgendwo fand ich Ruhe. Ich ging zurück zum See und ließ mich neben Manu sinken.

»Heute ist Ostern«, sagte ich.

»Ja«, sagte er und sah stur auf das Wasser. »Aber was hat das gerade mit uns zu tun?«

»Manu –«, ich musste meinen Blick abwenden und versuchte die Tränen herunterzuschlucken, die gerade schon hinter meinen Augen kribbelten, »- ich glaub, ich hab richtig fettes Heimweh!« Nun brach ein Sturzbach an Tränen aus meinen Augen, und gleichzeitig lachte ich, weil ich mir das endlich eingestanden hatte.

Mitleidig rutschte Manu zu mir heran und nahm mich in den Arm. »Das ist total normal«, sagte er beruhigend. »Ich hatte auf jeder meiner Reisen irgendwann Heimweh. In Costa Rica sogar so schlimm, dass ich beinahe einfach abgehauen wäre.«

»Danke, das macht es schon ein bisschen besser. Ich komme mir gerade echt so lächerlich vor. Ich bin mir sicher, dass wir so viel Spaß haben werden und noch so viele tolle Menschen kennenlernen werden, wenn wir weiterfahren. Aber ich kann mir einfach gerade nicht vorstellen, noch ganze drei Monate länger unterwegs zu sein. Ich vermisse meine Familie, meinen nicht existenten Alltag, ich vermisse, wie es zu Hause riecht! Ach, das ist alles so albern.«

»Ist es nicht!« Manu drückte mich noch ein bisschen fester. »Wirklich nicht. Aber das Heimweh geht wieder weg, das verspreche ich dir. Nur, was nicht wieder weggehen wird, ist das Gefühl, zu Hause zu sein und sich zu fragen, ob man nicht gerade eine Wahnsinnschance verpasst hat, weißt du?«

Er hatte recht.

Am Anfang unserer Planung war ich noch total entspannt gewesen und hatte mich darauf gefreut, diesen Kontinent noch weiter entdecken zu können. Aber als sich die Nacht über den blauen See senkte und sich auf einmal ein riesengroßer, strahlend weißer Mond im Wasser spiegelte, da wurde ich melancholisch. Wir paddelten mit unseren Kajaks raus auf die Mitte des Sees und starrten völlig verzaubert diese riesige Scheibe am Himmel an. Da wurde mir klar, dass ich diese Momente niemals mit meiner Familie würde teilen können. Klar, ich konnte Fotos und Videos schicken und erzählen, wie verrückt der Mond aussah, wie die Geräusche hier klangen, wie das Essen schmeckte. Aber die Erfahrungen, die ich hier machte, die gehörten vor allem mir allein. Komisch, dass mich das damals traurig stimmte. Wenn ich heute darüber nachdenke, dann finde ich den Gedanken eher tröstlich. Das ist eins dieser Dinge, die schon immer so gewesen sind. Wenn jemand auf Reisen ging, dann erlebte er die Dinge nur für sich. Kein Brief konnte jemals alles erfassen, was ein Mensch auf einer Reise alles empfand und wahrnahm. Das war damals so, und das ist es auch heute noch. Egal wie viel Technik unser Leben noch verändern wird.

Manu hatte recht behalten. Mein Heimweh ließ tatsächlich sehr bald nach. Ich brauchte nur mein Handy in die Hand zu nehmen und bei mir zu Hause, mitten in Thüringen, anzurufen.

Manchmal braucht man eben seine Mama. Da ist es egal, ob man fünf oder fünfundzwanzig Jahre alt ist.

Meine Mutter hatte mich schon immer in allem unterstützt, was ich tun, entdecken und werden wollte. Bei der Schauspielerei stand sie immer hinter mir und begleitete mich als Kind zu allen Drehs, damit ich keine Angst allein hatte. Und auch jetzt, am Telefon, nahm sie mir die Angst. Vielleicht sogar ein bisschen die, die ich mir selbst eingeredet hatte. Nämlich die Angst, dass sie enttäuscht wäre, wenn wir nicht wie geplant wiederkämen. Wir sahen uns so selten, seit ich in Berlin wohnte, und ich hatte immer wieder die Befürchtung, dass unser besonderes Band vielleicht kaputtgehen könnte. Aber nein, im Gegenteil. Meine tolle Mama versicherte mir, dass sie stolz auf mich, auf uns, sei und es absolut verstehen konnte, dass wir diese Chance nicht an uns vorbeiziehen lassen wollten. Mir fiel der Mount Everest vom Herzen, und sobald ich auf »auflegen« gedrückt hatte, war ich wieder vollends bei der Sache, und alles Zweifeln und Hadern der letzten Tage verpuffte in der heißen mexikanischen Mittagssonne. Was zurückblieb, waren nur Freude, Tatendrang und Abenteuerlust auf alles, was jetzt kam.

Am Abend lagen wir im Bett, und nachdem wir den zweiten Teil unseres Winnetou-Hörbuchs zu Ende gehört hatten, überlegten wir, wohin wir mit unserem Käfer fahren wollen würden. Es sollte nach Norden gehen. Auf Google Maps spielten wir mit mehreren Routen herum, die uns entweder quer durch den Süden der USA oder entlang der Westküste führen würden. Wir konnten uns nicht entscheiden, und immer wieder landeten wir mit unseren Gedanken auch in Kanada. Die Vorfreude hatte uns fest im Griff. Egal welche Route es am Ende werden würde, es würde wunderschön und abenteuerlich sein. Aber eben auch viel länger.

Außerdem machten wir uns beide ein wenig Sorgen darüber, ob wir es wohl schaffen würden, über die Grenze zu kommen. Zwei deutsche Hippies in einem mexikanischen Auto, das nicht nur verdächtig aussah, sondern auch bis unters Dach vollgepackt war mit Tequila, Kamera-Equipment und Musikinstrumenten – und das zu Trumps Zeiten! Wir konnten uns auf alle Fälle darauf einstellen, ordentlich gefilzt zu werden.

Aber das war noch nicht alles. Mit einem normalen ESTA-Visum durfte man satte drei Monate in den USA bleiben und zwei Jahre lang immer wieder einreisen, wenn man auch nur ein paar Tage das Land verlassen hatte. Nur leider galt Mexiko nicht als Ausreiseland, und wir hatten unsere drei Monate bereits in Hawaii gestartet. Damit uns wieder die vollen drei Monate Aufenthalt genehmigt werden würden, mussten wir einen weiteren Zwischenstopp einlegen, bevor wir unsere Reise in die USA starten konnten. Belize lag genau unter Mexiko an der Ostküste und war von Quintana Roo aus ziemlich easy zu erreichen. Ein paar Busse, und zack, war man da. Eigentlich brauchten wir ja nur den Stempel im Pass, aber wenn wir schon mal bis nach da unten fuhren, dann wollten wir uns dieses kleine Land, in dem kurioserweise Englisch die Amtssprache ist, nicht entgehen lassen. Da sich unsere Reisezeit ja sowieso völlig verändert hatte, konnten wir auch ohne großen Stress noch ein paar Tage länger hierbleiben.

FEENSTAUB ODER MEER-JUNGFRAUENZAUBER?

Wenige Tage später und für meine Verhältnisse tatsächlich etwas gebräunt, traten wir unseren spontanen Kurztrip nach Belize an. Noch nie zuvor hatte ich so wenig über ein Land gewusst, in das ich reiste. All meine Infos kamen aus dem Internet, und Manu hatte sich wie gewohnt überhaupt keinen Kopf gemacht und ließ alles spontan auf sich zukommen. Ganz der routinierte Traveller eben. Der einzige Ort, den wir seiner Meinung nach in Belize auf jeden Fall sehen mussten, war das Blue Hole. Ein 300 Meter breites und 125 Meter tiefes Loch im Ozean, in dessen Untiefen die schaurigsten Gestalten wohnten – das durfte was heißen, immerhin waren wir in Hawaii schon mit Haien im Wasser gewesen. Leider erfuhren wir recht bald, dass das Great Blue Hole mittlerweile eine ziemlich überlaufene Touristenattraktion sei und man ohne Tauchschein natürlich sowieso nur an der Oberfläche würde herumdümpeln können. Deswegen ließen wir es sein und erlebten im Austausch dafür etwas anderes völlig Verrücktes, nur ohne die ganzen Menschen.

Nacheinander mit vier Bussen, die alle zum Bersten gefüllt waren, tuckerten wir in Chetumal über die Grenze und waren bald nicht nur in einem anderen Land, sondern gefühlt auf einem völlig anderen Kontinent. Die Hautfarbe der Menschen um uns herum wurde immer dunkler, je südlicher wir kamen, und die Muster auf den Kleidungen verwandelten sich von Zacken, Ecken und Kanten zu runden Ornamenten und wellenartigen Linien. Auch die Farben sahen noch bunter aus als die der Klamotten der Mexikaner. Nur wenige Kilometer trennten dieses kleine Land vom großen Mexiko, und doch waren beide Kulturen scheinbar ganz klar voneinander abgegrenzt.

Unser erster Halt führte uns auf eine der vielen kleinen Inseln vor dem Festland, Caye Caulker. Die vielen Touristen überliefen natürlich auch dort jeden Zentimeter, aber trotzdem strahlte die Insel eine unglaubliche Ruhe aus. Keine Autos, alle fuhren mit Fahrrädern oder Golfcarts über die Straßen, und neben echt gutem Essen gab es hier jeden Abend Cocktails bei Sonnenuntergängen, die schöner nicht sein konnten. Ich sah zum ersten Mal in meinem Leben Seepferdchen in freier Wildbahn, und Manu wurde beinahe von einem riesigen Fisch gebissen, den er mit einem Köder angelockt hatte. Nach drei Tagen Entspannung pur beschlossen wir, dass wir doch noch ein winziges bisschen mehr von Belize sehen wollten, und setzten unsere Reise ins Landesinnere fort. Leider mit einem Boot, das extrem voll war, und so schnell und nah an der Wasseroberfläche, dass ich beinahe über Bord kotzte und die ganze Fahrt über von einem kleinen Mädchen angewiderte Blicke zugeworfen bekam.

Danach zwängten wir uns für mehrere Stunden in einen brechend vollen »Chicken Bus«, das sind meist ausrangierte U. S.-Schulbusse, die besonders bunt und modifiziert in weiten Teilen Lateinamerikas umherfahren und ihren Namen von Verkäufern hatten, die einem alles Mögliche verkaufen wollen, unter anderem auch lebende Hühner. Manu fand ganz hinten neben einem Mann Platz, der ihn die ganze Fahrt über vollquasselte und dabei leider nicht die trockenste Aussprache hatte, und ich saß neben zwei kleinen Schwestern weiter vorne im Bus. Die beiden schienen gerade von der Schule zu kommen und nickten immer wieder vor Müdigkeit ein. Irgendwann schienen sie ihre anfängliche Skepsis mir gegenüber überwunden zu haben, denn plötzlich lag die Kleinere von beiden quer über meinem Schoß, und die Ältere kuschelte sich an meine Schulter, um zu schlafen. Ich versuchte mich so wenig wie möglich zu bewegen, obwohl ich irgendwann meine Beine nicht mehr spürte. Immer wieder sah ich grinsend zu ihnen hinunter und freute mich, dass man offensichtlich auch ohne viel Kommunikation und obwohl man sich nicht kannte, Vertrauen zueinander fassen konnte.

Irgendwann stiegen die Mädchen aus, und der Bus leerte sich bei jeder Station mehr und mehr. Manu rutschte neben mich auf die Bank, und wir schauten uns gemeinsam die immer grüner werdende Landschaft an. Es sah beinahe aus wie Costa Rica, wo ich ein paar Jahre zuvor mit Manu gewesen war. Grüne Hügel, so weit das Auge reicht, und bis auf die Straße und einige wenige Autos, die an uns vorbeirauschten, nichts. Aber trotzdem war es wunderschön, einfach nur hier zu sitzen, aus dem Fenster zu schauen und der merkwürdigen Musik aus dem Busradio zu lauschen.

Der Bus stoppte wieder an einer unsichtbaren Haltestelle und spuckte die restlichen Fahrgäste einfach auf die Straße. Nachdem wir mehrere Minuten lang ratlos an der Kreuzung standen und darauf warteten, dass uns irgendeine Idee kam, wie wir nun weiter Richtung Hopkins, unserem Zielort, kamen, hielt auf einmal ein großer Truck mit einer hohen Ladefläche direkt vor uns. Der Fahrer machte eine schnelle Geste aus dem heruntergelassenen Autofenster und bedeutete uns, auf die Ladefläche zu springen. In Berlin hätte ich so was niemals gemacht, aber hier war das völlig normal. Also hüpften wir auf das Auto, begrüßten die beiden Quaker, die schon dort saßen, und machten es uns bequem. So bequem es eben ging, denn sobald sich das Auto in Bewegung gesetzt hatte, rasten wir mit einem Affenzahn über die Straße und wurden vom Wind ordentlich durchgewirbelt. Meine Haare peitschten von links nach rechts, und das mit solch einer Kraft, dass ich mir bald die Hände vors Gesicht halten musste, um keine roten Striemen davon zurückzubehalten. Wenige Minuten später gelangten wir wieder an eine Kreuzung. Diesmal aber war deutlich zu erkennen, dass wir endlich angekommen waren. Manu half mir galant von der Ladefläche, und bevor wir uns wieder in Bewegung setzen konnten, versuchten wir notdürftig unsere Frisuren herzurichten. Wieder Mensch, schlenderten wir auf dem Gehweg in Richtung der Häuser und dorthin, wo man uns sagte, ein Hostel finden zu können.

Wir waren keine hundert Meter weit in der feuchten Hitze gekommen, da stach mir ein großes Schild ins Auge, auf dem ein Wort stand, das mir bekannt vorkam.

»Bio… – Biolumins… – Bioluminousnzins?«, las ich wie eine Erstklässlerin. Dann machte es klick. »OH GOTT!«, brach es aus mir heraus.

»Du kannst mich auch einfach Manu nennen.«

Normalerweise erntete er für diesen Spruch immer einen eisigen Blick, aber diesmal war ich zu sehr auf das Schild fokussiert.

»Ich flipp aus, hier kann man Biolumineszenz-Touren machen! Weißt du, was das ist?«

»Du wirst es mir gleich erzählen, nehme ich an.«

Richtig geraten. »Hier gibt es scheinbar irgendwo Plankton im Wasser, das in der Nacht bei Berührung anfängt zu leuchten. Ich hab Bilder davon gesehen, das ist der absolute Wahnsinn!« Ohne ein weiteres Wort abzuwarten, schnappte ich mir Manus Hand und zog ihn hinter mir her zu dem kleinen Verschlag, wo ich uns noch für denselben Abend für eine der Touren anmeldete.

Das kleine Boot erwartete uns in dieser Nacht an einem Steg am Fluss und schaukelte sanft hin und her. Zusammen mit sechs anderen Touristen und unserem Guide kletterten wir hinein und wurden durch die Dunkelheit geschippert. Wir sahen nichts außer das, was der Kegel der Taschenlampe unseres Guide anleuchtete. Hin und wieder konnte ich eine Liane erahnen oder bemerkte, dass wir in einen schmaleren Teil des Flusses eingebogen waren, aber ansonsten war da nur absolute Schwärze. Dafür hörten wir umso mehr. Das Wasser plätscherte leise vor sich hin, und immer wieder hörten wir vereinzelt Vögel, die etwas irritiert vor sich hin zwitscherten. Dass der Mond sich heute völlig bedeckt hielt, war ein glücklicher Zufall, denn so würden wir das leuchtende Plankton noch besser sehen können.

Unser Guide versuchte uns während der einstündigen Fahrt immer wieder weiszumachen, dass wir, im Schein der Taschenlampe, überall Augen sehen könnten, die uns aus Unterhölzern und aus Bäumen heraus anstarrten. Einmal behauptete er sogar, dass auf einem massiven Ast gegenüber ein Leguan seine Echsenaugen auf uns gerichtet hatte. Wir alle nickten höflich, aber keiner von uns hatte ihn wirklich gesehen. Wahrscheinlich fürchtete er, wir würden mit der Tour nicht zufrieden sein, und versuchte deshalb eine kleine Safari draus zu machen. Ich hingegen fand, dass sich schon allein die Ruhe und die Dunkelheit wie eine Nachtwanderung anfühlten. So was hatte ich schon ewig nicht mehr gemacht, und es war ein ganz besonderes Gefühl.

Irgendwann bogen wir wieder in einen anderen schmalen Arm des Flusses ab, der uns ein paar Meter weiter vorne auf einen See entließ. Dort angekommen, trieben wir sachte weiter über die Wasseroberfläche, bis wir weit genug über dem tiefen

Teil des Sees waren. Dann schmiss unser Guide den Bootsmotor an, und wir flogen über ihn hinweg.

»Dreht euch um!«, rief er gegen die Wassermassen an, die laut hinter uns in Aufruhr gerieten.

Gleichzeitig drehten wir unsere Gesichter dem aufschäumenden Wasser zu und verfielen gemeinsam in ein lautes, glückseliges: »Ohhhh!!!«

Der Wasserstrahl hinter dem Boot hatte sich von unsichtbar zu sichtbar verwandelt und strahlte in einem wunderschönen Indigoblau. Er schien sogar zu glitzern. Völlig fasziniert sah ich, wie Manu seine Hand ins Wasser gleiten ließ und selbst einen dieser blauen Streifen hervorzauberte. Als er sie wieder herauszog, perlten blaue Tropfen von seinen Fingern auf sein Handgelenk ab, bevor sie wieder erloschen. Wir kamen aus dem Staunen nicht mehr heraus. Wenig später hielten wir auf der Mitte des Sees an.

»Wollt ihr reinspringen?«, fragte unser Guide. Wie – reinspringen, dachte ich.

»Das ist doch bestimmt voller Krokodile, oder nicht?«, kam mir die brasilianische Touristin vom Ende des Bootes zuvor.

»Ja!«, war die Antwort. Gefolgt von einem Schulterzucken.

»Aber ihr seid ja nur einmal hier.«

Langsam stand ich auf und entledigte mich meiner Klamotten, es war ja eh dunkel. Ich wusste, dass mich jede noch so kleine Berührung an meinem Fuß zum Durchdrehen bringen würde, aber diese Chance würde ich mir nicht entgehen lassen. Erst im Nachhinein wurde mir klar, dass ich in diesem Moment so gar keine Angst hatte. Normalerweise wäre ich in die Mitte des Bootes geflüchtet, aber scheinbar ignorierte ich die Stimme in meinem Kopf in diesem Augenblick komplett.

Ich holte tief Luft und sprang, weniger grazil und mehr Arschbombe, ins Wasser. Als ich wieder auftauchte, fiel mir zuerst auf, dass das Wasser fürchterlich stank, und dann, dass es die perfekte Badewannentemperatur hatte. Ich wischte mir über die Augen und sah in sieben strahlende Gesichter, die sich über eine Seite des Bootes lehnten und mich ansahen. Dann schaute ich an mir herunter und sah, was sie sahen. Mein ganzer Körper war blau. Überall da, wo meine Bewegungen das Wasser berührten, kitzelte und blitzte es, und alles färbte sich in dieser wunderschönen Farbe.

Ich drehte mich mehrfach um die eigene Achse und schwamm so schnell ich konnte, denn je schneller ich war, desto leuchtender wurde das Blau. »Ich fühle mich wie eine Meerjungfrau!«, brüllte ich dem Boot entgegen und verfiel in schallendes Gelächter. Nach und nach kamen auch die anderen ins Wasser gesprungen und konnten ihr Glück kaum fassen.

Völlig außer Puste, legte ich mich für einen Moment auf den Rücken und breitete die Arme aus. Unter mir waren die kleinen, blauen Sterne aus Plankton und über mir die hellen, weißen des Universums. Wer braucht schon »Floating« in merkwürdigen Boxen, wenn er so was hier haben kann, dachte ich. Ich fühlte mich, als würde ich in einer fernen Galaxie vor mich hin schweben. Ich konnte ewig so weitertreiben.

Plötzlich fuhr mir ein stechender Schmerz über die Finger meinen Arm entlang und ließ mich entsetzt zurück aus dem Universum fallen. »Autsch, was war das?«, fragte ich alarmiert und bewegte mich gleichzeitig vorsichtig zum Boot zurück.

»Was ist los?«, wollte Manu wissen und schwamm sofort zu mir herüber.

»Ich weiß auch nicht, ich glaube, irgendwas hat mich gebissen!«

»Gebissen?«, fragte der Guide lachend. »Ich glaube eher, das war eine Qualle. Der Tümpel hier ist voll von den Viechern!«

»Was?!«, kam es aus acht entsetzten Kehlen gleichzeitig. Wir versuchten uns alle so wenig wie möglich zu bewegen und uns doch so schnell es ging in Sicherheit zu bringen. Lachend, aber sehr vorsichtig, kletterten wir nacheinander wieder ins Boot und staunten über die kleinen blauen Perlen, die noch an unseren Körpern klebten. Wie Feenstaub, oder Meerjungfrauenzauber eben.

Auf der Rückfahrt blickten wir alle immer wieder sehnsüchtig hinter unser Boot, in der Hoffnung, dass vielleicht auch hier noch ein kleiner Streifen Blau hinter uns trieb. Aber die Nacht blieb dunkel, und das Wasser sahen wir nur hin und wieder, wenn der Mond und die Sterne es anstrahlten. Manu und ich klebten, immer noch ordentlich nass, zusammen in unserer Ecke des Bootes. Dieses hypnotisierende Blau würden wir sicher nie wieder vergessen. Wir redeten während unserer Reise noch so oft davon.

DER BURGER & DIE TANKSTELLE

Ein paar Tage später fuhr ich wie eine gesengte Sau mit gefühltt hundert Sachen in unserem Mietwagen durch Chetumal, die Grenzstadt zwischen Belize und Mexiko, und ignorierte dabei sämtliche Speed Bumps und Straßenschilder.

Manu hatte am letzten Tag unseres kleinen Ausfluges die glorreiche Idee gehabt, in einem winzigen Restaurant am Straßenrand in Hopkins einen Burger zu essen. Schon ein paar Stunden, nachdem der Fleischberg vertilgt war, bekam er heftige Bauchschmerzen und Krämpfe. Es war zwar immer noch wahnsinnig heiß in Belize, aber er schwitzte definitiv unnatürlich doll. Nachdem wir in Windeseile mit zig Bussen zurück nach Mexiko gefahren waren, wurde mir mit jeder Minute klarer, dass er um einen Besuch im Krankenhaus nicht herumkommen würde. So schnell es also irgendwie ging, fuhr ich ihn ins nächstgelegene Krankenhaus und versuchte dabei möglichst keinen Unfall zu verursachen. Zu diesem Zeitpunkt hatte ich meinen Führerschein nämlich erst seit ein paar Monaten, und ich war alles andere als eine sichere Fahrerin. Doch in diesem Moment war mir alles egal, denn ich konnte einfach nicht mehr mit ansehen, wie Manu sich wand und das Gesicht verzog.

Zum Glück wurden Manus Schmerzen mithilfe einer Spritze und diversen Tabletten bald besser. Das änderte aber nichts daran, dass er die nächsten Tage über ziemlich platt sein würde und ich weiterhin die Ehre hatte, Chauffeurin zu spielen. Und so richtig traute ich mir das nicht zu. Aber ich hatte keine Wahl. Wir mussten rechtzeitig von der Grenze zwischen Belize und Mexiko nach Cancún fahren, um dort unseren Flug zurück nach Mexico City zu nehmen.

Es lief ganz gut, nur wurde ich auf dem Rückweg selbst so müde und unaufmerksam, dass wir kurz vor Tulum beschlossen, die Plätze zu tauschen. Ich nickte sofort ein und ließ mich von unserer Klimaanlage anpusten. Ich wachte erst auf, als ich bemerkte, dass unser Auto stehen geblieben und der Motor aus war.

»Guten Morgen«, sagte Manu und grinste mich entschuldigend an.

»Hey. Warum sind wir stehen geblieben?«, fragte ich und wischte mir mit dem Handrücken über die Augen.

Manu lachte etwas betreten.

»Ich suche nach einer Tankstelle.«

»Oh. Wie viel Saft haben wir denn noch im Tank?«, wollte ich wissen.

»Hm …«, machte er. »Wir kommen noch in das Dorf da vorne.«

Vor uns lag eine winzige Häuseransammlung, und sie sah nicht wirklich bewohnt aus. Ich sah ihn genervt an.

»Du willst mir damit jetzt also sagen, dass es sein kann, dass die da vorne kein Benzin haben und wir dann hier feststecken.«

Ein erschöpftes Lächeln später rollten wir die Straße hinunter. Die Reifen im trockenen Staub, die Klimaanlage aus, kein Radio. Rechts neben uns spielten drei kleine Kinder mit einem Reifen und sangen Lieder, die ich nicht verstand. Manu ließ den Wagen ausrollen und ging dann in einen winzig kleinen Supermarkt (wenn man das überhaupt so nennen konnte), um sich kundig zu machen. Ich beobachtete solange die Kinder, die in ihren schmutzigen Klamotten so glücklich über den Bordstein hüpften, dass ich nicht anders konnte, als mitzulachen. Kurz darauf kam Manu aus dem Laden und hatte einen jungen Mann im Schlepptau. Der hatte tatsächlich einen Kanister in der Hand und machte sich schnurstracks daran, mithilfe eines Trichters unseren Tank wieder aufzufüllen.

»Ich glaub, mich tritt ein Pferd«, flüsterte ich staunend und lehnte mich lächelnd zurück. Genau das war eben Mexiko. An jeder Ecke herrschte Chaos, keiner wusste, was als Nächstes passierte, aber irgendwo inmitten dieses Wahnsinns waren Menschen, die freundlicher nicht hätten sein können. Glücklich setzten wir unsere Reise Richtung Flughafen und Mexico City fort.

STEVE UND DIE LOST BOYS

Es war schon spät, als wir wieder in unser altes Airbnb bei Steve und Lourdes einfielen. Eigentlich zog es uns ganz gewaltig zwischen die Laken, aber die beiden wollten unbedingt wissen, wozu wir uns nun entschieden hatten, auf unserer Findungsreise. Wegen des Käfers. Sie lockten uns mit zwei Gläsern gutem Rotwein und ein paar leckeren Kleinigkeiten zu essen in ihr Wohnzimmer und ließen uns Platz nehmen.

Ich sah mich um und versuchte diesen Raum als das Gesamtkunstwerk wahrzunehmen, was er offensichtlich darstellen sollte, und nicht sofort loszulachen oder abzuhauen. Es war … interessant. Und bunt! Überall standen Figuren von Giraffen, Leoparden und kleinen merkwürdig aussehenden Püppchen. An den Wänden hingen schrille Bilder, und überall sonst lagen und klebten kleine, kribbelbunte Accessoires. Nichts passte zusammen, und zu allem schien es eine Geschichte zu geben.

»Also?«, sagte Lourdes und nippte mit hochgezogenen Augenbrauen an ihrem Weinglas.

»Also …«, sagte Manu, »wir nehmen ihn! Wir haben uns entschieden, den Käfer von hier bis nach Kanada zu fahren – falls wir es schaffen –, aber ich bin optimistisch.«

»Fantastisch!«, rief Lourdes aus und kicherte, während sie glücklich in ihr Glas schaute.

»Darauf müssen wir anstoßen, ich hole den Alkohol!«, feixte Steve.

»Ich weiß nicht, ob es euch aufgefallen ist –«, warf ich dazwischen, »aber wir haben bereits ziemlich guten Wein in den Händen.« Niemand hörte auf meinen Einwand, und wenige Augenblicke später nannte ich plötzlich zwei Weingläser mein Eigen.

Es wurde später und später, während wir Steve und Lourdes von unserer Idee erzählten. Die beiden halfen uns mit der Überlegung, welche Route wir am besten nehmen würden. Man hätte ja auch einfach stupide nach oben fahren können, aber, wie sie uns erklärten, wäre das keine so gute Idee. Mexiko war immerhin ein sehr gefährliches Land, auch wenn uns bis hierhin alle wohlgesonnen gewesen waren. Ein paar Tage zuvor ging eine schreckliche Meldung durch die Nachrichten, dass ein deutscher und ein polnischer Fahrradtourist in Chiapas ermordet worden waren. Wir waren uns alle einig, dass wir die gefährlichsten Gebiete so gut wie möglich aussparen würden, und dachten sogar daran, unseren kleinen Käfer vor der Reise mit Dreck zu beschmieren, damit er unauffälliger aussehen würde. Wir hielten an unserer ursprünglichen Idee fest, über die Baja California Richtung USA zu fahren, wo wir dann in einer der unschönsten Großstädte die Grenze überschreiten und danach ebenfalls die USA von einer zur anderen Seite durchqueren würden. Wir wollten unbedingt alles sehen, wovon wir vorher immer nur gehört hatten. Uns lockten die großen Städte wie Los Angeles, San Francisco und New York, genauso wie der Gedanke an die atemberaubende Natur und die legendären Nationalparks. Aber unsere Reise würde auch einen würdigen Abschluss brauchen, und den fanden wir im östlichsten Punkt Nordamerikas, auf der kleinen Insel Neufundland, von der ich zuvor wirklich noch nie gehört hatte. Als wir uns Bilder von diesem magischen Ort ansahen, war sofort klar, dass dies unser letztes Ziel sein würde.

Etwa zwanzigtausend Kilometer weit würden wir in unserem Käfer sitzen. Durch eisige Kälte und sengende Hitze. In einem klareren gedanklichen Zustand hätte ich wahrscheinlich von meinem Vetorecht Gebrauch gemacht. Aber die Sache war beschlossen. Und ich war einverstanden, zum Glück.

Irgendwann, als die Köpfe schwerer und die Zungen langsamer wurden, begann Steve uns eine Geschichte zu erzählen, die ich bis heute nicht vergessen kann.

Er erzählte davon, dass er in seinem langen Leben sehr vieles gewesen war. Versicherungsvertreter, Arzt, Arbeitsloser, Rebell gegen das System und dann Soldat. Steve erzählte auf eine Art, die einen immer glauben ließ, er meinte das, was er sagte, ironisch. Als würde er aus allem einen Lacher machen wollen. So begann er auch seine Vietnam-Geschichte zu erzählen, und ich fand, dass es sie noch viel dramatischer machte. Mir stellten sich bei jeder neuen Wendung die Nackenhaare auf.

Auf gar keinen Fall hatte er in den Krieg ziehen wollen. Er wollte sein Leben leben und nicht in irgendeinem sinnlosen Kugelhagel vor die Hunde gehen. Aber als das Militär beinahe alle jungen Männer nach und nach einzog, da sah Steve nur eine Chance. Er würde Fliegersoldat werden müssen – und seine Ausbildung so lange wie es eben nötig war hinauszögern. Wochenlang stellte er sich mit Absicht so doof an, dass sie ihn tatsächlich in Ruhe ließen. Sein Plan ging auf. Bis er eines Nachts, komme was da wolle, doch mitfliegen musste. Er hatte keine Wahl. Als seine Zeit gekommen war, hob er ab und flog über das Gebiet, das er und seine Kameraden befeuern sollten. Er fühlte sich elendig, und bevor er auch nur einen seiner Schüsse abfeuern konnte, krachte etwas gewaltig in einen seiner Rotoren. Die linke Seite des Flugzeuges fing an zu qualmen, und vor Schreck wusste Steve bei diesem Anblick nicht mehr, was zu tun war. Seine Panik stieg, als er bemerkte, dass das Flugzeug zu sinken begann, und dann war alles um ihn herum schwarz.

Als er seine Augen benommen zu öffnen versuchte, stellte er erstaunt fest, dass er bei dem Absturz nicht gestorben war. Er war verletzt, ja. Ein wenig. Aber nicht tot. Irgendwann schaffte er es, sich aufzusetzen, und sah sich um. Ein Raum mit Gitterstäben zur Tür. Er war allem Anschein nach gefangen genommen worden. »Fantastisch!«, sagte er an dieser Stelle. Er wusste zwar noch nicht, ob es für ihn gut oder schlecht ausgehen würde, aber der Fakt, dass er noch am Leben war und sie ihn nicht umgebracht hatten, freute ihn. Er trat näher an die Gitterstäbe heran und versuchte seinen Schmerz zu ignorieren.

»Hallo?« Er steckte seinen Kopf so weit wie möglich nach vorne durch die Stäbe und ließ seine Augen nach links und rechts wandern. »Ist irgendjemand hier? Bin ich allein?« Einige Momente lauschte er in die Stille. Nichts regte sich. Doch dann gab es ein Flüstern. Mehrere Stimmen. Mehrere Füße. Steve trat wieder etwas zurück und schluckte. Hatte er einen Fehler begangen? Seine Hände wurden schweißnass. Jeden Moment würden vietnamesische Soldaten um die Ecke kommen, und er hatte verraten, dass er noch bei bester Gesundheit war. Beinahe jedenfalls. Wahrscheinlich würden sie ihn foltern und Informationen, die er nicht hatte, aus ihm herausquetschen. Warum fiel ihm das jetzt erst ein? Idiot.

Die Schritte kamen näher und waren jetzt beinahe ganz nah bei ihm. Er wich weiter zurück ans Ende seiner Zelle, als sich vorsichtig ein kleines Gesicht um die Ecke schob. Gerade so weit bis zur Nasenspitze. Dunkle, schmale Augen sahen Steve an und verschwanden sofort wieder. Verwundert trat er einen Schritt auf die Zellentür zu und wartete ab. Nach einem stillen Moment, in dem er nur seinen eigenen Atem gehört hatte, vernahm er jetzt wieder das Geräusch kleiner Füße. Gebannt schaute er zur

Tür und wartete. Es waren Kinder. Der eine nicht älter als vierzehn, der andere konnte kaum zehn Jahre alt sein. Beide hatten Gewehre in den schmächtigen Händen. Der Kleinere von beiden sah Steve ängstlich an, der Ältere hatte seinen Gesichtsausdruck besser unter Kontrolle. Waren das etwa diejenigen, die ihn gefangen genommen hatten? Der Ältere der beiden trat nach vorne zur Tür und öffnete sie mit leicht zitternden Händen. Er schob Steve schnell etwas zu essen und zu trinken zwischen dem Türspalt hindurch und schob so schnell es ging wieder den Riegel vor die Tür.

Anstatt zu versuchen zu fliehen, beugte er sich hinunter, nahm den Teller mit dem wenigen Reis und den Becher Wasser auf und bedankte sich kurz bei seinen beiden Beobachtern. Daraufhin verschwanden diese leise tuschelnd schnell wieder. Gedankenverloren saß Steve in der Mitte seiner Zelle und aß, was sie ihm gegeben hatten. Was für eine merkwürdige Situation, dachte er. Er hatte Mitgefühl für die beiden Jungen. Kein Kind der Welt sollte in einen Krieg hineingezogen werden, den Erwachsene angezettelt hatten.

Die darauffolgenden Tage verliefen alle ähnlich wie der erste. Immer wieder kamen neue Kinder, um sich Steve genauer anzusehen und ihm etwas zu essen zu bringen. Alle hatten Waffen, aber keiner von ihnen rührte sie so an, als wüssten sie, wie man sie bediente. Irgendwann erlaubte sich Steve, ein kleines Lächeln in die Runde zu schicken und sich vorzustellen. Zuerst stieß er damit auf Granit, aber im Mundwinkel des allerkleinsten Jungen sah er eine winzige Kräuselung und beschloss dranzubleiben. Nach und nach erwärmte er die Kinder für sich, und durch die Gitterstäbe hindurch spielten sie bald Kartenspiele und versuchten, sich trotz der fehlenden gemeinsamen Sprache miteinander zu unterhalten. Zwischen ihnen entstand eine Verbindung, wie sie wohl nur eine solche Ausnahmesituation hervorbringen konnte. Irgendwann durfte er seine Zelle sogar hin und wieder verlassen, musste allerdings immer wieder zurück, falls spontane Kontrollen stattgefunden hätten. Obwohl wahrscheinlich jeder, der bei rechtem Verstand war, diese Kinder einfach ausgetrickst und sie ihrem Schicksal überlassen hätte, konnte Steve sich dazu nicht durchringen. Er liebte diese Jungs, die ihn, trotz der Umstände, jeden Tag kurz vergessen ließen, dass er sich im Krieg befand. Und er wusste, dass es ihnen genauso ging. Das war ihm genug, für diesen Moment.

Er hatte gerade ein paar Stunden geschlafen, da wurde er durch einen Tumult geweckt. Es war noch dunkel, aber Steve konnte erkennen, dass zwei große Gestalten, einen Mann in ihrer Mitte, auf eine weitere Zelle zuschritten. Sie öffneten die Tür, warfen den Mann hinein und schlossen sie wieder. Sie positionierten ein paar der Jungs im Gang und verschwanden dann wieder, genauso schnell, wie sie gekommen waren. Die Kinder ließen keinen Mucks hören, und Steve rückte näher an die Tür heran, um zu sehen, wer sein neuer Mitbewohner war. Weil er noch nicht wieder bei Bewusstsein war, konnte er den Mann nicht fragen, wie er hieß – und auch sonst nichts –, aber im Schein des Mondes erkannte er, dass es sich um einen Offizier handeln musste. Ein ungutes Gefühl breitete sich in Steves Magengegend aus. Einen Offizier gefangen zu nehmen, war nie eine gute Idee.

Drei Tage später fielen die Schüsse. Markerschütterndes Geschrei, Wimmern und Weinen folgten und hielten so lange an, bis es plötzlich wieder still wurde. Geschockt und mit angehaltenem Atem, unfähig sich zu bewegen, wartete Steve ab. Dann hörte er Schritte, die in Richtung der Zellen unterwegs waren.

Es waren »seine Leute«. Sie waren gekommen, um den Offizier zu befreien, und brachen auch seine Zellentür auf.

»Lucky guy!«, sagte einer der Männer zu ihm.

Immer noch geschockt, trat er aus seiner Zelle. Wie in Trance setzte Steve einen Fuß vor den anderen und folgte den Soldaten nach draußen. Er sah zum ersten Mal das Dorf, in dem er mittlerweile schon mehrere Wochen gewohnt hatte. Er blickte sich um und sah doch nichts, denn seine Augen füllten sich mit Tränen. Sie hatten keinen am Leben gelassen. Keines seiner Kinder durfte diesen Krieg zu Ende gehen sehen.

Keiner von uns traute sich den ersten Ton in die Stille zu werfen. Lourdes hatte die Geschichte sicher schon Hunderte Male gehört und musste sie kennen wie ihre eigene, doch trotzdem sah sie betreten zu Boden. Manu sah Steve entsetzt an und ließ seine Kamera sinken. Ich bemerkte erst jetzt, dass ich meine Hand über meinen Mund gepresst hatte, und sah auf meine Arme, die von Gänsehaut überzogen waren.

»Man sollte wirklich nur mit einer Kamera auf Leute schießen dürfen«, sagte Steve. Diesmal umspielte nur ein halbes, trauriges Lächeln seinen Mund. »Ich finde, das wäre doch mal ein sinnvolles Gesetz. Anstelle immer noch mehr Mauern zu bauen.«

Ich versuchte damals die richtigen Worte zu finden, und ich versuche es auch heute noch, aber es ist mir einfach nicht möglich. Diese Geschichte hat mich tief ins Mark erschüttert, weil sie in ihrer Grausamkeit beinahe nicht zu übertreffen ist. Und ich wusste, dass es natürlich kein Einzelfall war, dass in Kriegsgebieten immer noch die Unschuldigen das größte Leid aushalten müssen.

Und trotzdem. Steves Umgang mit seiner Gefangenschaft und dass er die Kinder als das gesehen hatte, was sie waren, gab mir, trotz aller Schwere, ein wenig Hoffnung. Ich fragte mich, wie ich gehandelt hätte. Wäre ich wie Steve gewesen? Was hätte der Krieg aus mir gemacht?

Genau solche Unterhaltungen waren der Grund, warum wir überhaupt mit unserem Projekt begonnen hatten. Und viel wichtiger noch, warum wir jetzt auf keinen Fall aufhören durften!

100 KM/H

»Hallo, Mama, Papa, Andrea, Conrad, Christian, Micky, Udo, Dagi, Marc und Emmi! Wir sitzen gerade – ich kann's immer noch nicht fassen – in unserem eigenen Käfer und fahren jetzt endlich LOS!« Das letzte Wort brüllte ich in meine Handykamera und drückte dann auf senden. Manu und ich gaben uns ein High five.

Der hintere Teil unserer Heidi, wie wir unseren Käfer genannt hatten, war bis zum Rand mit Krempel vollgepackt. Taschen, Mitbringsel und Ersatzteile für den Käfer machten den größten Teil aus. Unsere beiden Koffer hatten wir auf den Gepäckträger auf dem Dach geschnallt.

Die letzten Tage vor unserer Abfahrt waren ein ständiges Auf und Ab gewesen. Mal hatten wir alles unter Kontrolle gehabt, und dann ging wieder alles schief. Es war nicht ganz legal gewesen, den Käfer auf uns anzumelden. Eigentlich hätten wir einen festen Wohnsitz in Mexiko gebraucht. Aber unser Held Roman eilte uns zu Hilfe und begleitete Manu mit seinem eigenen Mietvertrag (in den er Manu einfach kurzerhand aufnahm) zu zig verschiedenen Ämtern, bei denen die Versicherung und die Anmeldung des Autos schließlich abgenickt wurden.

Als endlich alles für die Abreise beisammen war, verabschiedeten wir uns nacheinander und mit viel Zeit von allen, die uns bis hierhin geholfen hatten, unseren Traum zu verwirklichen. Wir gingen ein letztes Mal mit Roman Tequila trinken und Tacos und Mehlwürmer essen, setzten uns bei Alejandro in die Werkstatt und ließen uns von ihm etwas über den Käferbau in Mexiko erzählen und verabschiedeten uns mit vielen Umarmungen von Steve und Lourdes.

Danach packten wir das Auto voll und begaben uns todesmutig auf die Reise. Todesmutig, weil allein schon der Weg aus Mexico City raus eine echte Herausforderung war. Wir kamen uns in unserer kleinen Heidi vor wie zwei Ameisen zwischen Mammuts. Immer wieder brausten die riesigen Trucks an uns vorbei, die nicht nur schwarzen Qualm aus ihrem Auspuff in die Luft pumpten, sondern auch noch gefährlich schlecht gefahren wurden. Heidi fuhr eine sensationelle Höchstgeschwindigkeit von 100 km/h, und demnach mussten wir eine lange Zeit auf der rechten Fahrbahn zusehen, wie uns wirklich ALLES überholte. Weil normalerweise die Trucks unsere Fahrbahn nutzten, war die Spur auch alles andere als gerade. Überall waren Schlaglöcher, die uns immer wieder völlig vor Schreck aufschreien ließen, wenn wir mal eins übersehen hatten. Das Auto war laut, die Straße war laut, wir waren immer noch nervös – es war stressig. Aber ungefähr zwei Stunden, nachdem wir Mexico City hinter uns gelassen hatten und uns auf dem Weg nach San Miguel de Allende befanden, beruhigte sich die Straße und damit auch unsere Nerven, und wir hatten zum ersten Mal auf unserer Reise das Gefühl, wirklich richtig frei zu sein.

Unsere Heidi hatte einen CD-Schlitz, aber zu unserem Übel war die einzig annehmbare Musik, die wir in den wenigen Musikläden in Mexico City finden konnten, der Disney COCO Soundtrack. Es gibt einfach keine CDs mehr! Also mal ehrlich, ich liebe Disney-Filme und die dazugehörige Musik über alles, aber Tausende Kilometer zu fahren mit Dudel-Dauerschleife im Ohr? Sagen wir so: Es war ein psychologisches Experiment. Wenigstens passten die Songs zu Mexiko. Den zweiten Anlauf eines CD-Kaufes machten wir erst in San Francisco, wo wir uns für ein Max-Romeo-Album entschieden. Reggae. Wurde bis Neufundland hoch und runter gespielt.

Ansonsten sahen unsere Tage eigentlich immer relativ gleich aus: Morgens überlegten wir uns, wie lange wir an diesem Tag im Auto sitzen wollten, und versuchten in den Städten und Dörfern haltzumachen, die irgendwie charmant aussahen. An dieser Stelle gibt es von mir eine ganz fette Empfehlung für unseren allerersten Stopp: San Miguel de Allende. Diese Stadt ist Magie pur. Die Sonnenauf- und -untergänge sind wie gemalt, die Häuser traumhaft schön, das Essen wie immer sehr gut und die Leute unglaublich nett. Dieser Ort ist wie aus einem Märchen. Überall findet man kleine Kunstgalerien und Läden, die die schönsten Teppiche, Keramik, Schmuck und Stoffe verkaufen. Manu und ich träumten davon, einen Container mit all den schönen Sachen zu füllen und in Deutschland einen mexikanischen Einrichtungs-Laden zu eröffnen. Das einzige Problem sahen wir darin, dass wir vermutlich alles selber behalten wollen würden. Deswegen verwarfen wir die Idee erst einmal wieder und hoben sie uns für später auf. In San Miguel schwirrten Kolibris in den Innenhöfen der Restaurants über unseren Köpfen, und am liebsten wäre ich einfach dortgeblieben. Aber bald rief uns die Straße zurück, und wir setzten unsere Reise fort.

Je weiter wir durch das Land in Richtung Küste fuhren, desto einsamer und karger wurde es. Riesige Kakteen und kleine dornige Büsche säumten den Rand der Straße. Der Himmel war immer tiefblau und wolkenlos, und die Sonne ballerte auf unser Käferdach. Uns war schon beim Kauf klar gewesen, dass die Klimaanlage mehr als eine Art Accessoire zu betrachten war und man sie keinesfalls mit dem vergleichen konnte, was wir in modernen Autos gewöhnt waren. Doch immer, wenn ich den Versuch wagte und kurz den Hebel betätigte, dann blies mir ein heißer Fön entgegen, der den Schweiß innerhalb von Sekunden sowohl trocknen als auch ausbrechen ließ. Also befanden wir uns eigentlich in einem ständig klebrigen Zustand.

Immer, wenn wir unser Pensum für den Tag geschafft hatten, kehrten wir in ein Hotel oder eine Pension ein und achteten darauf, dass sie einen abschließbaren Hof hatten, auf dem wir Heidi sicher über Nacht parken konnten. Sie war zwar diebstahlversichert, aber wir hatten natürlich keine Lust, die Reise zu beenden, bevor sie überhaupt richtig gestartet war.

Auf den Straßen waren wir die absolute Attraktion. Ein so schicker Käfer, offensichtlich mit zwei Gringos am Steuer, war ein ganz schöner Hingucker. Ständig wurden wir zur Begrüßung angehupt, bekamen alle Daumen hochgezeigt, und bei jedem Halt mussten wir erzählen, wie alt das Auto war und wohin wir damit unterwegs waren. In Mexiko empfand ich das als ganz besonders, denn man fühlte sich plötzlich so eins mit allen anderen Menschen um einen herum. Wir wurden nicht als Ausländer gesehen oder Fremde. Wir waren einfach Reisende, die irgendwie exotisch waren. Aber auf eine gute Art. Irgendwann wurde ich der ständig gleichen Fragen zwar müde, aber Manu war dafür umso auskunftsfreudiger, was seine kostbare Errungenschaft betraf.

Eigentlich hatte ich erwartet, dass wir irgendwann in Mexiko in eine Situation geraten würden, in der ich Angst haben würde, so schutzlos unterwegs zu sein. Ich hatte mich innerlich schon darauf vorbereitet, dass uns vielleicht das Auto geklaut wird oder wir uns so unwohl fühlen würden, dass wir diese Art der Fortbewegung für nicht mehr sicher hielten. Immerhin war Mexiko ein hochkriminelles Land, das ließ sich nicht von der Hand weisen, und wir waren zwei Ausländer, die mit einem VW Käfer durch die abgelegensten Ortschaften fuhren. Manchmal kamen wir an verlassenen Tankstellen vorbei, die mitten im Nirgendwo ihr Dasein fristeten. In den großen Werbeschildern davor prangten oft Einschusslöcher. Ich mochte mir gar nicht vorstellen, was das zu bedeuten hatte. Im besten Fall waren es nur ein paar übermütige Halbstarke gewesen. Aber nichts davon! Wir hatten in Mexiko die wenigsten Probleme (jeglicher Natur!) auf unserer gesamten Reise. Ich kann es immer noch nicht ganz fassen, aber wir wurden nicht mal schief angeguckt! Und überall trafen wir auf offene freundliche Menschen.

DIE SYMPATHISCHEN GRINGOS

Als wir in Mazatlán die Fähre nach Baja California nahmen, wussten wir, dass es dort viele Kontrollpunkte geben sollte. Auf keinen Fall widersprechen und einfach hinnehmen, dass sie unser Auto durchsuchen würden. So kurz vor der Grenze zu den

USA war das auch kein Wunder. Aber was eher an ein Wunder grenzte, war die Geschicklichkeit, mit der Manu jeden der Kontrolleure um den Finger wickelte. Ein bisschen Spanisch hier, eine Prise Fußball-Weltmeisterschaft dort, Käfertalk, und wir durften weiterfahren. Einfach so. Während neben uns einfach alle ewig lang gefilzt und mit skeptischem Blick ganz genau unter die Lupe genommen wurden. Die Mexikaner waren großartig.

Das Einzige, was mir seit Beginn unserer Reise immer wieder sauer aufstieß, war dieses nervige Machotum. Und das lag nicht an der Sprachbarriere. War Manu an meiner Seite, wurde nur mit ihm gesprochen, ich war Luft, als wäre ich nur Beiwerk. Ich war, so schien es mir, überhaupt nicht anwesend. War ich aber alleine unterwegs, dann nahm das Catcalling und Hinterherpfeifen kein Ende. Für mich sprach das für ein völlig falsches Frauenbild in dieser Kultur, und es machte mich natürlich wütend! Ich schwor mir in diesem Moment, dass ich beim nächsten Trip nach Mexiko Spanisch sprechen können würde. Und dann würde ich so lange dazwischenreden, bis man mich nicht mehr ignorieren konnte. Vielleicht konnte ich ja den ein oder anderen Macho damit ein wenig aus der Fassung bringen.

Wir groovten uns immer mehr ein, je weiter wir nach Norden kamen. Das Gepäck auf dem Dach zu haben, war zwar immer noch gewöhnungsbedürftig, denn jedes Mal, wenn wir nur kurz etwas brauchten, dauerte es mindestens eine Viertelstunde, bis die Spanngurte endlich unten waren. Doch das machte uns eigentlich nur etwas aus, wenn wir gerade irgendwo haltmachten, wo es keinen Millimeter Schatten gab. Allerdings mussten wir uns dabei jedes Mal durch einen Friedhof von kleinen Fliegen kämpfen, die während der Fahrt an den Taschen, die zum Glück aus einem echt dicken Kunststoff gefertigt waren, zerschellten und kleben blieben. Eigentlich war das ja ein gutes Zeichen für die Natur von Lateinamerika. Wenn man bei uns über die Autobahn fuhr, dann klebten so gut wie keine Insekten mehr an der Scheibe. Eine eher weniger gute Bilanz für unsere Artenvielfalt. Trotzdem. Die Geräusche – dieses unerbittliche FLATSCH – ließen uns jedes Mal zusammenzucken. Manchmal klebten sogar richtig schöne Schmetterlinge vor unseren Gesichtern. Ich verbot Manu dann, sie einfach mit dem Scheibenwischer wegzuwischen, jedenfalls so lange, bis sie wirklich keinen Deut mehr nach Schmetterling aussahen.

Die Kakteen, die trockene Erde, kaputte Straßen und der blaue Himmel waren lange das Einzige, was wir zu Gesicht bekamen. Immer wenn wir durch die kleinen Städte und Dörfer kamen, die ihr Geld hauptsächlich mit den vorbeifahrenden Truckern machten, blieben wir ein wenig länger, als wir es sonst vielleicht getan hätten. Immer noch wurden wir begrüßt, als wären wir alte Freunde. Die Restaurant-Besitzer, die Handy-Shop-Angestellten, die Barkeeper, die Leute auf der Straße – sie alle wollten wissen, wohin wir unterwegs waren und woher wir kamen. Glitzernde Augen, anerkennendes Lächeln. Da war niemals Missgunst oder auch nur dezente Skepsis, und falls doch mal jemand skeptisch war, war der spätestens nach drei Sätzen von Manu völlig hin und weg.

Die Tage gingen ins Land, und wir kamen der Grenze immer näher. Unsere letzten Tage in Mexico City bestanden eigentlich nur aus Vorbereitungen für diesen einen Tag, an dem wir die Grenze zu den USA überfahren würden. Das Risiko, dass wir nicht reingelassen würden, war da, aber wir beschlossen einfach, alles so zu planen, als würde es auf jeden Fall klappen.

Wir hatten unseren Mietvertrag der Wohnung in Berlin, jeder seine Arbeitsbescheinigung, Kontoauszüge, Versicherungsverträge von zu Hause, Dokumente, die bestätigten, dass wir auch wieder abhauen würden, und, und, und. Wir waren vorbereitet. So etwas wie in Las Vegas würde uns sicher nicht noch einmal passieren. Entweder sie ließen uns rein oder eben nicht. Das sagte ich mir immer wieder und versuchte mir einzureden, dass es ja eigentlich egal war. Würden sie uns wirklich abweisen, könnten wir ja auch einfach noch eine kleine Runde weiter durch Mexiko fahren. Schiss hatte ich trotzdem.

Den nächsten Stopp Tijuana kannten wir nur aus Erzählungen und einem Manu-Chao-Song, den wir beim Einfahren in die Stadt immer wieder anstimmten. Wir wussten, dass die Stadt als verrucht galt, so viel war auf unserer Fahrt schon zu uns durchgedrungen. Ich hatte trotzdem nicht diese unangenehme Atmosphäre erwartet, als wir durch die Straßen fuhren und unser Hotel suchten. Die Menschen, die uns auf der Straße begegneten, sahen verschlagen aus, überall war es ein wenig schmuddelig, oder es lagen große Müllberge in den Straßengräben herum, und der Verkehr war alles andere als entspannt. Dieses unbefangene, ausgelassene Gefühl, was uns sonst überall in Mexiko begegnet war, war hier in dieser Grenzstadt wie weggeblasen.

An der Rezeption wurden wir gefragt, wie viele Stunden wir denn bleiben wollten, und Manu und ich sahen uns irritiert in die Augen.

»Sie glauben, meine Freundin ist eine Prostituierte?« Manu blickte den Rezeptionisten entgeistert an.

»Ich glaub eher, er denkt, DU seist eine Prostituierte!«, flüsterte ich ihm feixend zu.

Wir waren also aus Versehen im Rotlichtviertel der Stadt gelandet, das nicht nur ein Viertel war, sondern beinahe die Hälfte der Stadt einnahm. Die Skyline, die wir noch bei Tageslicht zu Gesicht bekamen, verhieß nichts Gutes. Tijuana präsentierte sich uns als ein ziemlicher Schandfleck. Nichts, was wir sahen, war ansatzweise schön oder sympathisch. Es war grau, dreckig, und es stank ein bisschen. Mexico City hatte ganz sicher Ecken, die ähnlich aussahen, aber dort war die Atmosphäre in unseren Augen eine völlig andere. Am Rande dieser riesigen Transit-Stadt erhob sich eine massive, sehr große Mauer aus dem Boden. Sie teilte Tijuana und San Diego, zwei Städte, die so nah aneinanderklebten, dass sie locker hätten zu einer Stadt fusionieren können. Hinter dieser Mauer schien die Freiheit zu glänzen. Dort sah es ganz anders aus. Riesige Wolkenkratzer, angestrahlt von der Sonne, schicke Wohnhäuser – alles war scheinbar so viel sauberer als hier auf der anderen Seite der Mauer. Kein Wunder, dass man versuchte, illegal über die Grenze zu kommen, wenn man das genau vor der Nase hatte.

Als die Sonne langsam unterging, versteckten wir Heidi auf dem Parkplatz zwischen all den anderen Autos und liefen durch die Straßen in eine etwas gediegenere Gegend, um dort etwas zu essen zu finden. Wir landeten in einer doch recht hippen Bar, in der wir aber trotzdem nicht länger als nötig bleiben wollten.

Mit gefüllten Mägen sprangen wir in das nächste Uber und ließen uns zurück zum Hotel bringen. Wir sollten nicht laufen, hatte uns der Rezeptionist gesagt. Leider wurde uns schnell klar, dass unser Fahrer alles andere als nüchtern war (wir vermuteten Kokain) und darauf bestand, uns noch durch das Rotlichtviertel zu fahren und uns alles einmal zu zeigen. Er lachte laut und vulgär über die dickbäuchigen, glatzköpfigen US-Amerikaner, die zum Teil mehrere halb nackte Frauen gleichzeitig im Arm hielten. Überall Leuchtschilder, rote Fenster, in denen sich sehr jung aussehende Frauen rekelten. In mir breitete sich ein wirklich ungutes Gefühl aus, und ich schlug mir die Hände vor die Augen, bevor ich im Sitz verschwand. Es war unerträglich. Manu schüttelte immer wieder den Kopf. Eigentlich wollten wir in diesem Moment wirklich nicht damit konfrontiert werden.

Wie geht man damit um? Was denkt man in so einer Situation? Ich will niemanden verurteilen – diese Frauen jedenfalls nicht – und war mir auch nicht sicher, wie viele von ihnen tatsächlich gezwungen wurden, diesen Job auszuüben, und für welche von ihnen es vielleicht die letzte Rettung vor dem Ruin war.

Das letzte Mal hatte ich einen ähnlichen Strich gesehen, als ich in Bangkok war, für eine Premiere. Wie damals fühlte ich mich sofort elend. In meiner privilegierten Situation würde ich niemals so weit abrutschen, so weit fallen gelassen werden, dass ich mich prostituieren müsste. Und obwohl wir ja alle ganz genau wissen, dass es diese Art von Sex-Arbeit gibt – wenn man sie dann in diesem Ausmaß wirklich vor Augen hat, ist das ein Schock.

Als wir die Rotlichtmeile endlich verließen, atmeten Manu und ich tief durch und schlugen die Autotüren hinter uns zu, als wir endlich angekommen waren. In unserem Stundenhotel. Uns blieben noch sage und schreibe vier Stunden, bevor wir wieder aufstehen mussten, um die wahrscheinlich größte Hürde unserer Reise zu nehmen. Das Zimmer, in dem wir schliefen, war so gemütlich wie ein klebriger Flugzeugsitz, und weil unser Raum nur ein Fenster besaß, das zum Flur hinausging, über den immer wieder betrunkene Teenager stolperten, hatten wir die gesamte Nacht über keine Ruhe.

Auch der nächste Morgen war Stress pur. Nicht weil es wirklich knapp war oder wir noch irgendetwas besorgen mussten, nein. Er war stressig, weil ich gestresst war. Während Manu routiniert das Auto vollpackte und alles für die Grenze so sauber und ordentlich wie möglich herrichtete, hatte ich die Aufgabe, zu vloggen und der Kamera zu erzählen, wie es uns ging und was wir vorhatten. Ich stand also auf diesem Parkplatz und hielt mir die Kamera bestimmt fünfzehn Mal ins Gesicht, aber ich schaffte es einfach nicht, einen geraden Satz zu sprechen. Ständig versprach ich mich, alle zwei Minuten hatten wir einen Zuschauer, und bald kochte ich vor Wut. Ich musste immer wieder an unsere Freunde denken, die eine ähnliche Route wie wir zurückgelegt hatten und die beinahe nicht in die USA gelassen wurden. Sie mussten zwei Wochen auf einen neuen Versuch warten und hatten dann endlich Glück, aber die waren auch in Kanada gewesen. Dort, wo es schön war. Ich wollte auf gar keinen Fall zwei weitere Wochen in diesem Moloch verbringen müssen. Mit einem giftigen »Ich KANN das jetzt nicht!« streckte ich Manu die Kamera entgegen, und er beendete, was ich angefangen hatte. Irgendwann war alles gesagt und getan, und wir fuhren los.

Meine Hände, nass und kalt, krallten sich in die beiden dicken, grünen Ordner, die ich auf meinem Schoß liegen hatte. Darauf lagen unsere Reisepässe. Ich hatte alles doppelt und dreifach durchgesehen und so geordnet, dass ich sofort reagieren konnte, sollten wir nach einem bestimmten Dokument gefragt werden. Manu versuchte gute Miene zum bösen Spiel zu machen und brabbelte belanglose Dinge vor sich hin. Irgendwann spielte er ein Lied vom Coco-Soundtrack, was er aber sofort wieder ausstellte, als er den Blick sah, den ich ihm zuwarf.

Einen Kilometer vor der Grenze staute es sich plötzlich. Wir rutschten nervös auf unseren Sitzen herum. Was war da los? Es war schon der Anfang der Grenzabfertigung, und das Automeer vor uns war kein Stau, sondern der ganz normale Wahnsinn. Langsam schoben wir uns nach vorne, Zentimeter um Zentimeter. Zwischen den Autos liefen Verkäufer auf der Straße herum und boten das verrückteste Zeug an. Ganz groß waren Fußballtrikots, wegen der Weltmeisterschaft, und bunte Leuchtkugeln. Hin und wieder sah ich eine Trump-Maske mit aufgeklebten gelben Haaren.

Die Normalität, mit der alle anderen hier zur Grenze fuhren, gab mir in diesem Moment ein wenig Ruhe zurück. Die hielt aber nur so lange an, bis wir an der Reihe waren.

Was dann folgte, kann ich immer noch nicht so richtig rational erklären. Immer wenn ich daran zurückdenke, habe ich das Gefühl, wir wurden die ganze Zeit an der Nase herumgeführt. Wir fuhren an das kleine Häuschen, in dem ein US-amerikanischer Grenzpolizist saß, der sofort nach unseren Pässen fragte. Während Manu wahrheitsgetreu beantwortete, wo wir herkamen und was wir vorhatten, grinste ich nervös und sehr angestrengt vor mich hin und versuchte ruhig zu atmen.

Als der Polizist uns eine halbe Minute später unsere gestempelten Pässe zurückgab und uns mit den Worten »Have fun!« verabschiedete, sagten wir erst mal gar nichts und fuhren weiter.

Dann allerdings:

»Hä?! Have fun?«

»Hast du verstanden, was wir jetzt machen müssen? War's das etwa?«

»Ich hab keine Ahnung, du hast doch mit ihm geredet!«

Nach einer kurzen, irritierten Pause:

»Die filzen uns nicht?«

»Echt merkwürdig. Checkst du mal die Pässe?«

Gesagt, getan. Ich fand in unseren Pässen zwei sehr blasse hellblaue Stempel, auf denen man kein Datum der Einreise erkennen konnte. Das konnte zum Problem werden, musste es aber nicht. Als ich Manu das zeigte, fuhr er – und das ist wirklich so passiert – mit quietschenden Reifen auf die nächste Ausfahrt zu, um WIEDER zurück NACH MEXIKO ZU FAHREN und sich NOCH MAL an der Grenze anzustellen, um das MISSVERSTÄNDNIS AUFZUKLÄREN!

Sagen wir so: Ich bin Pazifistin, aber in diesem Moment wäre mir meine Überzeugung beinahe über die Windschutzscheibe davongerauscht. Ich glaube, ich habe mich noch niemals zuvor und nie wieder danach so laut, so schnell und so unkontrolliert mit jemandem gestritten wie mit Manu auf diesen dreißig Metern Abfahrt.

Die Rettung – unserer Beziehung wahrscheinlich – kam in Form eines monströsen blauen Schildes, auf dem in weißen Lettern geschrieben stand: SAN DIEGO. Wir waren in den USA angekommen und hatten es gar nicht bemerkt.

Aber jetzt waren wir da. Ich atmete auf.

USA

Um uns herum klimperte Besteck auf Tellern, und die Gespräche summten. Die Sonne schien. Manu und ich saßen an einem kleinen Tisch auf der Terrasse eines hippen Frühstücksrestaurants in San Diego und warteten geduldig auf unsere erste Mahlzeit in den USA.

Wir hatten es geschafft. Zwar lagen nur ein paar Kilometer zwischen uns und Mexiko, trotzdem fühlten wir uns wie in einer völlig anderen Welt. Heidi hatten wir in Sichtweite geparkt, aber anders als in Mexiko interessierte sich hier kaum jemand für unsere kleine Heldin. Entspannt ließ ich mich in den Stuhl zurücksinken und blickte mit einem Seufzer zufrieden um mich.

»Weißt du, was ich toll finde? Ich verstehe endlich wieder alles. Ich kann antworten und Fragen stellen und komme mir nicht mehr vor wie das kleine Mädchen, das einfach nur danebensteht!«

Natürlich hätte ich, wäre ich allein in Mexiko gewesen, viel schneller Spanisch gelernt, aber mit Manu an meiner Seite musste ich mich überhaupt nicht anstrengen und hatte mir viel abnehmen lassen. Meine Schüchternheit war da nicht gerade hilfreich. Jetzt erst merkte ich, wie sehr es mir gefehlt hatte, »Teil des Ganzen« zu sein, und wie froh ich war, wieder selbst aktiv werden zu können.

Manu, der mir gegenübersaß, zwinkerte mir zu und sah ebenfalls sehr zufrieden aus, als er an seinem Orangensaft nippte und die Wolkenkratzer auf der anderen Straßenseite betrachtete.

Es war die richtige Entscheidung gewesen. Gerade jetzt spürten wir ganz stark die Freiheit und die Erleichterung, endlich die Grenze hinter uns gelassen zu haben. Während wir uns unser erstes »Whole-American-Breakfast« (eine überdimensionierte Portion Waffeln mit Früchten) in die Münder schaufelten, machten wir tausend übermütige Pläne, was wir als Nächstes erleben wollten.

Nächstes Ziel: Los Angeles.

Endlich! Ich war so gespannt, die Stadt kennenzulernen, in der Hollywoodstars lebten und arbeiteten, eine Stadt, über die ich schon so viel gehört hatte und sie doch nicht einordnen konnte und in der meine Mutter vor einem Vierteljahrhundert mein erstes Paar Schuhe gekauft hatte.

Die 101 an der Westküste entlang ohne »California« im Ohr entlangzufahren wäre eine Schande gewesen, fanden wir. Deswegen plärrte diese Hymne beinahe ununterbrochen blechern aus meinen Handylautsprechern, und wir sangen laut und völlig unverfroren mit, während links neben uns der tiefblaue Pazifik vorbeizog. Palmen, Sonne, fette Pick-up-Trucks, grüne Hügel und eine sanfte Brandung. Wir flogen über die Straße auf einer Wolke aus purer Freude, und uns konnte nichts wieder herunterholen. Das hatte ein jähes Ende, als wir uns nach knapp zwei Stunden Fahrt in den völlig wahnsinnigen Verkehr vor Los Angeles einordnen mussten.

Nach weiteren zwei Stunden Stau hatten wir uns endlich zu

unserem Airbnb durchgekämpft. Schweißgebadet stiegen wir aus. Wir verbrachten den Nachmittag völlig ausgelaugt von diesem irren Verkehrschaos auf der Couch, und unsere Nasen klebten beinahe am Laptop-Bildschirm. Denn wir waren online auf der Suche nach einem Dachzelt. Ja, richtig gelesen. Eigentlich war unser Budget mit der Anschaffung von Heidi und allem, was das Prozedere mit sich brachte, zwar schon fast ausgeschöpft, aber bis nach New York und nicht zuletzt Neufundland würden wir ständig in Nationalparks und mitten in der Pampa unterwegs sein. An das ständige Hotel-Hopping hatten wir uns zwar langsam gewöhnt, aber eine Basis, in der man auch mal schlafen und die Seele baumeln lassen konnte, wäre uns doch lieber. Mit einer unendlich langen Liste von Dingen, die es zu besorgen gab, klappten wir den Laptop zu und beschlossen, am nächsten Tag in einen R. E. I., einem riesigen Shop für alles, was das Outdoor-Herz begehrte, zu gehen und uns dort weiter inspirieren zu lassen.

Bis zu diesem nächsten Morgen war ich der Meinung, ich würde meinen Freund kennen. Und wenn es zwei Worte gebraucht hätte, ihn zu beschreiben, wären es »Hasst einkaufen« gewesen. Aber siehe da – in diesem riesigen Outdoor-Geschäft, zwischen Messern und Gaskochern und Hängematten, mitten in der Innenstadt von L. A., da erwachten in ihm auf einmal sämtliche Shopping-Lebensgeister und machten meinen sonst so kauffaulen Freund zum Indiana Jones, der mit leuchtenden Augen durch die Regalreihen stromerte und Funktionsjacken und Campingkocher miteinander verglich. Na gut, über die Funktionsjacken machte er eigentlich nur Witze.

Unser Einkaufswagen füllte sich in Windeseile: Luftmatratzen, Schlafsäcke, Solarlampen, Kopfkissen, Geschirr, Besteck, ein Kochtopf, ein Campingkocher, eine Hängematte, diverse

Anti-Mücken-Sprays und Kerzen, Gewürze, Gasflaschen, Klopapier, ein faltbares Waschbecken, ein Schwamm, Spülmittel, eine riesige Box – mal sehen, ob wir dann noch reinpassen würden. Völlig überladen, aber glücklich gingen wir Richtung Ausgang, als ein riesiges Paket auf einer Sackkarre um die Ecke geschoben wurde und quietschend und ächzend vor uns zum Stehen kam. Anerkennend pfiff Manu durch seine Zähne, und ich starrte das große braune Gebilde aus Pappe einfach nur an. Holy Guacamoly. Das Zelt.

Nachdem der schwitzende R. E. I.-Mitarbeiter uns geholfen hatte, das Zelt durch den Hintereingang auf die Straße zu bugsieren, wünschte er uns nur noch schnell viel Glück und ließ uns damit allein. Irritiert sah ich mich um. Das hier war kein Parkplatz, es war eine kleine, ungemütlich wirkende Seitengasse, in der es ganz gewaltig nach Urin stank. Und wie wir dieses Ding auf Heidi anbringen sollten, war mir schleierhaft. Aber weglaufen war nicht. Die letzten Sonnenstrahlen hatten sich in die Nacht verabschiedet, und wir waren schon zu weit gekommen, um jetzt einfach aufzugeben. Irgendwie schafften wir es, dieses Ungetüm zum Auto zu wuchten und all den Kram, den wir gekauft hatten, zu verstauen. Nach Ewigkeiten gelang es uns, und Manu machte die letzten entscheidenden Handgriffe, und das Zelt saß auf Heidis Dach. Andächtig und völlig erschöpft schauten wir auf das aufgebaute kleine Häuschen, das für die nächsten Monate unser Zuhause sein würde, und freuten uns plötzlich so sehr darüber, diese Entscheidung getroffen zu haben, dass nicht mal der Klopapierstreifen, den Heidis Reifen beim Rausfahren aus der Gasse mitnahm, unsere Stimmung trüben konnte. Jetzt konnte es losgehen – in die Wildnis.

Wie wir recht schnell herausfinden mussten, war die Wildnis in den USA weniger wild als tabu. Überall, wo mehr als drei Bäume eine Gruppe bildeten, schrien uns zig neonfarbene Schilder entgegen, dass wir uns in einem Nationalpark oder einem National Forest befanden, und am Eingang jener verlangten meist khakigrün gekleidete Park Ranger Geld von uns, damit wir überhaupt queren durften. Camping war sowieso nur auf den dafür vorgesehenen Campingplätzen erlaubt (die meist nicht weniger Gebühr verlangten, als wir vorher für ein einfaches Hotelzimmer bezahlt hatten), und unserem Traum vom vollkommen einsamen Campen in der freien Natur wurde somit sofort der Riegel vorgeschoben. Wir waren enttäuscht, konnten es aber auch irgendwie nachvollziehen. Es galt diese Plätze zu schützen. Vor den Touristen, denen der Erhalt der Natur völlig egal war. Der andere Zweck war natürlich Geld. Wir beschlossen aber, uns davon nicht sofort entmutigen zu lassen. Wir waren guter Dinge, doch noch irgendeinen Schleichweg zu finden, das hatten wir ja bis jetzt immer irgendwie geschafft.

Also klapperten wir sämtliche Campingplätze zwischen L. A. und San Francisco ab und arbeiteten uns an der Küste Schritt für Schritt nach vorn. Über Santa Barbara, Pismo Beach und San Luis Obispo schlängelten wir uns immer weiter zur Big Sur, die wir nicht anders beschreiben konnten als absolut traumhaft. Das Meer, das sich an den Steinen ganz weit unten an den Klippen brach, die kleinen bunten Blumen überall und der Geruch nach Pinientannen, die Wale, die man vom Rand der Straße aus beobachten konnte, wie sie ihre Luft ausbliesen – diese Strecke würde ich immer wieder fahren wollen.

Der Alltag auf den Campingplätzen war eigentlich immer der gleiche. Wir suchten uns unseren Schlafplatz zwischen riesigen

RV-Homes, die nicht nur größer waren als die meisten Häuser, die wir im Vorbeifahren sahen, nein, sie hatten auch noch ein Motorrad UND ein kleineres Auto hinten angeklemmt. Wir fragten uns ernsthaft, was das noch mit Camping zu tun hatte. Wenn wir mit unserem wohl kleinsten Camper der Welt auf diesen Plätzen aufkreuzten, sahen uns die Leute immer erst ein wenig skeptisch über ihr brummendes Strom-Aggregat hinweg an, bis sie sich zu uns herübertrauten. Die Männer fanden unsere Heidi »Badass!«, und die Frauen verliebten sich sofort und quietschten »This is sooo cute!«. Ich fand, beides hatte seine Berechtigung. Meistens wurden wir jeden Morgen gepinnt, noch bevor wir überhaupt einen Fuß aus dem Zelt getan hatten oder ich die Chance gehabt hatte, meine Brille gerade auf die Nase zu setzen. Gegen die neugierigen Leute, die morgens um sechs Uhr schon die erste Joggingrunde, Frühstück und die Dusche hinter sich hatten, konnte man einfach nicht gewinnen.

Entgegen unseren Erwartungen war es in Kalifornien im Mai immer noch wahnsinnig kalt. Ich fühlte mich ein wenig betrogen, hatte ich doch bisher immer nur vom strahlend blauen Himmel der Westküste gehört. Dass es SO kalt werden konnte, hatte mir keiner gesagt. Zehn Grad bei Sonnenschein und nachts dementsprechend noch mal um einiges kälter. Bibbernd saßen wir beim Frühstück und schlossen genüsslich die Augen, während Manus Kaffee und mein heißer Tee uns von innen aufwärmten. Unser Frühstück bestand meist aus Bagels mit Erdnussbutter, Zimt, Bananen und Kakao-Nibs, die wir drüberstreuselten. Das kurze Glück endete aber immer direkt danach für einen von uns, weil dann der Abwasch gemacht werden musste. Klebriges Geschirr und kaltes Wasser an den Händen. Uäh. Aber jammern half nichts, denn in Heidi hatte alles seine Ordnung, und für Experimente war einfach kein Platz. Einmal war ich zu faul, den Abwasch direkt nach dem Essen zu machen, und legte erst mal alles in den Fußraum auf der Fahrerseite und ließ mich noch ein wenig von den lauwarmen Sonnenstrahlen an der Nase kitzeln. Dummer Fehler. Als ich später im Auto nach meinem Handy suchte, schrie ich erschrocken auf und blickte in das ebenfalls erschrockene Gesicht eines kleinen Nagers, der sich genüsslich an den Resten unseres Frühstücks zu schaffen machte. Nachdem der kleine Eindringling sich fluchtartig davongemacht hatte, beeilte ich mich lachend, die Sauerei wegzumachen. Manu fand es gar nicht so witzig … Ab dann waren wir besonders vorsichtig mit unserem Essen. Wir besorgten uns eine Bären-Box und verstauten alles Essbare immer dort drin. Wenn wir irgendwo haltmachten, wo tatsächlich ein Bär gesichtet wurde, schnallten wir sogar unsere Zahnpasta mit Seilen an die obersten Äste der umliegenden Bäume. Weit weg von unserem Auto. Damit die Bären bloß nicht auf dumme Gedanken kamen.

Tagsüber vertrieben wir uns die Zeit, indem wir unsere Umgebung erkundeten, doch am schönsten war das Campen mit Abstand am Abend, wenn die Sonne langsam unterging und wir an unserem aufgebauten Dachzelt überall kleine Solarlämpchen und Lichterketten anhängten. Hin und wieder machten wir uns ein Lagerfeuer und erzählten uns über die Flammen, das selbst gemachte Essen und den Wein hinweg witzige Geschichten, die wir vom anderen noch nicht kannten, obwohl wir schon so lange ein Paar waren.

Irgendwann, wenn die Kälte nicht mehr auszuhalten und das Feuer nur noch eine Glut war, schlüpften wir in unsere Schlafsäcke und steckten unsere Nasen entweder noch in Bücher oder sahen uns auf meinem Laptop irgendeine Serie an.

Wir waren mit unseren Gedanken und dem, was wir erlebten, so weit weg von zu Hause, dass wir uns manchmal fühlten, als wären wir ganz andere Menschen. Als wären wir nicht mehr wirklich Manuel und Maria, sondern eine andere Version von den beiden, denen die ganze Welt offenstand. Aber dann holte uns die Wirklichkeit wieder ein …

An einem Tag noch recht zu Anfang unserer Fahrt, wir kamen gerade aus einem Waschsalon irgendwo zwischen Monterey und San Francisco, klingelte plötzlich Manus Handy, und sein Papa war an der anderen Leitung. Während sich Manus Gesicht immer mehr verfinsterte, wuchs in mir die Anspannung, und ich beobachtete jede Regung in seinem Gesicht. Als Manu das Telefonat beendet hatte, sah er unendlich traurig, aber auch gefasst aus. Seine geliebte Oma war gestorben. Erst kurz vor dem Beginn unserer Reise hatte ich sie kennengelernt. Eine lebenslustige und herrlich originelle Frau. Es war ein schöner Nachmittag gewesen und ein guter Abschied. Irgendwie hatte Manu gewusst, dass wir uns an diesem Tag von ihr verabschiedeten. Trotzdem, jetzt hier zu sitzen, Tausende Kilometer und einen ganzen Ozean zwischen uns, fühlte sich falsch an. Sollten wir uns Flüge zurückbuchen, um bei der Beerdigung dabei zu sein? Manu ließ sich lange Zeit, um darüber nachzudenken, bevor er eine Entscheidung traf, und ließ schlussendlich sein Bauchgefühl übernehmen. Wir würden weiterfahren, die Reise nicht abbrechen.

Für ihn war der Moment, in dem wir seine Oma das letzte Mal so gesehen hatten, wie sie früher einmal gewesen war, der wichtigste. Er hatte sich verabschiedet, er hatte seinen Frieden gemacht. Das war das Einzige, was er in diesem Moment wirklich klar formulieren konnte.

Mehrere Wochen später, als unsere Reise beinah zu Ende war

und wir unsere letzten Kilometer durch Kanada zurücklegten, lernten wir einen jungen Mann in Québec kennen, der uns Antworten dazu gab, auf die wir bis dahin noch nicht einmal die Fragen zu stellen wussten.

Ruhig und andächtig fuhren wir nach San Francisco weiter. Selbst Heidi schien leiser zu schnurren als normalerweise.

DER GANZ NORMALE WAHNSINN

»Frisco« verschluckte uns sofort. Die Stadt kam uns vor wie Berlin, so offen und liberal. Die erste Fahrt über die Golden Gate Bridge war beeindruckend, und die Häuser an den Straßenrändern sahen wunderschön aus. Bunte Holzhäuser mit hohen Treppen, die zu den Eingängen führten, und romantische kleine Verzierungen an den Fassaden fand man in jeder Seitenstraße. Doch über allem ragte der Financial District mit seinen modernen Hochhäusern, der die Stadt in zwei Teile teilte und einen klaren Kontrast bildete. Wir hätten ewig zwischen den bunten Häuschen umherwandern und in Secondhand-Läden herumkramen können.

Nur die Menge an Obdachlosen, die sich hier auf sämtlichen Grünflächen, unter Brücken und sogar auf Mittelinseln der großen Straßen zusammenfanden, war erschreckend. Und machte uns klar, dass es hier ganz anders war als in Deutschland. Wir erfuhren, dass die Stadt so teuer war, dass sogar Leute obdachlos waren, die einen Job hatten. Ich schämte mich, als ich mich daran erinnerte, wie ich erst ein paar Tage zuvor knapp an einer Panikattacke vorbeigeschrammt war, als herauskam, dass ich einen Fehler beim Abschluss unserer Auslandskrankenversicherung gemacht hatte. Ich regte mich so lange über die angesetzte Nachzahlung auf und fand die deutsche Bürokratie so gemein. Der Anblick der armen Menschen hier rückte das Bild wieder gerade – wir hatten es so gut.

Als wir San Francisco hinter uns ließen, war ich auf jeden Fall demütiger als vor unserer Ankunft. Wir hatten die Stadt trotzdem in vollen Zügen genossen, und als der Sog der Stadt uns endlich freiließ, waren wir schon beinahe einen ganzen Monat im südlichsten Teil von Kalifornien unterwegs gewesen. Und wir hatten es nicht einmal bemerkt! Unser Zeitplan war dadurch ganz schön ins Wanken geraten, und wir beschlossen, sofort die Segel zu streichen und uns auf den Weg zu machen. Richtung Yosemite Nationalpark.

Vier Stunden später klebte mein Ellenbogen an der Fensterscheibe, der andere ruhte auf dem Lenkrad. Als ich meinen Blick zu Manu wandern ließ, sah ich, dass er, völlig in seinen Sitz versunken, die Knie gegen die Handschuhfachklappe gedrückt, in sein Handy starrte. Der Motor ruhte. Nichts bewegte sich, außer den Hunderten Touristen um uns herum, die mit Basecaps und riesigen, neonfarbenen Rucksäcken zwischen der endlos langen Autoschlange hindurchstolperten. Es herrschte Stau im Valley. Mitten im Nationalpark! Hin und wieder hörte man ein verzweifeltes Hupen aus den hinteren Reihen der Autos, was aber schnell resigniert wieder aufgegeben wurde.

»Wir hätten nicht an einem Wochenende hierherkommen dürfen«, grummelte ich. Manu nuschelte etwas Unverständliches, ich deutete das als Zustimmung. Seit einer geschlagenen Stunde versuchten wir unseren Weg durch den Yosemite Nationalpark fortzusetzen, aber es bewegte sich nichts. Es ging weder vor noch zurück. Den Park zu Fuß zu erkunden, war nur auf ausgewiesenen Wanderwegen erlaubt, die sich irgendwo in den Bergen befanden und ebenfalls mit Menschen geflutet waren. Heidi bremste die rasenden SUVs auf dem Weg nach oben erfolgreich hinter sich aus, und wir warteten geduldig darauf, endlich den richtigen Park erkunden zu können. Oben angelangt, stießen wir nach jeder kurzen Fahrtstrecke auf einen großen Parkplatz, auf dem es beinah keine Stellflächen mehr gab und Touristenbusse vor den winzigen Toilettenhäuschen hielten, vor denen sich schon unangenehm lange Schlangen bildeten. Hinter mehreren Absperrungen konnte man dann die jeweiligen Sehenswürdigkeiten »abklappern«. Es kam uns vor wie ein Themenpark. Die meisten Leute stiegen aus ihren Wagen, knipsten ein Foto und fuhren weiter. Ich verstand den Sinn dahinter nicht. Es war an jedem Aussichtspunkt das Gleiche. Wir wollten einfach nur wieder weg. Versteht mich nicht falsch, die Natur war wirklich wunderschön. Aber das war eine Art zu reisen, wie sie weder ich noch Manu so richtig genießen konnten. Die Natur hatte in unseren Augen beinahe nichts Natürliches mehr, nichts Heilendes. Wenn ich normalerweise durch einen Wald laufe, dann fühlt sich mein Kopf danach an, als wären alle Gedanken gewaschen und geradegerückt worden. Aber an diesem Tag im Yosemite Nationalpark waren wir einfach nur gestresst.

Als der Stau sich endlich auflöste, tuckerten wir in die Richtung, in der wir die richtige Straße vermuteten. Je höher Heidi auf ihren kleinen, mexikanischen Rädern kletterte, desto mehr veränderte sich das Wetter, und schließlich gerieten wir in einen voll ausgewachsenen Schneesturm. Die Kälte kroch durch jede noch so kleine undichte Stelle der Autotüren, aber unsere Heizung (genauer gesagt die Abluft vom Käfer-Motor) hüllte uns in eine Wolke aus Wärme, und als es nach zehn Minuten Fahrt immer ruhiger neben mir wurde, sah ich, dass Manu in einem Bett aus Jacken und Tüchern schlummerte.

»Na toll«, schmunzelte ich. Eigentlich war das mein Job. Während der Fahrt einzuschlafen.

Die Straße wurde immer unübersichtlicher, und der Nebel, der plötzlich aufzog, machte mir wirklich zu schaffen. Ich konnte die Bäume, die den ganzen Weg über an meiner Fensterscheibe vorbeizogen, nicht mehr sehen. Ich konnte eigentlich gar nichts mehr sehen! Immer wieder schossen entgegenkommende Fahrzeuge auf der anderen Straßenseite einfach so aus dem Nichts, und Heidis Scheibenwischer versagten auf ganzer Linie beim »Schneeschippen«. Mit zitternden Händen steuerte ich den Wagen im Schneckentempo durch die graue Suppe und musste immer wieder daran denken, dass ich meinen Führerschein seit gerade mal ein paar Monaten hatte. Aber es half nichts. Manu schlief tief und fest, und anhalten wollte ich auf dieser undurchsichtigen Strecke beim besten Willen auch nicht. Wie weit konnte es schon noch sein? Irgendwann musste dieser Pass ja auch ein Ende finden. Noch eine Kurve und noch eine. Da! Direkt vor mir tat sich eine freie Fläche auf. Ich atmete tief aus.

Die nächsten hundert Meter überzeugten mich restlos davon, dass wir uns eben in einem Paralleluniversum befunden haben mussten. Während Heidi den Berg herunterrollte, drehte sich das Wetter erneut um 180 Grad. Plötzlich strahlte die Sonne durch unsere Fenster, und ich musste schon bald die Heizung ausmachen. Manu streckte sich gähnend und verteilte dabei sämtliche Kleidung, die ihn eben noch gepolstert hatte, im Fußraum.

»Cool, Sonne!«, sagte er und grinste mich an.

Kopfschüttelnd sah ich zurück, und plötzlich fiel mir auf, dass ich gerade eine meiner größten Ängste bezwungen hatte. Ich hatte unsere bergaufwärts sehr störrische Heidi durch ein nebliges und mit Schnee bedecktes Gebirge gefahren, war gekonnt allem ausgewichen, was uns entgegenkam, und hatte keinen Unfall gebaut und kein Lebewesen auf dem Gewissen. Lächelnd strich ich über das Lenkrad. Ja, das war cool.

Nach diesem kleinen Abenteuer verschlug es uns zufällig nach Mammoth Lakes, wo wir ein paar Tage blieben. Die Berge, die uns umkreisten, hatten immer eine andere pastellige Farbe, je nach Tageszeit, und unsere Kameras liefen auf Hochtouren. Ein schöner Kontrast zu dem völlig überlaufenen und stressigen Yosemite Park. Das Beste an Mammoth waren aber die Hotsprings, die natürlichen heißen Quellen.

Es gelang uns, nur etwa hundert Meter von den Hotsprings entfernt einen Platz zum Schlafen zu finden. Jeden Morgen, wenn wir verschlafen und frierend aus dem Zelt krochen, schlichen wir leise durch das hohe, grüne Gras auf die Tümpel zu und ließen uns genüsslich in die warme Brühe sinken. Es war wichtig, vor sieben Uhr morgens dort aufzukreuzen, weil das Becken danach bevölkert war von durchtrainierten Influencern, die nach einem Foto sofort wieder abhauten. Manu schaffte es an einem Tag, sämtliche Bilder zweier spanischer Touristinnen zu fotobomben. Fanden die beiden gar nicht lustig, wir dafür umso mehr!

Mit schrumpeligen Händen und Füßen wanderten wir irgendwann zurück durch das hohe Gras und frühstückten. Danach entspannten wir uns so lange, bis es Zeit zum Mittagessen war, und abends, wenn es dunkel wurde, kuschelten wir uns am Lagerfeuer aneinander und lauschten dem schaurig-schönen Geheul der Kojoten, die sich irgendwo ganz in der Nähe befunden haben mussten. Von uns aus hätte es ewig so weitergehen können. Das war genau die Art von Outdoor-Abenteuer, die wir uns die ganze Zeit gewünscht hatten. Aber wir wussten auch, dass es nur eine Frage der Zeit war, bis wir wieder im Trubel der Nationalparks landen würden. Mit diesen wundervollen Tagen im Rücken nahmen wir das allerdings schon viel gelassener als noch vor ein paar Tagen im Yosemite.

»Ich krieg keine Luft mehr!«, ächzte Manu, während er Heidi durch das Death Valley fuhr. Die Luft in unserem Auto war so heiß, dass wir das Gefühl hatten, in einer fahrbaren Sauna zu sitzen. Ein paar Mal hielten wir an und stiegen aus, in der Hoffnung, etwas Erlösung zu finden, aber bei 45 Grad im Schatten gibt es einfach keine Rettung, und unsere Fake-Klimaanlage machte alles nur noch schlimmer. Mit roten Gesichtern tuckerten wir durch die Landschaft und wurden nicht so richtig schlau daraus, was jetzt hier genau so toll und beachtenswert sein sollte? Wir zuckten mit den Schultern und fuhren einfach so schnell wie möglich durch.

Monate später erfuhren wir von einem unserer Kumpels, dass wir scheinbar gar nicht auf dem richtigen Death Valley Trail gewesen waren. Irgendwo zwischen dem Eingang des Parks und der »richtigen« Schlucht mussten wir falsch abgebogen sein. Wir geben uns heute immer noch gegenseitig Facepalms, wenn wir daran zurückdenken.

Genauso, wie wir einfach durch Las Vegas durchfuhren. Das aber mit voller Absicht. Als zu dieser unglaublichen Hitze auch noch hinzukam, dass man nirgendwo wirklich entlanglaufen, sondern nur mit dem Auto von Casino zu Casino fahren konnte, sank unsere Lust auf diese Stadt innerhalb von Sekunden in den Minusbereich ab.

Außerdem hatte unser »Kleiderschrank«, der Raum unter Heidis Haube, die meisten unserer Sachen sehr zerknittert, ein bisschen mit Öl befleckt, und aus irgendeinem Grund stank es auch darunter. Uns störte das nicht, aber keiner von uns beiden war für »schick« ausgestattet. Statt also ins Casino zu gehen, gönnten wir uns nach unserer anstrengenden Fahrt eine Nacht im klimatisierten Hotel mit Pool. Für eine Nacht auf dem Campingplatz war es einfach zu heiß. Am nächsten Tag fuhren wir einfach weiter Richtung Osten. Wir hatten immer unser Ziel an der Küste im Blick: New York. Wie es da wohl sein würde?

In diesem Moment waren wir noch tagelang davon entfernt, überhaupt in die Nähe der Metropole zu gelangen. Kilometer für Kilometer brachten wir hinter uns, aber das Land ist groß, und ich hatte nicht das Gefühl, dass wir entscheidend vorankämen.

Manu war immer noch voll motiviert und liebte es auch weiterhin, bei jeder Gelegenheit über das Auto zu sprechen. Mir hingegen wurde das langsam alles etwas zu viel. Tagein, tagaus, seit Wochen saßen wir in Heidi. Ich stieß mir jeden Tag mindestens zwei Mal den Kopf an ihrem Eisendach, und die Lautstärke im Wagen machte mich auch mürbe. Außerdem hatte ich das Gefühl, nicht mehr so zu reisen, wie ich es schön fand. Mit viel Ruhe, lesen, sich langweilen und dadurch kreativ werden. Und wenn ich daran dachte, dass wir tatsächlich gerade erst Kalifornien hinter uns gelassen hatten, spürte ich eine ganz unangenehme Unruhe in mir. Irgendwann bat ich Manu, dass wir für ein paar Tage eine Pause machten. Ich wollte gerne irgendwo im Nirgendwo in einem kleinen Häuschen bleiben und die Zeit genießen, die wir hatten. Ein wenig Sport machen, mal wieder richtig kochen. Ich liebte unsere kleine, kompakte Art zu reisen, aber alles, was in unser Auto passte, war klein, fast schon zwergenhaft. Manu fand die Idee gut, aber vorher wollte er gerne noch einen Abstecher in den Grand Teton und den Yellowstone Nationalpark machen. Genervt sah ich ihn an.

»Können wir nicht jetzt irgendwo die Pause zwischenschieben und danach erst in den Park fahren?«

Während es in Heidi immer wärmer wurde, weil wir am Straßenrand standen, kochte auch unser kleiner Streit immer weiter hoch. Keiner von uns wollte nachgeben. Normalerweise würden wir irgendwann zu dem Schluss kommen, dass wir uns uneinig waren, und einen Kompromiss finden. Aber wenn man wochenlang auf engstem Raum eingesperrt ist und sich nicht einmal für einen kleinen Moment verziehen und für sich sein kann, dann konnte es schon mal irrational werden. Aber so richtig. Wir wurden immer lauter und lauter, während wir versuchten, die Argumente des anderen auszuhebeln, vergaßen aber beide recht schnell, was der andere überhaupt gesagt hatte, so hitzig war es in diesem Moment in unserer Heidi. Während unsere kleine Diskussion innerhalb von Minuten zum ausgewachsenen Kampf der Titanen avancierte und wir uns immer unlogischere Dinge an den Kopf warfen, hielt neben uns ein kleiner Fiat 500.

Erwartungsvoll sah uns die Fahrerin an und schaffte es tatsächlich, uns in unserem Streit innehalten zu lassen. Irritiert lächelten wir sie beide an. Sie ließ das Beifahrerfenster herunter und deutete uns an, es ihr gleichzutun. Widerwillig kurbelte ich mein Fenster herunter und sah sie bemüht freundlich an. Während ich noch den Mund aufmachte, um ihr kurz zu signalisieren, dass das jetzt gerade ein schlechter Zeitpunkt für ein Pläuschchen war, fiel sie mir schon ins Wort.

»Oh, mein Gott! Euer Auto ist so niedlich, ich hatte genau so einen, als ich jünger war. Welches Jahr ist er?«

»2003. Hören Sie, ich will wirklich nicht unfreundlich sein, aber wir sind hier gerade mitten –«

»2003? Das ist ja wirklich verrückt, aber wieso sieht er denn noch so aus wie der, den ich früher gefahren bin? Och, wenn ich das so sehe, dann werde ich ganz nostalgisch! Woher habt ihr den denn?«

»Aus Mexiko. Also, wir sind hier gerade wirklich mitten in einem Streit und würden –«

»Ohh«, kurz sah sie uns mitleidig an, setzte dann aber schon zur nächsten Parade an.

»Also meiner war rot, und eine Tür hat immer ganz witzig gequietscht …«, lachte sie.

Fassungslos blickte ich zu Manu und sah seinen ebenfalls völlig verständnislosen Blick.

Sie hatte uns zwar kurz unschädlich gemacht, aber sie hatte es nicht geschafft, unsere kochenden Emotionen sofort auszuschalten. Ohne Absprache unterbrachen wir sie in ihrem Monolog mit einem gleichzeitigen:

»Wir sind hier gerade mitten in einem Streit!!«

Perplex sah sie uns an … und redete dann WIEDER weiter!

Völlig überzeugt davon, dass wir es hier mit einer Psychopathin zu tun hatten, rollte ich sachte das Seitenfenster wieder hoch, ohne sie aus den Augen zu lassen. Kurz bevor die Scheibe sich wieder schloss, rief sie uns noch einmal zu, dass ihr Käfer aber rot gewesen war. Entgeistert löste ich die Handbremse und drückte aufs Gas. Als der Fiat im Rückspiegel immer kleiner wurde, atmeten wir beide erleichtert auf.

»Was war das denn?«, fragte Manu vorsichtig und sah mich

aus den Augenwinkeln an. Offensichtlich wusste auch er nicht, ob unser Streit damit jetzt beendet war oder ob wir ihn fortsetzen würden. Dann brachen wir beide in Gelächter aus. Unsere Laune hatte sich durch diese absurde Situation schlagartig gebessert, und wir entschuldigten uns beide für unser blödes Verhalten. Ich willigte ein, erst mal die Nationalparks abzuklappern und danach ein paar Tage Pause einzulegen. Ich war unendlich dankbar, mit Heidi und Manu unterwegs sein zu dürfen.

GRAND TETON

Obwohl wir uns vor unserer Reise wirklich Mühe gegeben hatten, die schönsten Orte herauszusuchen und die beeindruckendste Natur zu entdecken, waren wir auf den Grand Teton Nationalpark nicht vorbereitet gewesen.

Die meisten Touristen betrachten ihn nur als eine Art Eintrittstor zum Yellowstone Park, doch wir verbrachten vier ganze Tage dort und waren gefesselt von den pastellfarbenen Bergketten, den rosa Sonnenuntergängen und all den Tieren. Als wir zwischen lauter Bäumen in den Park hineinrollten und ich auf dem Schoß den Park-Plan studierte, wurden die Autos vor uns plötzlich langsamer und rollten irgendwann nur noch im Schritttempo voran. Neugierig sahen wir aus unseren Fenstern, denn das konnte eigentlich nur bedeuten, dass ein Tier zu sehen war. Ein Elch vielleicht?

Ein entgegenkommender SUV-Fahrer bedeutete uns durch die Scheibe und mit einem Fingerzeig: »BÄR!«

»Das ist jetzt nicht dein Ernst!«, rief ich und löste den Sicherheitsgurt, um richtig sehen zu können. Voller Erwartung rollten wir weiter die Straße entlang und hielten Ausschau. Einen Bären musste man ja schnell entdecken können. Bei der Größe! Manu sah ihn zuerst, und nachdem auch ich ihn entdeckt hatte, verfielen wir beide unisono in ein verliebtes »Oooh!«.

Es war noch ein ganz kleiner Bär, der da im Unterholz vor sich hin kugelte. Langsam folgten wir seinen ungestümen Schritten die Straße entlang bis zu einem Parkplatz, wo wir neben ihm anhielten und Manu ihn aus dem Auto heraus fotografierte. Einige andere Autos taten es uns gleich und parkten, ebenso wie wir, direkt vor den Bäumen. Manu hatte sein großes Teleobjektiv auf dem Lenkrad abgestützt und filmte, wie der kleine Bär hier nagte und dort buddelte. Die Autos waren ihm immer noch völlig schnuppe. Einige der anderen Fahrer stiegen sogar aus, um bessere Fotos machen zu können. Keine allzu gute Idee, falls Mama Bär noch in der Nähe sein sollte, fand ich …

Da trafen auch schon die Park Ranger ein und stiegen schwerfällig und »too-cool-for-school« aus ihrem Wagen aus und machten sich daran, alle Leute, die allen Verboten zum Trotz ausgestiegen waren, wieder in ihre Autos zu scheuchen und alle Autos von dem Parkplatz wegzulotsen. Wir waren glücklicherweise wirklich völlig eingeparkt und konnten deshalb belustigt beobachten, wie sich die beiden Ranger ein paar Meter vor dem Bärenjungen aufbauten und es anstarrten. Hände an den Gürteln und immer wieder ein unfreundliches Wort über die Schulter brüllend, standen sie da und kauten ihre Kaugummis. Irgendwann nahm der kleine Bär Notiz von ihnen, blickte sie kurz und frech an, setzte zum Sprung an und flitzte auf die beiden zu. Spielkameraden! Der coolste der beiden Ranger erschrak sich so sehr, dass er nach hinten an unsere Heidi stolperte und beim Umdrehen in unsere feixenden Gesichter starrte. Erschrocken über den Bären, der freudig zwischen den beiden Rangern hin und her sprang, und peinlich berührt, blökte er uns entgegen, jetzt endlich zu verschwinden.

Immer noch kichernd, fuhren wir weg und ließen die drei allein ihr Tänzchen fortführen. Eine bessere Showeinlage hätten wir uns nicht wünschen können.

Wir parkten unser Auto auf dem nächstgelegenen Campingplatz, und nachdem wir das Zelt aufgeschlagen hatten, erkundeten wir sofort die Umgebung und sahen ständig und überall Tiere herumflitzen, die sich kein bisschen für uns interessierten. Kojoten, Elche, Murmeltiere, Bisons, Wapitis, Dickhornschafe, Adler und Echsen. Wir waren völlig überwältigt von der Artenvielfalt in diesem Park.

Nach einem 10-Kilometer-Marsch bergaufwärts, bei dem wir unsere Flaschen mit frischem Bergquellwasser aufgefüllt hatten und den wunderschönen See und einen Wasserfall von oben betrachten konnten, stapften wir glücklich zurück ins Tal und trafen dort auf Sarah und Jake, ein junges Paar aus Duluth, die mit ihrem Hund und einem großen Sprinter durch die USA tourten. Wir verstanden uns auf Anhieb und verabredeten uns für ein kleines, gemeinsames Lagerfeuer am Abend.

Ein wundervoller Abend, an dem wir die amerikanische Spezialität S'Mores kennenlernten: Man hielt einen Marshmallow ins Feuer, drückte die geschmolzene, klebrige Masse zwischen zwei Kekshälften, auf die vorher auch noch ein dickes Stück Schokolade mit Erdnussbutter-Füllung gelegt wurde. Ein Bissen genügte, um uns endgültig davon zu überzeugen, dass »die Amis« wirklich eine Macke hatten, wenn es um Essen ging. Ich hatte noch niemals in meinem Leben so viel Zucker gleichzeitig im Mund gehabt.

»Alter!«, lachte Manu und riss dabei die Augen weit auf. Er war ein eingeschworener Erdnussbutterfan, aber das war scheinbar selbst ihm zu viel. Er redet heute noch mit einer Mischung aus Schrecken und Faszination von S'Mores.

Wie konnten Jake und Sarah offenbar regelmäßig so viele von diesen Dingern verdrücken und dabei so schlank bleiben? Die beiden erzählten uns, dass sie begeisterte Sportler waren. Extremsportler, wenn man mich fragt. Sarah lief regelmäßig Marathons und Hundert-Meilen-Läufe (bei denen man zwei Tage und Nächte unterwegs war, ohne zu schlafen oder eine richtige Pause zu machen), und Jake kletterte für sein Leben gern. Wenn Sarah nicht jeden Morgen um sechs Uhr aufstand und ihre ersten zehn Kilometer zum Warmwerden joggte, dann bekam sie schlechte Laune, sagte sie. Fasziniert hörten wir zu und stellten zwischendurch ungläubig Fragen. Solche aktiven Menschen waren mir noch nie untergekommen. Von mir ganz zu schweigen. Ich war schon froh, wenn ich es zu Hause hin und wieder mal fertigbrachte, fünf Kilometer am Stück zu laufen, und meine Yoga-Sessions halbwegs regelmäßig einhielt.

Die beiden waren der festen Überzeugung, dass jeder Kampf zuerst im Kopf gewonnen wird und dass alles nur eine Frage der Überzeugung sei. Sie wandten dieses Motto auf jede ihrer Lebenssituationen und alle Hürden an und waren dabei glücklicher als zuvor. Sie waren ihr eigenes bestes Beispiel: Mit fast vierzig sahen sie aus wie Ende zwanzig.

Dieser Abend am Lagerfeuer hat uns wirklich inspiriert. Die beiden haben mit ihrer Einstellung vermutlich recht. Ich bin zwar nach wie vor keine Extremsportlerin, aber man sollte sich bei seinen eigenen Wünschen und Zielen immer vor Augen führen: Wenn du etwas wirklich willst und dranbleibst, nicht aufgibst und völlig davon überzeugt bist, dass dein Körper und dein Geist dich ans Ziel tragen, dann schaffst du es auch. Das hat schon Nietzsche gesagt, eines meiner Lieblingszitate: »Ziele nach dem Mond. Selbst wenn du ihn verfehlst, wirst du zwischen den Sternen landen.«

Und die Sterne waren an diesem Abend auch wieder wunderschön. Ich weiß nicht, ob es an den S'Mores, dem Wein oder der guten Gesellschaft lag, aber ich war in diesem Moment so froh, auf genau dieser Reise zu sein und nicht zu Hause, in Berlin, mit all den Zweifeln, ob ich dieses kann oder jenes tun sollte. Ich lernte auf dieser Reise so viel über mich selbst, und es war genau dieser Moment, in dem mir klar wurde, dass ich auch keine Angst mehr davor hatte, zurückzukehren und vielleicht vor noch mehr Veränderungen zu stehen. Es war alles okay. Mehr noch, es war gut, und ich würde jede Hürde nehmen, wie sie kam, und mich immer an diesen Moment zurückerinnern, an dem ich in meinem Klappstuhl vor dem Feuer saß und an alles dachte, was ich in meinem Leben noch möglich machen konnte. Es war ein perfekter Moment.

Während der nächsten beiden Tage im Grand Teton Nationalpark genossen wir jeden noch so kleinen Augenblick. Das Wetter war herrlich. Die frische Luft tat uns merklich gut, und das tägliche Wandern und die Bewegung war die Abwechslung, die wir dringend gebraucht hatten. Wir hatten uns nicht wirklich viel bewegt, während wir mit Heidi durch die Prärie preschten. Dazu hatten wir sehr ungesund gegessen, und es fiel uns erst jetzt auf, dass wir beide in den letzten eineinhalb Monaten unserer Reise ordentlich zugenommen hatten. Nicht, dass es uns weiter gestört hätte – ich fand es sogar richtig befreiend, mich endlich mal nicht darum kümmern zu müssen, wie viel oder wenig ich auf den Rippen hatte. Es war ja schließlich noch lange kein neuer Dreh in Sicht. Trotzdem. Wir bemerkten, wie unsere Lebensgeister zurückkehrten, als wir jeden Tag einige Kilometer durch den Park liefen und abends erschöpft ins Zelt fielen.

Neben vielen Tieren, die unseren Weg kreuzten, beobachteten wir auch immer wieder fasziniert die Leute, die aus ihren Autos sprangen, um Fotos zu schießen und dann wie von der Tarantel gestochen zum nächsten Aussichtspunkt zu rasen. Wie schon im Yosemite Park war es mir völlig unerklärlich, wie man mit Autobahngeschwindigkeit durch einen Nationalpark heizen konnte, wo stets und ständig ein Tier aus dem nächsten Busch gehüpft kommen konnte. Es schien so, als würde das Wort »Park« in Nationalpark einen Schalter im Kopf mancher Leute umlegen und sie glauben machen, dass das hier nicht ein Areal schützenswerter Natur, sondern ein Vergnügungspark nur für sie war, in dem alles erlaubt und nichts blöd genug war. Dabei kamen sie den wilden Tieren oft viel zu nahe, nur um ein möglichst tolles Foto schießen zu können. Nachdem wir eine solche Episode hautnah miterleben mussten, grummelte ich nur noch wütend: »Ich schwöre dir, wenn der Kojote ihm in den Arsch gebissen hätte, ich hätte applaudiert!« Manu nickte grimmig.

Es gab einige solcher Vorfälle. Im Yellowstone Nationalpark hatte sich vor einigen Tagen eine Touristin viel zu nah an einen Bison herangetraut, um ein Selfie zu machen, der Bison wurde irgendwann unruhig und nahm die Gute auf die Hörner. Zum Glück flüchtete das Tier sofort, und die Frau wurde nicht schwer verletzt, aber ganz ehrlich – kann man dem Bison böse sein? Stell dir bitte einmal vor, du stehst in der U-Bahn, und irgendein merkwürdiger Typ oder eine komisch grinsende Frau kommt plötzlich ganz nah zu dir und schießt ein Foto von dir, ohne zu fragen, ohne sich vorzustellen. Ich kann aus Erfahrung sagen, dass das nicht gerade dazu beiträgt, dass man freundlicher mit seinem Gegenüber umgeht.

In solchen Situationen schien mir der Respekt des Menschen vor der Natur völlig verschwunden zu sein.

Nach diesen ereignisreichen Tagen in Grand Teton verabschiedeten wir uns von Sarah und Jake, quälten uns noch einmal durch den Stau, diesmal im Yellowstone Nationalpark, und mieteten uns eine kleine Hütte in Wisconsin, etwa drei Tage entfernt. Dort verbrachten wir die Tage mit Kochen, zur Abwechslung mal gesundem Essen, Sport, ein wenig Musik und dem Neuordnen unserer Gedanken. Es war Balsam für die Seele, und nach dieser einen Woche, in der wir in einem richtigen Bett schlafen und jeden Tag duschen konnten, fühlten wir uns bereit dazu, die letzte große Etappe in den USA anzutreten.

Unsere Reise zum Big Apple.

NEW YORK

Eigentlich waren wir mit der Idee nach New York gefahren, unser Auto schnurstracks mitten auf dem Times Square abzustellen und ein Foto von Heidi zu machen, wie sie mit aufgestelltem Dach zwischen all den bunten Videowänden steht. Das wäre mit Sicherheit DAS Foto der ganzen Reise geworden. Aber als wir endlich im Big Apple ankamen, hatten wir ganz andere Sorgen.

Es war schon kurz nach Mitternacht, als wir ankamen. Wir hatten wie üblich noch keine Unterkunft besorgt, nur war das in diesem Fall etwas naiv. Natürlich konnten wir uns nicht inmitten der Stadt mit unserem Zelt an den Straßenrand stellen und dort schlafen, also musste ein Hotel her. Wir klapperten so ziemlich jede Unterkunft ab, die Google Maps ausspuckte, fanden aber einfach keinen bezahlbaren Platz zum Bleiben. Es war zum Haareraufen. Stundenlang tourten wir durch die Stadt und staunten dabei nicht schlecht. Im Dunkeln war New York tatsächlich genau so, wie wir es uns immer vorgestellt und erträumt hatten: laut, schnell und bunt, aus den Gullideckeln dampfte es gewaltig, während die gelben Taxen über sie hinwegfegten, und die hohen Backsteingebäude und glänzenden Wolkenkratzer thronten imposant und charmant zugleich über unseren Köpfen. Auch die Leute sahen anders aus und bewegten sich anders als in Berlin. Immer wieder zeigten Manu und ich abwechselnd in verschiedene Richtungen, um uns auf etwas Neues aufmerksam zu machen. Ich weiß nicht, ob es nur das Gefühl war, endlich auf der anderen Seite dieses großen Landes angekommen zu sein, aber New York machte einen gewaltigen ersten Eindruck auf uns.

Irgendwann jedoch wurden wir müde und parkten im Halteverbot, um endlich einen Schlafplatz für die Nacht ausfindig zu machen. Wir fanden uns langsam, aber sicher mit dem Gedanken ab, dass wir in Manhattan oder irgendeinem anderen coolen Stadtteil keine Chance hätten, und erweiterten den Airbnb-Suchradius. Irgendwann stieß ich auf die perfekte Unterkunft. Die Bewertungen waren einsame Spitze, die Gastgeberin sah freundlich aus, und der Preis war vollkommen in Ordnung. Der einzige Haken an der Sache: Das Zimmer befand sich in New Jersey. Vom Times Square aus allerdings innerhalb von dreißig Minuten mit dem Zug zu erreichen.

Manu war von meiner Idee nicht besonders begeistert, denn er hatte sich schon ausgemalt, wie wir nächtelang um die Häuser ziehen würden, und war der Meinung, New Jersey sei eben nicht wirklich New York. Als Ur-Berliner hatte er zudem sofort den Berlin-Potsdam-Vergleich im Kopf. Aber ich war fest entschlossen, dass das unsere Unterkunft war, und blieb hart. Er gab nach. Eine Nacht würden wir noch in einem wirklich schäbigen Motel so weit draußen verbringen müssen, dass wir uns noch mehr ärgerten, nicht früher in die Gänge gekommen zu sein, aber dafür änderte sich alles am nächsten Tag.

Wenn ich heute daran zurückdenke, wie sicher ich mir mit dieser Unterkunft war, glaube ich doch schon wieder ein bisschen mehr an Schicksal und Karma und daran, dass man in seinem Leben immer auf genau die Menschen trifft, die man gerade braucht. Denn als wir die Gastgeberin Anna kennenlernten, war es Liebe auf den ersten Blick, und uns war sofort klar, dass dieser Mensch aus unserem Leben nicht mehr wegzudenken sein würde. Innerhalb von wenigen Tagen wurde sie zu unserer »Soul Mama«.

Als wir in den kleinen Vorort, in dem Anna lebte, einfuhren, schien die Sonne schräg auf den mit der Nagelschere geschnittenen Rasen, und in einigen Vorgärten steckten kleine Wimpel, auf denen geschrieben stand, dass ein Kind gerade in die Schule gekommen war. Auf jedem zweiten Rasen steckte eine Fahnenstange, an der voller Stolz die US-amerikanische Flagge leise im Wind wehte. Manu bog mit Heidi in die Auffahrt zu einem zugewachsenen kleinen Häuschen ein, während ich angestrengt versuchte zu erkennen, ob wir an der richtigen Adresse waren.

»Okay, sieht doch gar nicht so schlecht aus – soweit man das erkennen kann«, gab Manu zu.

Der Efeu rankte sich über die komplette Frontseite des Hauses, und der Garten war eher von der verwunschenen Sorte. Es war in jedem Fall ein Haus, das in diesem gediegenen Vorort ein wenig aus der Reihe fiel.

«Meinst du, das da ist der Eingang?«, fragte ich mit einem Fingerzeig auf eine Tür, die ein paar Meter von uns entfernt war. Hinter der Tür regte sich etwas, und kurz darauf wurde sie geöffnet, und heraus kam Anna.

Ich schätzte sie auf Mitte sechzig, aber wie sich später herausstellte, war sie gut zehn Jahre älter. Ihre wilden, dunklen Locken standen nach allen Richtungen ab und waren mit vielen grauen Strähnen durchzogen, die sie fast schon mondän aussehen ließen. Ansonsten war Anna aber eher Hippie als mondän. Sie ging am liebsten barfuß, trug weite Leinenkleider und Schmuck, der ihre blitzenden, funkelnden braunen Augen nur noch mehr hervorhob. Make-up trug sie keines, das hatte sie auch nicht nötig. Was für eine resolute, schöne Frau, war mein erster Gedanke, als ich sie sah. Wenn man so alterte, dann konnte ich es gar nicht erwarten.

Alles an Anna strahlte und hieß uns willkommen. Wie Motten ans Licht, schwirrten wir sofort auf sie zu und grinsten sie an, als würden wir uns schon ewig kennen.

»Manuel, Maria! Willkommen, ihr zwei – WOW!«, machte sie mit einem Blick auf Heidi und presste ihre Hände links und rechts in den Türrahmen, in dem sie stand.

»Wenn ihr hier reinwollt, dann müsst ihr mir versprechen, dass ich irgendwann mal in diesem Auto fahren darf!«

»Wenn's nur das ist«, sagte Manu und zuckte lachend mit den Schultern.

Freudestrahlend ließ Anna uns eintreten. Während sie vor uns herging und uns die einzelnen Räume zeigte, die sehr geschmackvoll und warm eingerichtet waren, tanzte ein kleiner, struppiger

Köter mit sehr kurzen Beinen um ihre nackten Füße herum und versuchte immer wieder an ihren Knöcheln zu schlecken.

»Das ist Schubert«, stellte sie vor. »Der Hund meines Klavierlehrers. Ein eigenwilliges Kerlchen. Ich passe auf ihn auf, während er und sein Freund im Urlaub sind.« Ich sah den kleinen Fellhaufen an, der treudoof zu mir heraufblickte und dabei mit seinem kurzen Stummelschwänzchen wackelte.

Das letzte Zimmer auf unserer kleinen Tour war das interessanteste: Überall standen Schreibtische, die über und über vollgestapelt waren mit Papieren, Büchern, Stiften, Farbe, Lupen, Klebezetteln und allem möglichen Krimskrams. Nicht einmal der Boden war sicher. Während der Rest des Hauses ordentlich und aufgeräumt wirkte, war dieser Raum das absolute Chaos, und ich verstand nicht recht, warum Anna uns an diesem Wirrwarr teilhaben ließ.

»Anna, was ist das hier?«, fragte Manu grinsend.

»Ah!« Anna warf die Arme in die Luft und ließ sie wieder herabfallen. »Ich wusste, ich würde euch mögen! Endlich spricht mal jemand meinen Namen richtig aus. Anna – nicht Äänna, danke!« Das war zwar nicht die Antwort auf die Frage gewesen, bestätigte aber meine Vermutung, dass Anna nicht in den USA geboren war und ich mir den kaum merklichen Akzent bei ihr nicht eingebildet hatte. Sie erzählte uns, dass sie in Polen geboren wurde und in den Sechzigerjahren in die USA gekommen war. Wie viele andere, vor allem jüdische Polen, auch.

»Aber jetzt zu deiner Frage, Manuel!«, sagte sie und strahlte ihn an. »Hast du vielleicht einen unverheirateten Vater?«

»Oh!«, machte Manu und lachte verlegen. »Danke, aber nein. Damit kann ich nicht dienen, meine Eltern sind immer noch glücklich verheiratet.«

»Hm«, machte Anna. »Schade. Also, wie dem auch sei. Dieser Raum ist mein Arbeitszimmer. Früher, als ich noch als Architektin gearbeitet habe, haben mein Mann und ich hier Häuser geplant. Aber seit ich alt bin, benutze ich den Raum vor allem, um hier zu malen und Französisch zu lernen. Ich weiß, es ist chaotisch. Aber es ist das kreative Herz des Hauses. Das muss so aussehen.«

»Da hast du recht«, warf ich ein. Unordentliche Menschen waren mir immer sympathisch.

»Und dein Mann, lebt der denn auch noch hier?«, wollte Manu wissen.

»Oh, nein«, sagte Anna mit einem zarten Lächeln. »Er lebt schon seit zehn Jahren nicht mehr. Meine Güte –«, sie machte eine Pause. »Zehn Jahre. Das ist eine lange Zeit, nicht wahr? Seht mal!« Sie begann mit einer Hand in einem Berg Unterlagen zu wühlen, der sich direkt neben der Tür auftürmte, und zog kurz darauf ein kleines schwarzes Buch hervor. Sie schob sich an uns vorbei und setzte sich an den großen, schweren Holztisch, der in der Mitte der offenen Küche stand. Wir sahen uns kurz an und setzten uns dann zu ihr und beobachteten, wie ihre Hände durch die Seiten flogen und ihre Augen an etwas hängen blieben, was aussah wie kurze Gedichte.

»Mein Mann war Psychologe. Und ein guter noch dazu!« Sie griff nach ihrer Lesebrille, die an einem Band um ihren Hals baumelte, und setzte sie auf die Nase.

»Er hat seinen Patienten Geschichten und Gedichte geschenkt, um sie zum Nachdenken anzuregen und ihnen aus ihren Ängsten herauszuhelfen. Das hier ist ein Buch voller Haikus. Ein Haiku ist die kürzeste Gedichtform der Welt, sie kommt aus Japan. Ein Haiku besteht immer aus drei Zeilen und fünf, sieben und wieder fünf Silben. Hier!«

Sie schob uns das kleine Büchlein unter die Augen, und wir lasen die schön geschwungenen, schwarzen Buchstaben im Stillen.

All this time wasted
wanting to be what you're not,
and could never be.

Lächelnd schob ich ihr das Buch wieder zurück und war darauf bedacht, mein Gesicht unter Kontrolle zu kriegen, denn dieses kleine Gedicht hatte mir einen ordentlichen Stich ins Herz versetzt. Ich kam mir ein bisschen vor wie beim Lesen meines Horoskops. Das, was da stand, passte natürlich meistens genau auf die Situation, in der man sich befand, und obwohl man nicht an so was Blödes glauben wollte, dachte man doch eine kurze Millisekunde darüber nach, was wäre, wenn … Trotzdem fühlte ich mich in diesem Moment von diesem Haiku vollkommen verstanden. Ich konnte mir noch so sehr wünschen, dies oder das zu sein, klüger, hübscher, erfolgreicher, sportlicher, wortgewandter, lauter, leiser – solange ich mir etwas vormachte und es im Grunde nicht wirklich ich war, wäre all die Zeit, all der Aufwand, zu versuchen, irgendetwas zu sein, verschwendet. Verblüfft schluckte ich den Kloß in meinem Hals herunter und blinzelte schnell eine kleine Träne weg. Mir kam es vor, als hätte ich gerade nur mit diesen drei kleinen Zeilen eine Lektion fürs Leben gelernt; als hätten diese drei Zeilen auf einen Schlag die Probleme gelöst, die mich zu Hause beinahe zum Wahnsinn getrieben und mich nicht in Ruhe hatten schlafen lassen. Erleichtert und berührt lehnte ich mich in meinem Stuhl zurück und hörte Anna dabei zu, wie sie noch weitere Haikus ihres Mannes zitierte und uns darüber nachdenken und sie interpretieren ließ.

Aus der Wasserkaraffe wurde bald eine Weinflasche, und das Obst aus der Schale auf dem Tisch verwandelte sich in Cracker und Nüsse. Es war gerade mal Mittag.

Irgendwann erzählte uns Anna, dass sie eigentlich gar nicht freiwillig nach New York gekommen war. Also schon, es war ihre Wahl gewesen, hierherzuziehen, aber es war nicht ihre Wahl gewesen, aus Polen verschwinden zu müssen. Entweder hatte ich im Geschichtsunterricht nicht gut genug aufgepasst, oder es stand nicht im Lehrplan, uns darüber zu informieren, dass es, weit nach Ende des Zweiten Weltkrieges, in Polen immer noch offenen Antisemitismus gab. Den Juden wurde nahegelegt, das Land zu verlassen. Offiziell wurden sie zwar nicht dazu gezwungen, aber die Regierung stellte mit Schikanen jeglicher Art sicher, dass keiner von ihnen in diesem Land seine Ruhe finden würde. Anna hatte auf einmal keine Heimat mehr, nur weil sie Jüdin war.

Sprachlos nippten Manu und ich an unseren Weingläsern. Natürlich hatten wir während unserer Reise immer mal wieder die Nachrichten verfolgt und waren erschrocken über das Erstarken rechter Kräfte in Deutschland. Hatten all diese Menschen denn die deutsche Geschichte völlig vergessen?

Annas Geschichte erinnerte mich mit einem Mal daran, dass, egal wie laut die Stimmen waren, die für Integrität, Liebe und Aufgeschlossenheit standen, immer noch mehr von der anderen Sorte aus dem Boden zu schießen schienen. Und das schien auf der ganzen Welt gerade zu passieren. Wie traurig das war.

Nachdem Anna ihre Geschichte beendet hatte, schwiegen wir erst einmal eine gute Weile. Dann erzählten wir von uns. Wir zeigten ihr Fotos und Videos von unserer Reise und erklärten ihr, was wir mit unserem Projekt vorhatten. Dass es auf vielen Ebenen eine Reise nur für uns sein sollte, aber auch, dass wir das, was wir lernten, an so viele Menschen wie möglich weitergeben wollten.

Wir erzählten ihr, dass wir noch auf der Suche nach jemandem in den USA waren, der seine Geschichte mit uns teilen wollte, bevor wir nach Kanada weiterfuhren.

Anna hörte uns aufmerksam zu und steckte sich immer wieder eine Handvoll Nüsse in den Mund. Irgendwann unterbrach sie ihr Kauen, sah uns an und sagte: »Ich kenne jemanden. Aber seine Geschichte ist nicht leicht zu verdauen, und es ist sehr schwer, überhaupt mit ihm reden zu können. Aber wenn ihr es wirklich versuchen wollt, dann stelle ich ihn euch vor.«

Wir willigten beide ein und hörten Anna während der kommenden Tage ständig telefonieren und etwas organisieren, was mit ebenjenem Treffen zu tun hatte. Wir würden Jurek Bitter, ihren alten Freund, bald kennenlernen, aber wir sollten noch etwas Geduld haben.

Das war uns aber auch ganz recht, denn in der Zwischenzeit hatten wir einen großen Traum wahrzumachen.

Wir entdeckten New York.

NEW YORK BEI NACHT UND MY FAIR LADY

Innerhalb der nächsten sieben Tage fuhren wir jeden Morgen mit dem Zug fast direkt bis zum Times Square. Von dort aus erkundeten wir die Stadt zu Fuß. Gestärkt von Annas üppigem europäischem Frühstück mit selbst gebackenem Schwarzbrot und einer ordentlichen Ladung Haferbrei mit frischen Beeren.

Am zweiten Tag stolperten wir unwissentlich in eine der

größten Paraden der USA – die PRIDE Parade. Egal wo man hinsah, überall wehten Regenbogenflaggen im Wind, und Menschen in äußerst kurzen bunten Kostümen stolzierten wunderschön und glücklich durch die Straßen. Es war ein riesiges Spektakel, und es machte solchen Spaß, so viele Paradiesvögel, die sich voller Stolz zeigten, auf einmal zu sehen. Eigentlich ein guter Anstoß, auch mal wieder nicht nur in Schwarz und Grau herumzulaufen.

Auf dem Times Square war immer etwas los, egal zu welcher Tages- und Nachtzeit man darüberspazierte. Mir war der Trubel etwas zu viel, und ich schob mich vorsichtig durch die Menschenmassen. Manu hingegen war vollkommen in seinem Element, sprang mal hier- und mal dorthin und filmte, was das Zeug hielt. Irgendwann bat er mich darum, an dem berühmten »Naked Cowboy« vorbeizugehen, damit er mich mit ihm zusammen filmen konnte. Na gut … Ich nickte etwas widerstrebend und lief langsam an dem älteren, beinahe nackten Kerl in seiner Stars-and-Stripes-Unterhose, seinen Cowboy Boots, dem Hut und der Gitarre vorbei und hoffte darauf, dass wir bald hier wegkonnten, als er in die Kamera brüllte:

»HI! Ich bin DER NAKED COWBOY!«

Mir war das Ganze total unangenehm, der halbe Times Square starrte uns an. Mittlerweile sang der Naked Cowboy lautstark, und ich ergriff die Flucht. Manu filmte immer noch und wurde in dem Moment, in dem ich bei ihm ankam, von den »Naked Cowgirls« angepöbelt.

»Heeey! Wenn du ein Foto von uns machen willst, dann musst du dafür bezahlen, Kleiner!«, polterte eine von ihnen.

»Ich hab kein Foto von euch gemacht, ich hab gefilmt!«, blökte Manu zurück und feixte wieder.

»Zehn Dollar, Freundchen!«, kam es von einer Schwarzhaarigen, die so aussah, als würde man sich nicht mit ihr anlegen wollen.

»Er hat nicht euch gefilmt, sondern mich und ihn da!«, schaltete ich mich lachend ein und zeigte auf den Cowboy, der nur mit den Schultern zuckte. »Sorry, Ladies!!!«

Beleidigt drehten sich die barbusigen Mädels um, und wir gingen weiter unseres Weges. Wir fühlten uns immer noch wie im Film.

Einige Acaí Bowls und Kaffees später checkten wir für unser nächstes Vorhaben in einer Kaufhausumkleide unsere Haare und versuchten das Maximum an Schick aus uns herauszuholen. Ein vergebliches Unterfangen nach einem dreimonatigen Roadtrip.

In Hawaii hatten wir in einem Airbnb Melissa kennengelernt, eine New Yorkerin mit asiatischen Wurzeln, die professionell Geige in verschiedenen Orchestern in New York und auf der ganzen Welt spielte. Als sie erfuhr, dass wir unsere Route geändert hatten, lud sie uns spontan in eines ihrer Stücke am Broadway ein – *My Fair Lady*. Für mich war es das absolut beste Geschenk, was man mir hätte machen können, denn der Broadway stand ganz oben auf meiner »Auf jeden Fall machen«-Liste. Die Karten waren aber unbezahlbar, und Manu war zudem nicht der größte Fan von Musicals. Doch jetzt, auf den tollen Plätzen, die Melissa uns besorgt hatte, war sogar er ganz aufgeregt und sah ziemlich zufrieden aus. Während der Vorstellung sah ich immer mal wieder zu ihm hinüber und beobachtete, wie er Musicals eben doch toll fand. Als die Vorstellung vorbei war, trafen wir Melissa am Hintereingang des Theaters, und sie nahm uns mit in die heiligen Hallen. Wir sahen die kleine Höhle, wo das Orchester direkt unter der Bühne saß, liefen über die Bühne und durften die Kulissen bestaunen, ohne dass es jemanden störte. Wir wurden von allen Seiten herzlich begrüßt, denn Melissa hatte uns scheinbar in höchsten Tönen angekündigt.

Und dann hatte ich auch noch DEN Fangirl-Moment meines Lebens: Diana Rigg, die in *Game of Thrones* die Lady Olenna Tyrell spielte. Normalerweise konnte mich ja keine Begegnung mit einem bekannten Schauspieler aus der Ruhe bringen. Ich war damit groß geworden, dass mir Journalisten immer wieder die Frage stellten: »Und wie war es denn für dich, mit so vielen tollen, bekannten Schauspielern in einem Film zu spielen?« Ich wusste damals schon ganz genau, was sie hören wollten, und rollte innerlich die Augen. Die meisten Filme der »Erwachsenen« hatte ich noch nie gesehen. Sie waren die Stars meiner Eltern und Großeltern, aber nicht meine. Für mich waren es ganz normale Kollegen, mit denen ich Spaß haben konnte und von denen ich mir vielleicht die ein oder andere Sache abschaute. Aber ich hatte nicht das Gefühl, ehrfürchtig und demütig sein zu müssen. Das wäre auch kontraproduktiv gewesen, und zum Glück gab mir keiner von meinen älteren Spielpartnern jemals ein Gefühl, bei dem ich Berührungsängste entwickelt hätte. Aber Diana Rigg fand ich einfach nur unglaublich, und ein Foto mit ihr konnte ich mir nicht entgehen lassen. Lustig, wie schnell sich die Rollen umkehren.

Noch völlig euphorisch, schloss ich zu Melissa und Manu auf, die sich vor dem Theater unterhielten.

»Hey, habt ihr Lust, noch in eine Bar zu gehen? Ein paar Straßen entfernt von hier gibt es einen Laden, in dem sich jeden Dienstagabend die Musiker aus allen Stücken und Konzerten kreuz und quer treffen und noch ein bisschen Musik zusammen machen.«

»Ja, klar!« Das klang fantastisch.

Wir liefen fast eine halbe Stunde durch das nächtliche New York, bis wir an der Bar ankamen. Und es lohnte sich wirklich.

Die Tür zu der kleinen Bar sprang auf, und es kam uns so vor, als würden wir uns plötzlich in einem anderen Jahrhundert befinden. Ein Schwall warmer Luft kam uns entgegen, und im hinteren Teil spielte schon eine kleine Jazzband. Die beiden Barkeeper wirkten wie gecastet in ihren schicken Hosen und Westen und mixten entspannt Drinks und schickten Bier und Wein über den Tresen. Ehrfürchtig stellten wir uns an den Rand der Bar, denn wir waren beide völlig begeistert von der Atmosphäre, die hier in jeder noch so kleinen Ecke dieses Raumes knisterte. In Berlin hatten wir auch tolle Bars, aber das hier war was ganz Besonderes. Wir beobachteten, wie Melissa hier und dort ihre Kollegen begrüßte und immer wieder die Tür aufging und weitere Musiker mit ihren Instrumenten unter den Armen die Bar betraten. Immer wieder wechselten die Bandmitglieder und improvisierten den besten Jazz, den ich je gehört hatte. Die Sängerinnen und Sänger, die sich zu den Instrumenten an das Mikrofon gesellten, hatten Stimmen, wie man sie eigentlich nur auf Platten, im Radio oder im Kino hörte – bearbeitet, irgendwie. Aber das hier war alles live. Wir konnten es nicht fassen. Ich weiß nicht, ob es wirklich so war oder an dem Wein und der guten Atmosphäre lag, aber in dem Laden herrschte einfach eine gute Stimmung. Alles passte zusammen, die Backsteinwände hinter der Discokugel, das Klavier, der Kontrabass, die Klarinette, die Tuba, die klatschenden Leute. Die Luft vibrierte, und wir waren so glücklich, dabei sein zu dürfen. Schöner hätte New York sich von uns nicht verabschieden können, so viel stand fest.

Ausgelaugt und strahlend fielen wir drei Stunden später in

unser Bett in Annas kleinem Dachbodenquartier und schliefen fest bis zum nächsten Morgen, dem Tag, an dem wir Jurek kennenlernten.

JUREK

Jurek war, wie Anna, polnischer Jude. Doch anders als Anna hatte er das Pech gehabt, schon 1941 geboren zu werden und als kleines Kind im Warschauer Ghetto überleben zu müssen. Die Nazis brachten seine gesamte Familie um, mit Ausnahme seiner Eltern. Der Vater überlebte ein Konzentrationslager, und seine Mutter vollbrachte das Unmögliche. Sie floh mit Jurek aus dem Ghetto, kurz vor dessen Zerschlagung. Sein Vater war noch bis zu seiner Befreiung 1945 im KZ Bergen Belsen gefangen. Nachdem Jurek und seine Eltern nach Kriegsende wieder beisammen waren, versuchten sie, sich wieder ein Leben in Polen aufzubauen, aber es wurde nicht über das Geschehene gesprochen. Jureks Eltern fanden nicht den Weg, nicht die Worte, um sich auszudrücken, und wollten wahrscheinlich selbst in ihren Gedanken nie wieder zurück an diesen Ort. Eine Überlebensstrategie.

Also lebte auch Jurek sein Leben weiter, als wären er und seine Eltern niemals im Ghetto gewesen. Er konnte sich auch nur noch dunkel an einzelne Bilder von damals erinnern. Den Hunger, die Kälte, die Angst, all das vergaß er. Er studierte Chemie und erhielt seinen Master in Warschau, danach reiste er 1965 nach Israel, um sein Studium dort fortzusetzen.

Eines Tages, er fuhr mit seinem Roller durch die Straßen, um einen Freund zu besuchen, hatte er einen schrecklichen Unfall: Er stürzte und fiel in eine Asthäckselmaschine.

Ich möchte hier nicht weiter ins Detail gehen, denn ich denke, man kann sich vorstellen, wie grausam das gewesen sein muss. Jurek überlebte knapp, aber blieb halbseitig gelähmt. Somit konnte er nicht mehr als Chemiker arbeiten, und er verfiel in schwere Depressionen.

Plötzlich tauchten in Jureks Kopf völlig unvermittelt Bilder auf, die dort eigentlich gar nicht sein konnten. Es waren Erinnerungen vom Holocaust, von Konzentrationslagern und vom Warschauer Ghetto. Durch den Unfall und die Todesangst schienen diese tief vergrabenen Erinnerungen wieder an die Oberfläche zu kommen. Mit seiner gesunden linken Hand begann er irgendwann, die schrecklichen Bilder aus seinem Kopf zu Papier zu bringen, er wusste keinen anderen Weg, sich zu helfen. Immer eindringlicher, immer klarer wurden seine Gemälde. Und als er irgendwann den Bleistift gegen Farben eintauschte, wurde seine Traumabewältigung zu einer ganz eigenen Kunst, die einerseits bedrückende Szenen zeigte und doch wunderschöne Bilder waren.

Als Jurek begriff, dass diese Bilder vielleicht auch für andere Menschen eine Möglichkeit sein könnten, den Horror des Holocaust besser zu verstehen, entschied er sich, dieser Kunst sein gesamtes Dasein zu widmen. Also ging er nach New York und studierte Kunst. Er veranstaltete Ausstellungen und brachte, trotz seiner Behinderung, alles an Energie auf, was in ihm noch vorhanden war, um seine Bilder der Welt zu zeigen. Auch privat hatte er viele Schwierigkeiten zu bewältigen.

Ich fragte mich, wie ein einzelner Mensch so viel Kraft in sich versammeln konnte, ohne irgendwann einfach aufzugeben. Ich hatte die Geschichte des Warschauer Ghettos aus dem Unterricht noch ganz genau im Kopf. Vor allem die Episode mit dem

Widerstand der letzten Überlebenden ließ mich immer wieder sprachlos zurück.

Manu musste es, nach seinem Gesichtsausdruck zu urteilen, ähnlich gehen, als wir eng gedrungen mit Anna in dem kleinen, schäbigen Fahrstuhl standen, der uns nach oben, in Jureks Etage führen sollte. Nervös trippelte ich von einem Fuß auf den anderen. Immer wenn mein Blick den von Anna kreuzte, lächelte sie mir warm zu, aber auch sie sagte nichts. Wir waren alle gespannt, wie dieses Interview verlaufen würde, und mir war klar, dass es das anspruchsvollste von allen bisherigen Interviews war. Anna hatte nur angedeutet, wie schwierig ein Gespräch mit Jurek verlaufen konnte, und Manu und ich wussten, dass wir neben unserem Einfühlungsvermögen und dem Fingerspitzengefühl diesmal auch ganz besonders viel Geduld haben mussten. Irgendwo im Hinterkopf hatte ich auch die leise Sorge, dass Jurek vielleicht nicht so gut auf zwei junge Deutsche zu sprechen sein könnte.

Anna klingelte, als wir an Jureks Tür angekommen waren. »J. Bitter« stand auf dem Schild. Die Klingel surrte, und das Erste, was wir hörten, war lautes Gekläffe hinter der weißen Tür.

Dann, einige Momente später, öffnete sich die Tür erst einen Spaltbreit und dann langsam immer weiter. Wir blickten in Jureks Gesicht. Er hatte eine große Brille auf der Nase und ein freundliches Lächeln aufgelegt. Auch wenn wir sofort bemerkten, dass eine Gesichtshälfte etwas schlaffer war als die andere. Seine Gestalt war groß und sehr dünn. Lange Arme, von denen der rechte noch länger wirkte als der linke. Sein Gesicht war notdürftig rasiert, und eigentlich hätte man, auf den ersten Blick, denken können, dass er ein vollkommen normaler alter Mann war. Bis er anfing zu sprechen.

Jurek ließ uns eintreten, und dabei kamen seine Worte kaum hörbar, heiser und in einer hohen Tonlage aus seinem Mund. Ich sah die große Narbe, die an seinem Hals prangte, und schluckte. Dort hatte die Maschine ihn wahrscheinlich an den Stimmbändern erwischt. Vorsichtig traten wir ein. Der kleine weiße Hund hatte sich immer noch nicht beruhigt, und Anna, die Jurek sofort eine Umarmung aufgedrückt hatte, steuerte schnurstracks auf den Fellball zu und gebot ihm, endlich die Klappe zu halten, was er dann auch tat.

Jurek sah Manu und mich mit großen Augen an, studierte uns. Ich konnte dem Blick nicht wirklich standhalten und suchte mit den Augen die Wohnung ab, während Manu Jurek dafür dankte, dass er uns eingeladen hatte. Er antwortete langsam und brauchte viele Pausen, um seine Antwort zu formulieren, freute sich aber zu meiner Erleichterung ebenfalls riesig, dass wir da waren.

Ich hatte währenddessen entdeckt, dass an jeder von Jureks Wänden mehrere seiner Gemälde hingen. Es waren ganz unterschiedliche Formate und Techniken, und es schien, als würden die Bilder völlig zusammengewürfelt nebeneinander hängen. Ansonsten bestand das kleine Wohnzimmer, in dem wir standen, lediglich aus einem großen Tisch und einer Couch. Überall lagen Bücher und Zeichnungen herum, von der Farbe ganz zu schweigen. Und obwohl die Wohnung so spärlich eingerichtet war, fand ich, dass hier doch eine Art Gemütlichkeit herrschte. Anna bereitete in der Küche Kekse und Kaffee zu, und wir setzten uns mit Jurek auf die Couch, während sein Hund über sämtliche Möbel sprang und mehrfach versuchte, unser Mikrofon aufzufressen. Als Anna zurückkehrte, einen Teller mit Gebäck in einer Hand und zwei volle Tassen Kaffee in der anderen balancierend, starteten wir mit unserem Interview.

Jurek war ein sehr geduldiger Protagonist, wahrscheinlich, weil ihm bewusst war, dass auch wir sehr viel Geduld mit ihm aufbringen mussten. Ich stellte ihm unsere Fragen so deutlich wie möglich, aber seine Antworten waren oft lang und schwer verständlich, vorrangig natürlich wegen seiner brüchigen Stimme. Trotzdem schaffte er es von Anfang an, uns in seinen Bann zu ziehen, und was er uns über sein Leben erzählte, machte uns betroffen und fassungslos. Ich hatte zuvor noch nie persönlich mit einem Holocaustüberlebenden gesprochen. In der Schule etwas über unsere Geschichte zu erfahren, war etwas vollkommen anderes gewesen, so abstrakt. Jurek nun hier vor uns zu haben, ließ den Gedanken an das Grauen der damaligen Zeit fast unerträglich werden. Dass das wirklich alles mal passiert ist – es jagte mir Schauer über den Rücken und die Arme.

Draußen, vor dem Fenster, fuhren immer wieder Polizei und Krankenwagen mit lauten Sirenen vorbei, und der Hund antwortete mit lautem Gekläffe, wenn es wieder so weit war. Doch wir waren so gebannt von Jureks Erzählungen, dass wir das kaum mitbekamen.

Nach dem Interview standen wir auf, um uns die Gemälde in seiner Wohnung anzuschauen und uns von ihnen erzählen zu lassen. Was sie bedeuteten, was er damit erzählen wollte. Zwölf Gemälde sahen wir uns an. Ich neben Jurek, der sprach und gestikulierte, Manu hinter uns, mit der Kamera, Anna ein wenig weiter entfernt. Die Menschen auf den Bildern waren verzerrt, wie aus einem Traum. Sie alle waren entweder nackt oder barfuß, die Gliedmaßen zu lang und zu dünn, die Augen viel zu groß für die Köpfe, voller Schrecken. Als wir beim letzten Bild angekommen waren, bat ich ihn, mir seinen größten Wunsch für die Zukunft zu offenbaren.

Er machte eine lange Pause, bevor er antwortete, und sagte dann: »In den Sechzigerjahren bin ich nach Berlin gekommen, um jemanden zu besuchen. Als ich eines Abends mit ihm und seiner Familie am Esstisch saß und davon erzählte, dass ich Jude war, wurde es plötzlich ganz still am Tisch. Keiner wollte mehr mit mir reden, und es fühlte sich an, als wäre der Krieg immer noch nicht vorbei. Es war schrecklich. Dieses Gefühl kriecht auch heute wieder an die Oberfläche, wenn ich mir die Nachrichten anschaue. Und es macht mir Angst. Mein Wunsch für die Zukunft, mein letzter Wunsch, wäre es, meine Bilder in Berlin auszustellen. Es würde vielleicht nicht in allen Köpfen der Welt etwas bewegen, aber in meinem würde es Ruhe schaffen. In meinem Kopf wäre der Krieg dann vielleicht endlich vorüber.«

Betroffen sah ich über meine Schulter hinüber Manu an, der langsam die Kamera herunternahm und mich mit demselben Gesichtsausdruck anschaute. Wir waren beide sprachlos.

Kurz bevor wir uns verabschiedeten, holte er noch einmal tief Luft und machte es uns mit seinen nächsten Worten noch schwerer, nicht völlig die Fassung zu verlieren.

»Ich danke euch beiden von Herzen, dass ihr zu mir gekommen seid. Dass ein alter Mann und seine düsteren Bilder euch interessieren, zwei junge Deutsche, das macht mich so glücklich und gibt mir Hoffnung. Ihr seid mutig, ihr seid die Zukunft.«

Zwei feste Umarmungen später traten wir aus der Tür und winkten Jurek zum Abschied, während wir den Flur zum Fahrstuhl entlanggingen.

Noch am selben Abend schmiedeten wir den Plan, Jurek nach unserer Reise für eine Ausstellung nach Berlin zu holen und ihm damit seinen letzten Wunsch zu erfüllen. Anna war Feuer und Flamme und würde auf jeden Fall dabei sein wollen, sagte sie.

Monate später, als wir schon längst wieder in Deutschland waren, half sie uns bei allen organisatorischen Dingen. Wir kümmerten uns um eine Galerie, fanden heraus, wie man Gemälde von New York nach Berlin transportierte, und versuchten, die deutsche Presse auf unser Vorhaben und Jurek aufmerksam zu machen. Keine leichte Sache!

Vor allem, weil Jurek kurz vor der geplanten Ausstellungseröffnung in Berlin eine schwere OP hatte. Bis heute wissen wir nicht, wann und ob er wieder reisefähig sein wird. Sein Zustand machte uns wirklich Angst, aber Anna schrieb uns vor Kurzem in einer ihrer wunderbar eigenartig formulierten E-Mails, dass allein der Gedanke an die Ausstellung Jurek immer wieder neue Kraft und Auftrieb gibt. Als er von seiner Narkose erwachte, soll das Erste, was er zu seinem Arzt gesagt hat, »Wann kann ich nach Berlin?« gewesen sein.

Wir hatten Anna und Jurek und sogar den merkwürdigen kleinen Hund Schubert, der ständig meine Unterhosen klaute, ins Herz geschlossen und ließen New York und die drei nur ungern zurück. Vielleicht war es der schmerzhafteste Abschied von allen, weil wir nicht wussten, ob und wann wir die beiden wohl wiedersehen würden.

Aber unsere Reise wollte zu Ende gebracht werden. Der letzte Rest dieses Trips, dieses Abenteuers, musste bezwungen werden. Mit einem von Annas selbst gebackenen Broten, in ein Tuch gewickelt, machten wir uns auf den Weg nach Neufundland.

NEUFUNDLAND

Ich sah aus dem von Salz verklebten Fenster der Fähre, auf der wir die letzte Nacht verbracht hatten, und schaute mir den Sonnenaufgang an. Der Himmel – ein Mix aus Wolken in Knall-orange und Pink – ließ das Wasser lila schimmern, und am Horizont blitzte die Sonne auf. Es war perfekt! Also fast: Denn Manu versuchte währenddessen, sich unter lautem Fluchen in der winzigen Duschkabine die Haare zu waschen, und stieß dabei immer wieder rumpelnd an das Waschbecken oder das Klo.

In diesem Moment aber wurde ein Gefühl in mir immer stärker: Die Fahrt über die kanadische Grenze war ein Kinderspiel gewesen. Sogar über unseren Scherz, der eigentlich keiner war, dass wir das ganze Auto voller Tequila hatten, lachten die Grenzbeamten nur und ließen uns weiterfahren. Kanada kam uns vom ersten Moment an noch schöner, noch freier, noch wilder als die USA vor, und komischerweise roch es hier nach … Heimat. Ich glaube, das war auch der Grund für meine plötzlich aufkommende Melancholie. Ich sah die Küste, das Meer, die kleinen Blumen an den Klippen und die grünen Hügel, durch die sich glatte, dunkle Straßen schlängelten. Die Häuschen links und rechts davon und die Menschen, die uns freundlich zulächelten. Nichts davon sah aus wie zu Hause, aber der Geruch dieser Orte und Landschaften, durch die wir fuhren, erinnerte mich an Deutschland, und wenn ich die Augen schloss, dann war ich in Gedanken schon dort.

Die Fährüberfahrt nach Neufundland gab uns Zeit, kurz innezuhalten und uns darauf vorzubereiten, dass wir bald am Ende unserer Reise ankommen würden. Unser letztes Ziel war der östlichste Punkt Nordamerikas, Cape Spear. Ähnlich wie New York war das ein Ort, der sich für uns fast mystisch anfühlte. Das Einzige, was nach Neufundland kam, war der Rückflug. Dann wäre die Reise vorbei. Und was kam danach? Aber diesen Gedanken drückten wir beide erst mal weg.

Melancholisch, aber auch voller Vorfreude auf die letzten Wochen packte ich meinen Rucksack, und als die elektronische Glocke läutete und die Ansage durch die Lautsprecher schallte, dass wir bald an Land gehen würden, schlenderten Manu und ich Hand in Hand zu Heidi, die im Bauch des Schiffes auf uns wartete.

«Und? Fühlt sich irgendwie merkwürdig an, oder?«, fragte ich. Als Antwort drückte er meine Hand noch ein wenig fester.

Dass Inseln irgendwie immer anders tickten als das Festland, war uns auf unserer Reise schon öfter aufgefallen. Aber das kleine Neufundland mit seinen vielen Nationalitäten und verschiedenen Lebensweisen, die sich alle auf etwas mehr als 100 000 Quadratkilometern zusammenfanden, überraschte uns dann doch. Da war natürlich der kanadisch-entspannte Spirit, der überall durch die Luft wehte. Aber die Häuser sahen skandinavisch aus, die Menschen redeten unverständlich wie Schotten, und überall sah man irische Pubs und italienische Flaggen. Aber am allermeisten überraschte uns das Essen. Es war nicht typisch kanadisch, nicht typisch europäisch und auch nicht typisch US-amerikanisch, aber von allem war irgendwie etwas dabei. Schwer einzuordnen, auf alle Fälle, aber unfassbar lecker und weniger ungesund als das, was wir die letzten beiden Monate alles so auf dem Teller hatten. Vor allem aber gab es viel Fisch, was bei der Lage mitten im Meer ja nicht besonders schwierig zu erraten war.

Wir fühlten uns pudelwohl in unserem ersten Ankunftsort St. John's, der kleinen Hafenstadt, die mit ihren bunten Holzhäusern einen gleichzeitig robusten, aber auch coolen Charme versprühte – es gab sogar Hipster! In einem sehr schönen Klamottenladen, den wir eigentlich nicht hätten besuchen dürfen, weil wir sowieso keinen Platz mehr im Auto hatten, erzählten uns die beiden netten Verkäuferinnen hinter dem Tresen ein wenig mehr über die Insel. Und sie empfahlen uns Bonavista, einen kleinen Ort nur ein paar Stunden weiter nördlich. Während wir uns die Karte ansahen, lachten wir uns schlapp über die Ortsnamen, die wir entdeckten: Neben Come by Chance, Swift Current, Heart's Desire, Goobies und Little Heart's Ease fanden wir sogar einen Ort namens Dildo. Nicht gerade Erwachsenen-Humor … aber *come on*!

Am nächsten Morgen war es endlich an der Zeit, Cape Spear und den dazugehörigen Leuchtturm zu erkunden. Wir standen sehr früh auf, um unseren Traum-Ort in Ruhe und ohne Scharen von Touristen erleben zu können. Während unserer sieben Monate hatten wir recht schnell gelernt, dass man wirklich besser dran war, wenn man selbst der frühe Vogel war. Also fuhren wir in der klammen Kälte durch den Morgen und sahen den Leuchtturm wegen des Nebels erst, als wir schon unmittelbar davorstanden.

Es war sehr ruhig, als wir ausstiegen. Nur der Wind wehte heftig, und eine Fahnenstange klapperte aufgeregt umher. Jeden Schritt auf der Treppe hinauf zum Leuchtturm nahmen wir mit Bedacht und achteten genau auf das Gefühl, das sich ausbreitete, je höher wir kamen. Der Wind zerrte mehr und mehr an unseren Jacken und wirbelte meine Haare durcheinander. Und obwohl er es uns schwerer machte, unser Ziel zu erreichen, stiegen wir voller Vorfreude mit noch festeren Schritten immer höher durch den Nieselregen.

Oben angekommen, holten wir beide tief Luft und sahen uns einen Moment an, bevor wir vor Freude einen lauten Schrei losließen und uns gegenseitig in die Hände klatschten. Ein kleines Freudentänzchen durfte natürlich auch nicht fehlen. »Geschafft, geschafft, geschafft!«, schrien wir in den Nebel, und als wir irgendwann außer Puste waren, sahen wir gemeinsam auf die Wellen vor uns, und pures Glück durchströmte mich. Auf der anderen Seite dieses großen, blauen Nichts, was da vor uns lag, war Europa, war unsere Heimat. Es wirkte, als müssten wir bloß die Arme ausstrecken, und schon könnten wir danach greifen. Und doch war es so weit weg.

Plötzlich unterbrach ein lautes Geräusch unsere andächtige Stille. Es klang wie ein Ventil, das von draußen auf dem Meer kam. Verwirrt sahen wir erst uns an und dann wieder zu der Stelle, wo das Geräusch herkam. *PFFFFFFFFFFUUUUSHHHHHHHH*, machte es wieder. Und diesmal sahen wir, was dieses Geräusch machte: ein Wal! Ein riesiger Wal, der direkt vor uns, unten an der Klippe, seine Luft und das Wasser in einer riesigen

Fontäne ausblies. Er war so nah, dass wir ihn genau beobachten konnten. Uns trennten nur die steilen Felsen voneinander.

»Nicht dein Ernst!«, stieß Manu hervor und grinste von einem Ohr zum anderen. Wie verrückt der Zufall manchmal war, und wie schön war dieser Moment!

Wir standen noch lange da und beobachteten, wohin der Wal unterwegs war, bevor wir uns zurück in unser Auto setzten und einen Moment lang nicht wussten, was nun zu tun war. Beseelt von diesem wunderschönen Erlebnis, warteten wir, bis wir uns aufgewärmt hatten, und fuhren davon. Die Insel wollte erkundet werden, und wir hatten keinen Plan mehr vor uns, der uns beschrieb, wo es langgehen sollte. Was für ein Glück.

BONAVISTA

Bonavista wurde uns von so vielen Seiten als einer der allerschönsten Orte Neufundlands angepriesen, und ja, als wir dort ankamen, klappten uns tatsächlich die Kinnladen herunter. Bonavista hatte seinen ganz eigenen Charme. Es war irgendwie echt. Hier hatte man das Gefühl, wirklich in die Kultur der Neufundländer einzutauchen. Hier war alles eine Mischung aus rustikal und zart. Der verlebte Hafen stand im Kontrast zu den feinen Blumen gegenüber, und die Kirche, die schneeweiß inmitten eines senfgelben Blumenmeeres stand, war umgeben von wettergegerbten Häusern, die aussahen, als würde in ihnen schon zumindest die vierte Generation der Familie leben.

Der Himmel war strahlend blau, als wir ankamen, aber es fegte ein kalter und starker Wind über die Küste. Wir hätten uns mit unserer Heidi vermutlich überall hinstellen können, uns hätte sicher keiner weggescheucht, aber als am Horizont die ersten dunklen Wolken auftauchten und der Wind immer stärker wurde, entschieden wir uns gegen eine Nacht im Freien und suchten nach einer Bleibe. Diese war schnell gefunden, denn der Ort war klein. Jeder kannte jeden, und allzu viele Hotels gab es auch nicht. Wir kamen bei Joanna unter. Eine robuste Frau, Ende vierzig, die es liebte zu reden. Sie wohnte, anders als scheinbar alle anderen hier, die sich mit den gemütlichen kleinen Holzhäuschen begnügten, in einem großen massiven Haus mit vielen Zimmern und einer riesigen Küche. Ihre Kinder waren alle ausgezogen, und der Einzige, der ihr noch Gesellschaft leistete, war ein dicker, mürrischer Kater namens Max.

Während sie uns nach unserer Ankunft zum Frühstück Eier briet, ließ sie uns immer mehr Details über das größte Unglück ihrer Familie wissen, das ihr am Ende aber dieses Haus hier bescherte.

Zwei ihrer Brüder waren Seeleute gewesen und fuhren jeden Morgen aufs Meer hinaus. Eines Tages kam keiner der beiden Männer auf der »Ryans Commander« zurück nach Hause, denn das Schiff geriet in einen Sturm, kippte und sank. Wie sich bei den Untersuchungen herausstellte, war das Schiff eine Fehlkonstruktion gewesen und hätte niemals in See stechen dürfen. Die Erbauer gingen einen Kompromiss ein, der das Schiff zwar schneller und wendiger für den Fischfang machte, es aber dafür einiges an Stabilität einbüßen ließ und damit zwei Leben kostete.

Joanna und ihre Familie setzten alle Hebel in Bewegung, um die Verantwortlichen zu verklagen. Der Rechtsstreit dauerte ewig, aber am Ende gewannen sie und bekamen eine große Schmerzensgeldsumme zugesprochen. Obwohl sie all das Geld natürlich sofort gegen ihre Brüder eingetauscht hätte, nahm sie es an und baute dieses Haus, in dem wir nun saßen und unser Rührei aßen. Sogar ein Buch hatte sie über diese Geschichte geschrieben. Es war nicht nur ihre Art, mit der Trauer umzugehen, sondern auch der Versuch, das Schicksal ihrer Brüder, so gut es ging, mit der Öffentlichkeit zu teilen. Niemals wieder sollte ein Kompromiss bei der Sicherheit eines Bootes über das Leben unschuldiger Menschen entscheiden dürfen. Joannas energische Art und ihre Stärke imponierten uns sehr.

Wir hatten fertig gefrühstückt und saßen noch ganz gerührt von ihrer Geschichte gemeinsam am Tisch.

Joanna sah auf ihr Handy und sagte: »Ich denke, heute wäre ein guter Tag, um Wale zu sehen. Soll ich unseren Käpt'n fragen, ob er euch mit rausnimmt? Der alte Gauner schuldet mir eh noch einen Gefallen.« Kicherte sie in sich hinein.

Dass wir sofort anfingen, wild zu nicken und auf unseren Stühlen herumzurutschen, muss ich wohl nicht erzählen. Wer würde nicht gerne Wale sehen?

Unsere Haare waren völlig zerzaust, als wir zurückkamen, und unsere Wangen glühten – sicher auch wegen der prallen Sonne, andererseits bin ich mir sicher, dass wir niemals zuvor so beseelt, überwältigt und glücklich gewesen waren wie nach unserer Whale-watching-Tour in Bonavista.

Das kleine Schlauchboot, mit dem wir nach draußen gefahren wurden, bot Platz für maximal acht Leute, inklusive unseres Käpt'n. Wir waren so dicht am Wasser und damit so nah an den Walen, dass wir sie beinahe hätten berühren können. Eigentlich war bei diesen Tieren Abstand halten geboten, denn immerhin konnte ein erwachsener Buckelwal bis zu 30 000 Kilogramm schwer und bis zu 15 Meter groß werden. Damit sollte man nicht spaßen, besonders nicht, wenn man in einem kleinen Schlauchboot sitzt. Aber die Tiere selbst waren sehr neugierig auf dieses komische kleine, orangene Ding mit diesen Winzlingen in ebenfalls orangen Jacken obendrauf und kamen immer näher. Unsere Kameras und die Drohne waren im Dauereinsatz, und jede Fontäne, die die Wale ausstießen, erntete Lachen und Gejohle von unserem Boot. Das waren Bilder und Momente, die wir nie wieder vergessen werden. Nur das Gefühl angesichts dieser einzigartigen Tiere kann man nicht festhalten.

Während wir noch völlig überwältigt versuchten einzuordnen, was da gerade passierte, winkte uns einer der Wale behutsam mit seiner Flosse zu, und weil er so nah war, brachte er dadurch unser kleines Boot sanft zum Schaukeln. Danach glitt er wieder in die Untiefen des Meeres und ließ uns nur noch erahnen, wo er sich gerade befand. Dieser schimmernde, türkisblaue Schein an der Wasseroberfläche, kurz nachdem ein Wal abtauchte, würde für immer meine Lieblingsfarbe sein. Plötzlich wanderte dieser blaue Schimmer wieder auf die Oberfläche zu, und als der Wal mit dem Kopf zuerst durch das Wasser stieß, war er so nah, dass wir jeden seiner Buckel zählen und sein großes, schönes Gesicht betrachten konnten. Wir alle waren ganz still, und ich sah ihm direkt in die Augen. Ich hatte überhaupt keine Angst, diesem Koloss so nah zu sein, denn die Ruhe, die er ausströmte, sprang direkt auf mich über. Ich war mir sicher, dass hinter diesen Augen die Weisheit der Welt wohnte. Das waren denkende und fühlende Wesen, die uns Menschen ansahen und einfach als das wahrnahmen, was wir waren. Anders als sie, aber trotzdem ein Teil von ihnen. Ich kann nicht genau sagen, warum ich mir so sicher war, dass das wirklich so ist. Ich wusste es einfach.

Mir fiel auf, dass die magischsten Momente unserer Reise oft etwas mit der Begegnung mit Tieren zu tun gehabt hatten. Es war eine sehr subtile Erkenntnis und ganz bestimmt nicht der Grund, warum wir ursprünglich auf diese Reise gegangen waren, aber Lehrer findet man eben überall. In diesem Fall hier kilometerweit draußen auf dem offenen Meer.

Ist es nicht verrückt, dass diese Tiere eine solche Ruhe und Sicherheit ausstrahlen, obwohl der Mensch nichts als Unheil über sie bringt? Bei Gefahren wie Plastik im Meer, immer weniger Nahrung und Bedrohung durch Walfänger nehmen sich diese freundlichen Kolosse die Zeit, an uns heranzutauchen und uns behutsam mit der Schwanzflosse zu grüßen. Während man völlig überwältigt versucht einzuordnen, was da gerade passiert, scheint das kleine schwarze Auge des Wals das zu registrieren und einem sagen zu wollen: Es ist o. k. Und tatsächlich, die Ruhe dieser Tiere ist ansteckend. Im Nachhinein hat man das Gefühl, als hätte der Wal dir ein Geheimnis anvertraut. Eines, das man nicht erzählen, sondern nur erfahren kann.

Überglücklich genossen wir den Rest des Tages und taumelten immer wieder vor und zurück zwischen dem, was wir gerade erlebt hatten, und dem Wunsch, dass alle Menschen diese Erfahrung machen sollten, um die Welt ein wenig besser zu verstehen.

EIN ZAUBER

Während der nächsten Tage erkundeten wir die Umgebung von Bonavista und lernten jeden Tag etwas Neues dazu. Zum Beispiel, dass Heidis Scheibenwischer dem neufundländischen Regen alles andere als gewachsen waren und dass es hier weit und breit keine Tankstelle gab, die nach 19 Uhr noch geöffnet hatte. Dafür aber umso mehr Elche, die kauend neben Straßenschildern chillten und uns gelangweilt ansahen, während wir Angst hatten, sie würden uns bei der kleinsten falschen Bewegung sofort ihre schlaksigen Beine ins Auto hauen.

Wir lernten, dass es hier eine Fischart, die sogenannte Lodde, gab, die jeden Sommer zum Laichen an einen der Strände kam und dabei ihr eigenes Leben aufgab. Es war ein riesiges Spektakel, bei dem Hunderte Fische an einem kleinen Strand übereinandersprangen, und die Leute sammelten sie einfach mit ihren bloßen Händen ein, um sie später zu braten.

Wir begaben uns auf die Suche nach Eisbergen, die an Neufundland häufig einfach vorbeitrieben und die verrücktesten Fotomotive darboten.

An einem Tag beobachteten wir Papageientaucher, die ich am liebsten eingefangen und mit nach Hause genommen hätte. Wir gingen wandern und atmeten jedes Mal tief und sehr bewusst ein, wenn wir an einer Klippe standen und irgendwo da draußen wieder einen Wal vermuteten. Wir lernten die Steinstrände zu lieben und sammelten schöne Kiesel als Mitbringsel für unsere Familien und Freunde.

Wir genossen die atemberaubenden Sonnenuntergänge bei einer Flasche Wein und verliebten uns in die warmherzigen Menschen, die wir auf unserem Weg trafen.

Neufundland hat sich, obwohl wir anfangs so wenig darüber wussten, still in unsere Herzen gestohlen. Als wir zwei Wochen später wieder auf der Fähre standen und einen letzten Blick auf die kleine Insel warfen, wussten wir, dass wir auf jeden Fall irgendwann zurückkehren würden. Vielleicht nicht sofort, vielleicht nicht im nächsten Jahr, aber irgendwann würden wir diesen Zauber mit Sicherheit noch einmal spüren wollen.

HEIMWÄRTS

Der Tag unserer Abreise rückte immer näher.

In Québec, dem vorletzten Stopp unserer sieben Monate, standen wir mit Heidi, deren Türen weit gehöffnet waren, auf der Auffahrt unseres Airbnb und räumten alles aus ihrem Inneren auf die Straße.

Da waren Tequilaflaschen und Porzellan aus Mexiko, Heidis Sitzüberzüge, die wir in Belize gekauft hatten, jede Menge Bücher und die ganze Campingausrüstung aus den USA, das letzte Stückchen vertrocknetes, selbst gebackenes Brot von Anna, ein dicker Wollpullover und eine Fischerkappe von Neufundland. Dazwischen steckten überall Kassenbons und Eintrittskarten von all den Orten, die wir besucht und an denen wir etwas gekauft hatten. Ich fand sogar die Karte unserer Surflehrerin aus Hawaii wieder, die sie uns zugesteckt hatte, falls wir zurückkommen würden. Wehmütig bahrten wir alles vor Heidis mit Fliegen beklebtem Antlitz auf und entschieden uns, was Platz in unserem Koffer fand, was weggeworfen oder verschenkt werden konnte und was in Heidi bleiben würde. Aus den mickrigen Lautsprechern im Inneren des Autos dröhnten uns surrend im

Wechsel Disneysongs und Reggae entgegen. Still sahen wir uns all unsere gesammelten Schätze an. Immer wieder hielt einer von uns dem anderen etwas entgegen mit den Worten: »Weißt du noch?« Mal mussten wir dann laut lachen, mal schwiegen wir andächtig und voller schöner Erinnerungen. Ein bisschen kamen wir uns dabei vor wie ein altes Ehepaar, das in einem längst vergessenen Fotoalbum blätterte.

Irgendwie war es ja auch so. Wir hatten innerhalb dieser letzten sieben Monate so viele Erfahrungen gemacht und Eindrücke gesammelt, wie wir sie in sieben Monaten Alltag zu Hause niemals hätten sammeln können. Stolz blickten wir auf all unsere Habseligkeiten und unsere kleine Heidi, die uns ohne einen einzigen Ausfall 20 000 Kilometer durch jegliches Terrain getragen hatte. Was hatten wir für ein unverschämtes Glück mit ihr gehabt. Sogar mir, der Anti-Auto-Enthusiastin schlechthin, hatte dieses kleine Kraftpaket Gefühle entlockt.

Wir konnten sie nicht einfach irgendwo zurücklassen. Deshalb hatte Manu kurzerhand beschlossen, Heidi von Montreal aus nach Deutschland verschiffen zu lassen. Ich fand die Idee gut. Auch wenn ich mir nicht ansatzweise vorstellen konnte, wie Manu es fertigbringen wollte, sie in Deutschland anzumelden – ein Auto von 2003 mit der Technik eines Wagens aus den späten 30er-Jahren. Aber er hatte sie schließlich schon in Mexiko gekauft und durch drei Länder gelotst – das würde er schon hinkriegen.

Wir ließen nur die schweren, platzraubenden und weniger kostbaren Dinge unter Heidis Haube zurück und stopften den Rest in unsere dicken Reisetaschen.

Als wir endlich fertig waren mit dem Aussortieren und dem Tetris-Spielen, wuschen wir uns drinnen die Hände und wurden von unserer Gastgeberin zum Abendessen eingeladen.

Dort lernten wir Will kennen. Er war der letzte, wirklich prägende Mensch, den wir auf unserer Reise kennenlernten. Anders als alle anderen Protagonisten unserer Reise war er jünger als wir. Er war ein ehemaliger Schüler unserer Gastgeberin und kam alle halbe Jahre zum Essen bei ihr vorbei, um ihr zu erzählen, wie es bei ihm so lief. Schon das allein fand ich wirklich sympathisch, aber als wir ihn darum baten, uns von seinem Job zu erzählen, da wurde mir ganz anders.

Will ist eine sogenannte »Supernurse«. Das klingt erst mal wie eine erfundene Jobbeschreibung, aber in den USA und Kanada gibt es das wirklich. Im Gegenteil. Supernurses, also übersetzt »Super-Krankenschwestern« oder «Super-Krankenpfleger«, waren auf der ganzen Welt begehrt und konnten nach ihrer Ausbildung überall, egal in welchem Land, arbeiten, weil ihre Ausbildung so anspruchsvoll und gefragt war und sie über Fertigkeiten verfügten, über die selbst manche Ärzte staunten.

»Was macht man denn so genau als Supernurse?«, wollte ich wissen, während Manu mir gerade etwas Salat auf den Teller auftat.

»Na ja«, sagte Will und sah kurz zur Seite. »Also im Großen und Ganzen begleite ich momentan auf der Station, in der ich arbeite, sterbende Menschen und ihre Angehörigen vor dem Tod und darüber hinaus.«

Abwartend sah er uns an. Vermutlich wollte er vermeiden, dass die Stimmung beim Abendessen kippte. Für ihn war es sein Alltag, aber für uns natürlich nicht.

»Das klingt nach einem echt harten Job«, sagte Manu ernst.

»Das ist er auch«, antwortete Will. »Als Supernurse bin ich eigentlich auf demselben Level ausgebildet wie ein Arzt, mir fehlt im Grunde nur die Doktorarbeit.«

»Das heißt, wenn du irgendwann den Sprung zum Arzt machen wollen würdest, dann wäre das gar nicht so schwer, oder?«, warf ich dazwischen.

»Diese Frage bekomme ich so oft gestellt, Leute. Das könnt ihr euch gar nicht vorstellen. Warum wirst du nicht einfach Arzt? Bei deinen Qualifikationen?«

»Na, und warum nicht?«, wollte ich wissen.

»Ganz einfach. Es ist ein völlig anderer Beruf. Als Arzt sind deine Patienten oft dein Job. So ist es zumindest für die, die ich kenne. Aber für mich, als Supernurse, zählt die Arbeit *mit* und nicht einfach nur *am* Menschen. Das, was ich in meinem Beruf lerne, könnte ich als Arzt niemals begreifen.«

»Aber was genau ist das? Worin liegt denn der Unterschied zu einem Arzt?«

Will sah kurz zu unseren Airbnb-Gastgebern, die bis dahin still unserer Unterhaltung gefolgt waren und Will nun aufmunternd zunickten.

»Wenn ein Mensch stirbt«, sagte Will, »dann ist es für die meisten Leute eine unglaubliche Tragödie. Und natürlich ist dieser Schmerz absolut verständlich, wenn man jemanden verliert, den man liebt. Aber in meinem Job habe ich gelernt, dass der Tod nicht immer kalt und nicht immer schrecklich ist. Denn wenn jemand frei von Angst geht und nicht mehr am Leben festhält, mit allem seinen Frieden gemacht hat, dann kann der Tod auch etwas Wunderschönes sein, ich würde sogar fast sagen, er ist heilig. Ein Teil meiner Aufgabe ist es, den Sterbenden und ihren Angehörigen beizustehen. Vor, während und nach dem Tod. Die Momente, die man da erlebt, kann einem kein Lehrbuch beibringen.«

Gebannt sah ich ihn an und hörte zu.

»Als Arzt«, fuhr er fort, »wäre ich hauptsächlich daran interessiert, meinen Patienten ein möglichst schmerzfreies Ableben zu ermöglichen – durch Medikamente. Aber das ist nicht die Philosophie der Supernurses. Wir wollen, dass der Sterbende möglichst würdevoll geht, auch wenn das bedeutet, dass es dann manchmal nicht völlig schmerzfrei abläuft.

Im Leben gibt es nur zwei Gewissheiten. Die, dass du geboren wirst, und die, dass du irgendwann stirbst. Alles andere ist erst mal ungewiss. Der Tod gehört zum Leben dazu und sollte in meinen Augen nicht betäubt schnell über die Bühne gebracht werden. Für mich gibt es nichts Schöneres, als wenn ein Mensch die Unausweichlichkeit seines Sterbens akzeptiert und seinen Frieden damit geschlossen hat. Wenn er dann seiner Familie oder – wenn es keine gibt – mir die letzten Worte mitgibt. Oder einfach nur zufrieden aussieht. Dann ist das ein vollkommener Moment.« Mehr sagte er nicht. Wir nickten. Er hatte recht. Es war mit Sicherheit ein vollkommener Moment.

Ich dachte noch lange über das Gespräch mit Will nach und war erstaunt, dass ich ganz am Ende unserer Reise, als eigentlich alles schon vorbei zu sein schien, noch eine weitere Weisheit geschenkt bekommen hatte. Und es war vielleicht die wichtigste von allen gewesen.

Will schenkte mir Gelassenheit. Denn ich verstand plötzlich, dass wenn sich im Augenblick des Todes solch eine tiefe Ruhe und Friedlichkeit in den meisten Menschen ausbreitete, wie er sagte, dann musste ich es doch schaffen können, diese auch in mein Leben zu integrieren. Warum der ganze Druck und Stress, den ich mir selber so häufig machte, wenn er meistens völlig unnötig war und mich am Ende einfach nur blockierte und ausbremste? Auf der Haben-Seite steht das Leben, und das läuft nun mal unvermeidlich auf die nächste Etappe, den Tod, hinaus. Ich weiß, das klingt gerade ganz schön fatalistisch, aber je mehr ich darüber nachdenke, desto klarer wird mir: Wir kommen mit nichts, und wir gehen mit nichts. Und alles, was dazwischen passiert, sind unsere eigenen Entscheidungen.

Vor unserer Reise hatte ich vor so ziemlich allem Angst. Und selbst die kleinste Angstsituation fühlte sich an wie ein unüberwindbares Hindernis. Eine abgeschwächte Form von Todesangst. Was aber, wenn selbst die Todesangst – die Mutter aller Ängste – ihren Schrecken verlor und sich in etwas Wunderbares wandeln konnte, wenn man ihr nur mit der richtigen Einstellung begegnete. Wir sind in unseren Gedanken frei. Und nicht mal unsere Handlungen definieren uns vollkommen, denn du bist immer du, und ich bin immer ich. Egal, welchen Weg wir gehen.

Und ich würde mich nie wieder von meiner Angst definieren lassen, das versprach ich mir.

Ja, es gibt Rotze im Schwimmbad. Aber ich sollte mich trotzdem ins Wasser stürzen.

Ja, nicht jedes Gespräch verläuft harmonisch, und manchmal muss sich mein Gegenüber vielleicht Luft machen – und das ist okay!

Und ja, irgendwann werde ich Menschen verlieren, die ich liebe. Aber auch das ist kein Grund, in ständiger Angst zu leben. Im Gegenteil. Meine Antwort darauf lautet schlicht und einfach: Liebe noch mehr. Noch hingebungsvoller, noch echter.

Am Ende unserer Reise war ich so dankbar für all die weisen Menschen, die uns in den letzten sieben Monaten begegnet waren, und die Geschenke, die sie uns gemacht hatten, ohne im Gegenzug etwas von uns zu erwarten. Wir hatten so viel gelernt. Wir waren so weit gegangen, wie ich es mir selber niemals zugetraut hätte.

Und so saßen wir da: Meine Haare waren immer noch verknotet, ich war gesprenkelt mit Sommersprossen, das große weiße X von unserem katastrophalen Sonnenbrand in Kenia zierte immer noch meinen Rücken. Manus Locken hatten sich in einen Afro verwandelt, und sein Bart war mittlerweile so voll, dass er als Sohn von Bob Ross hätte durchgehen können.

Alles Indizien für den wohl besten Trip und das größte Abenteuer unseres bisherigen Lebens. Und jedem, der es wissen wollte, erzählte ich von unseren Erlebnissen, von den Helden, die wir getroffen hatten, und davon, dass Veränderung eben *doch* möglich war.

Denn in einer Welt, in der Gesellschaften schneller entzweischmelzen als die Polkappen, in der Internet-Trolle und Rechtspopulisten glauben darüber entscheiden zu dürfen, wer ein Anrecht auf Leben, Tod oder Asyl hat, in der sich Hass sogar gegen ein sechzehnjähriges Mädchen richten kann, das einfach nur eine Zukunft auf diesem Planeten haben möchte, da brauchen wir Leute, die dem allerehrlichsten Flüstern in sich selbst zuhören. Die der Welt eine Chance geben. Die anderen Menschen eine Chance geben. Die nicht auf Teufel komm raus nur an sich selbst denken. Die Moral haben und ihre Kräfte dort einsetzen, wo sie gebraucht werden. Ob das nun in der Welt da draußen oder vor der eigenen Haustür ist, wir brauchen sie überall.

Diese Reise hatte tatsächlich alles verändert, und obwohl wir jetzt wirklich, *wirklich* pleite waren, kam ich mir reicher vor, als ich es in den 15 Jahren als arbeitende Schauspielerin jemals zuvor gewesen war.

Ich wusste nicht, ob ich wieder völlig easy würde einsteigen können in die Schauspielerei, wo ich nun so lang weg gewesen war, aber es war okay. In mir nistete sich eine ungewohnte, wohlige Ruhe ein, denn ich wusste, dass ich diesen Tausch bereitwillig eingegangen war. Dass ich immer noch ich sein würde, auch wenn sich die Umstände änderten.

Dass »Leaving the Frame« mir wirklich eine andere Welt, ein anderes Ich, gezeigt hatte.

Und Mann, es hatte sich so sehr gelohnt.

ENDE.

EPILOG

KLONK, KLONK, KLONK, KLONK, KLONK, KLIIRRRR.

Ich riss mir meine Noise-Cancelling-Kopfhörer von den Ohren und sah von meinem Bildschirm auf. Die Handwerker, die gerade den Wasserschaden in unserer Wohnung reparierten, waren natürlich alles andere als rücksichtsvoll gegenüber einer jungen, ambitionierten, aber auch sehr leicht abzulenkenden Autorin. Genervt stand ich auf, öffnete die Tür und ging drei Schritte über den Flur in unser Arbeitszimmer. Dort brüteten Manu und unser Freund und Cutter Dave vor zwei riesigen Bildschirmen über unserem Film. Um sie herum standen leere Kaffeetassen und Mateflaschen, aber sie schien die Unordnung gar nicht zu stören, denn sie waren vertieft in ihre Aufgabe.

Ich beugte mich über sie und sah mir an, was sie als Letztes zusammengeschnitten hatten. Wie immer hüpfte mein Herz ein bisschen bei dem Gedanken daran, dass diesen Film bald ziemlich viele Leute zu Gesicht bekommen würden.

»Hallo, Start-up!«, sagte ich.

»Hi, Chefin«, antworteten die beiden. Ich lachte.

Zu dritt und mit der Hilfe von Freunden befanden wir uns

mitten in der heißen Phase unserer Post-Produktion. Eine Aufgabe, die sich bei den meisten großen Kinoproduktionen viel mehr Leute teilten. Wir lernten täglich so viele verrückte neue Sachen und fuchsten uns immer mehr und mehr in die Seite der Filmwelt ein, die ich bisher, in fünfzehn Jahren Arbeit, noch nicht erfahren hatte. Und ich war stolz auf uns. War es Guerilla? Ja. Nahmen uns die Leute ernst, wenn wir ihnen von unserem Projekt erzählten? Nein. Spornte uns das nur noch mehr an? Aber HALLO!

Ich griffelte mir eine fast leere Mateflasche vom Tisch und »zog die Pfütze auf null« (Der männerdominierte Haushalt hinterließ seine Spuren).

»Ich schnapp mir den Kleinen und gehe eine Runde mit ihm spazieren.« Pino, unser kleiner adoptierter Straßenköter aus Griechenland, fing an, im Kreis zu springen, als hätte ich ihm ein ganzes Grillhuhn versprochen.

»Bis später!«, riefen mir Hanni und Nanni nach, als ich die Haustür aufmachte.

Pino und ich liefen durch die immer noch kühle Berliner Märzluft und blieben alle paar Meter stehen, weil irgendetwas seine volle Aufmerksamkeit forderte.

Ich sah an mir herunter. Hundeleine in der einen, Kacke-Tüte in der anderen Hand. Hätte mir jemand vor einem Jahr gesagt, was alles passieren würde in den nächsten Monaten, hätte ich wahrscheinlich Panik bekommen und wäre spätestens beim Stichwort »Hundekotbeutel« aus der Nummer ausgestiegen.

Und auch, wenn sich gerade all unsere Träume und Wünsche auf einmal erfüllten und wir manchmal nicht mehr richtig mit dem hinterherkamen, was wir alles unter einen Hut bringen wollten, ich würde es um keinen Preis in der Welt eintauschen wollen. Viel eher würde ich direkt den zweiten Teil von »Leaving the Frame« planen, wer weiß? Ich dachte an Sister Mary Jane und Tabitha, die durch ihre Augenoperation nun wieder zur Schule gehen konnte. Ich dachte an Steve aus Mexiko, der uns am Tag unserer Heimkehr eine Mail schrieb, in der er uns davon erzählte, er hätte ein neues Herz bekommen UND sei direkt einen Marathon gelaufen – hundert Meter immerhin, aber das würde ja zählen. All die Menschen, die wir kennengelernt hatten, waren …

In diesem Moment straffte sich die Leine und unterbrach mich in meinen sentimentalen Gedanken, weil unsere kleine Promenadenmischung mal wieder irgendwo seine Nase hineinstecken musste. Als ich mich umdrehte, hatte er einen riesigen Ast in der Schnauze und sah mich schwanzwedelnd und stolz damit an. Ich strahlte zurück.

Die nächste Reise würde auf jeden Fall hundetauglich sein müssen. Heidi war ja mittlerweile in Berlin angekommen, Osteuropa vielleicht? Ich wuschelte Pino durchs Fell, und wir setzten unseren Spaziergang fort.

Wie viel man doch verändern konnte, wenn man sich einfach nur traute, den ersten Schritt zu machen.

Und das Beste war, es ging gerade erst richtig los.

DANKSAGUNG

So. Das ist er also. Der Moment, in dem man ein Buch geschrieben hat und versucht, nicht ganz und gar in Tränen der Erleichterung zu zerfließen, weil einem plötzlich klar wird, wie viel Mühe, Schweiß und Herzblut vonnöten waren, um so ein Projekt zu stemmen. Aber eben nicht nur die eigene Mühe, der eigene Schweiß und das eigene Herzblut, sondern auch das so vieler anderer Menschen. Ein paar von ihnen möchte ich hiermit danken.

Allen voran gelten das größte Danke und der dickste Kuss meiner wunderbaren Familie. Meinem Papa, weil er mir das schönste Kompliment gemacht hat, nachdem ich ihm die ersten Seiten vorgelesen habe – du hast mir damit sehr viel Mut geschenkt. Meinen Geschwistern Marc und Emmi – ihr seid wirklich die größten Knallköpfe, und ich bin immer wieder so stolz auf euren Mut! Meine liebe, liebe Mama. Wir beide haben noch nie Worte gebraucht, um uns zu verstehen – und quatschen trotzdem ständig! Danke dafür, dass du mir schon immer den Rücken gestärkt hast, du bist wirklich die Beste!

Meine tollen Freunde. Ihr wisst, wer ihr seid! Danke, dass ihr mir erlaubt, mich Jahr um Jahr immer wieder in eine große kreative Blase zu hüllen und mich monatelang nicht zu melden, nur um mich dann, wenn ich wieder draußen bin, noch fester zu drücken.

Ein riesiger imaginärer Blumenstrauß geht außerdem an die beste PR-Agentin der Welt! Johanna, dass was du in letzter Zeit geleistet hast, geht wirklich auf keine Kuhhaut. Manchmal hab ich das Gefühl, du bist mein zweites Gehirn – und dabei zum Glück ein verdammt gutes!

Gäbe es einen Award für die entspannteste Schauspiel-Agentin, dann würdest auf jeden Fall du ihn gewinnen, liebe Ulla. Erst lässt du mich ohne zu murren auf eine Weltreise, auf der ich mir die Haare knallrot färbe und die Haut verkohle, und dann lässt du mich auch noch Casting über Casting absagen, weil ich jetzt mal Autoren- und Produzentenluft schnuppern möchte. Danke für dein Vertrauen und dein Wissen, dass Kreativität und Inspiration manchmal eben nicht am Set zu finden sind. Die Akkus sind jetzt auf jeden Fall wieder voll aufgeladen – Tschakka!

Danke, liebe Hannah. Ich hatte wirklich Bammel davor, an eine Lektorin zu geraten, die mich nicht versteht. Du bist das genaue Gegenteil. Danke für deine Ruhe und deine Fähigkeit, meine wirren Gedanken in Reihenfolge zu bringen.

Lieber Christian, du weißt, wie sehr wir alle deine Illustrationen lieben. Jetzt wissen es auch alle anderen. Danke!

Diese Reise wäre niemals diese Reise geworden ohne all die Lehrer, die mir auf dem Weg begegnet sind. Und obwohl ich weiß, dass beinahe keiner von diesen klugen Weggefährten Deutsch versteht, steht es hier nun trotzdem: Danke, danke an euch alle. Das werde ich euch nie vergessen!

Das letzte große und tiefste Danke geht an den Strubbelkopf

mit der unbändigsten Abenteuerlust, die mir je begegnet ist. Manu, danke, dass du mich bei meinen hysterisch-stressbedingten Ausbrüchen bei der Fertigstellung dieses Buches ertragen und immer wieder auf den Boden geholt hast. Ohne dich hätte ich niemals den Mut gefunden, eine solche Reise anzutreten. Ohne dich wäre so manche Situation wahrscheinlich sehr viel sicherer, aber mit Sicherheit auch langweiliger abgelaufen. Ohne dich hätte ich ganz bestimmt viel verpasst.

Ich würde dich jederzeit wieder als Reisegefährten wählen.